Veröffentlichungen
der Vereinigung der Deutschen Staatsrechtslehrer
Heft 15

Das Gesetz als Norm und Maßnahme

Das besondere Gewaltverhältnis

Berichte

von

Christ.-Friedr. Menger
Herbert Krüger
Herbert Wehrhahn
Carl Hermann Ule

und
Aussprache zu den Berichten
in den Verhandlungen der Tagung der deutschen Staatsrechtslehrer
zu Mainz am 11. und 12. Oktober 1956

Berlin 1957

Walter de Gruyter & Co.

vormals G. J. Göschen'sche Verlagshandlung / J. Guttentag, Verlagsbuchhandlung / Georg Reimer / Karl J. Trübner / Veit & Comp.

Archiv-Nr. 28 19 57

Satz und Druck: Berliner Buchdruckerei Union GmbH, Berlin SW 29

Inhalt

Vorwort

Die Tagung begann am 10. Oktober 1956 in der Johannes Gutenberg-Universität in Mainz mit der Mitgliederversammlung. Die nachfolgend abgedruckten Berichte wurden am 11. und 12. Oktober gehalten. An sie schlossen sich jeweils die Aussprachen an.

Vor Beginn des wissenschaftlichen Teils der Tagung begrüßte der Vorsitzende der Vereinigung, Herr Schüle, die erschienenen Mitglieder und Gäste. Er dankte der Universität Mainz und ihrer Rechts- und Wirtschaftswissenschaftlichen Fakultät für die freundliche Aufnahme und alle Mühe bei der Vorbereitung und Durchführung der Tagung. Der Dekan der erwähnten Fakultät, Herr Armbruster, hieß die Vereinigung gleichfalls herzlich willkommen.

Der Vorsitzende gedachte mit warmen Worten der allzu früh dahingegangenen Kollegen Walter Schoenborn, Kiel, und Rudolf Stanka, Wien, und würdigte Persönlichkeit und wissenschaftliche Leistungen der Verstorbenen.

Erster Beratungsgegenstand:

Das Gesetz als Norm und Maßnahme

1. Bericht von Professor Dr. Christian-Friedrich Menger, Speyer.

I.

Der heutige Beratungsgegenstand stellt — wenn ich das Thema richtig interpretiere — den Berichterstatter vor zwei Aufgaben: Eine Bestandsaufnahme dessen zu geben, was dem Staatsbürger im Gewande des Gesetzes, Gehorsam erheischend, gegenübertritt; und eine kritische Würdigung der Art und Weise vorzunehmen, wie das Gesetz zum Mittel staatlicher Willensbetätigung gemacht wird. Allein es wäre ein vergebliches Bemühen, in einer kurzen Stunde den ganzen Bereich der Gesetzgebung abschreiten zu wollen. Erlauben Sie mir daher bitte, meine Überlegungen auf den atypischen Fall, die sog. Maßnahmegesetzgebung, zu konzentrieren und erst von daher jeweils auf den Normalfall zurückzuschließen.

Zunächst ist davon auszugehen, daß es weder einen auch nur für die ganze Neuzeit geltenden einheitlichen Gesetzesbegriff gibt, noch eine einheitliche Vorstellung von den Aufgaben der Gesetzgebung. Beide sind zeitbedingt, und es ist gefährlich, die Ansichten der deutschen spätkonstitutionellen Staatslehre ohne weiteres in andere Zeiten hineinzuprojizieren[1]).

Es wäre unter diesen Umständen eine reizvolle Aufgabe, die Untersuchung auf die verschiedenen Verfassungssysteme mindestens des modernen kontinentaleuropäischen Staates auszudehnen und dabei die langsame Wandlung des rechtsfindenden „Jurisdiktionsstaates" zum gestaltenden „Gesetzgebungsstaat" zu verfolgen. Die zur Verfügung stehende Zeit gebietet jedoch eine Beschränkung auf das hic et nunc Wesentliche. Ich werde mich daher ausschließlich mit der Rechtslage in der Bundes-

---

[1]) Vgl. dazu z. B. Hermann Heller: Der Begriff des Gesetzes in der Reichsverfassung, VVDStRL 4 (1928), S. 98 ff. (101 ff.), Ulrich Scheuner: Ausländische Erfahrungen zum Problem der Übertragung rechtsetzender Gewalt (Die Übertragung rechtsetzender Gewalt im Rechtsstaat, 1952, S. 118 ff.) S. 135, und Ders.: Der Bereich der Regierung (Rechtsprobleme in Staat und Kirche, Festgabe für Rudolf Smend, 1952, S. 251 ff.), S. 262.

republik Deutschland beschäftigen und nur insoweit zeitlich und räumlich darüber hinausgreifen, als es zum Verständnis der derzeitigen Situation erforderlich ist.

Als erstes möchte ich — gleichsam als Arbeitshypothesen — kurze Umschreibungen der Begriffe „Gesetz", „Norm" und „Maßnahme" geben, die zu verifizieren dann Aufgabe der weiteren Untersuchung sein wird.

Die Bezeichnungen Gesetz, Norm und Rechtssatz werden in der Rechtswissenschaft häufig synonym gebraucht, zuweilen aber auch scharf geschieden; eine einheitliche Terminologie gibt es nicht[2]).

Für diesen Bericht soll als Gesetz jeder Rechtssatz gelten, der in der verfassungsmäßig für Gesetze vorgeschriebenen Art und Weise zustande gekommen ist; Norm und Maßnahme sollen als theoretisch mögliche Inhalte eines solchen Rechtssatzes Gegenstand der Untersuchung sein[3]).

Im Begriff der Norm, der dem Thema entsprechend auf die Rechtsnorm verengt werden darf[4]), begegnen sich die beiden Elemente des Verhaltensgebotes und des Beurteilungs- bzw. Bewertungsmaßstabes[5]). Vom Standpunkte eines extremen Rechtspositivismus' aus könnte die nach den Vorschriften der Verfassung ordnungsgemäß gesatzte Rechtsnorm ihrem Adressaten jedes beliebige Verhalten gebieten[6]). Nach

---

[2]) Vgl. dazu z. B. Heller, VVDStRL 4 S. 99 f., 130, und Karl Friedrichs: Der Allgemeine Teil des Rechts, 1927, S. 24 f. mit eingehenden Angaben aus dem Schrifttum.

[3]) Schon daraus erhellt, daß der Begriff der Maßnahme i. S. d. § 64 des Gesetzes über das Bundesverfassungsgericht vom 12. März 1951 (BGBl. I S. 243) mit dem Gegenstande dieses Berichts nichts zu tun hat.

[4]) Dabei sei die große Schwierigkeit einer klaren Abgrenzung der Rechtsnormen von den Religions-, Moral- und Konventionalnormen hier nur angemerkt; vgl. dazu das bei Ilmar Tammelo: Untersuchungen zum Wesen der Rechtsnorm, 1947, S. 55 ff., zusammengestellte Schrifttum.

[5]) Zur Formalstruktur der Rechtsnorm, die in unserem Zusammenhange nicht von Belang ist, vgl. z. B. Walter G. Becker: Die Realität des Rechts, ARSP XL (1952/53), S. 216 ff., 375 ff., 534 ff. (395 ff.), Hans Kelsen: General Theorie of Law and State, 1949, p. 161, und Tammelo: Rechtsnorm S. 41 f.

[6]) So ausdrücklich Paul Laband: Das Staatsrecht des Deutschen Reiches, 5. Aufl., 1911—1914, Bd. II S. 63. — Sehr bezeichnend ist auch die Polemik Richard Thoma's: Rechtsstaatsidee und Verwaltungsrechtswissenschaft, JböffR IV (1910) S. 196 ff. (200 Anm. 1) gegen die These von H. Maurus: Der moderne Verfassungsstaat als Rechtsstaat, 1878, S. 109 f.: „Der Staat, in welchem auch das Unrecht gesetzlich besteht oder bestehen kann, ist nicht Rechtsstaat"; Thoma rügt, diese Ansicht widerspreche der herrschenden Auffassung. Ganz anders dagegen 2 Jahrzehnte später, wo Thoma

den Erfahrungen mit einem Regime, das uns lehren wollte, Recht sei, was dem Volke nützt[7]), teilt das Grundgesetz diesen Standpunkt nicht. Für die in der Bundesrepublik geltende Rechtsordnung ist davon auszugehen, daß die Rechtsnorm den Bewertungsmaßstab für den durch sie geordneten Lebensbereich stets der im Gewissen des abendländischen Menschen lebendigen Gerechtigkeitsidee entnimmt[8]). Dabei darf allerdings nicht jede isolierte Einzelvorschrift als Rechtsnorm verstanden werden. Die Rechtsnorm erschließt sich vielmehr erst aus der Betrachtung zusammengehöriger Bestimmungen des materiellen und des Verfahrensrechts, also einem Inbegriff von Sollenssätzen, die in ihrer Gesamtheit einen Lebensbereich ordnen[9]).

In diesem Sinne möchte ich unter der Rechtsnorm verstehen das aus einer festgefügten, am Maßstabe der Gerechtigkeit orientierten Ordnung fließende Verhaltensgebot.

Eine Maßnahme ist nach der Umgangssprache eine im Hinblick auf die Erreichung eines bestimmten Zweckes geplante menschliche Handlung. Das Wort geht zurück auf das Maß-Nehmen, impliziert also das In-Beziehung-Setzen eines Verhaltens zu einem bestimmten konkreten Sachverhalt. Im Zusammenhang mit der dem Reichspräsidenten durch Art. 48 Abs. 2 der Reichsverfassung vom 11. August 1919 (RGBl. S. 1383) eingeräumten Diktaturgewalt ist der Begriff Gegenstand eingehender Untersuchungen der deutschen Staatsrechtslehre gewesen. Wir müssen zwar im Auge behalten, daß die damaligen Forschungen ausgehen vom Institut des Ausnahmezustandes und deshalb einen ganz bestimmten Akzent tragen[10]). Gleichwohl ist die damals herausgearbeitete Begriffsbestimmung auch über die Interpretation des Art. 48

den Gesetzgeber dem „Imperativ der Rechtsordnung" unterstellt, „sich bei seinen Entschlüssen leiten zu lassen von Erwägungen der Gerechtigkeit und des Gemeinwohls" (HDStR II, 1932, S. 108 ff., 140).

[7]) Vgl. dazu auch Fritz von Hippel: Die Perversion von Rechtsordnungen, 1955, passim.

[8]) Auf die Frage, ob damit etwas für jede Rechtsordnung Gültiges ausgesagt ist, kann hier nicht eingegangen werden. Sie ist seit Kant (Transzendentale Methodenlehre, I. Hpt.-Stück, 1. Abschn., Akademieausg., Bd. III, S. 479) die Kernfrage der Rechtswissenschaft. Von modernen Autoren vgl. dazu etwa Erich Fechner: Rechtsphilosophie, 1956, S. 9 ff., 17 f. (mit besonders klarer Formulierung der verschiedenen Aspekte des Problems), Tammelo: Rechtsnorm S. 74 f. (bejahend) und Hans Nawiasky: Allgemeine Rechtslehre, 1948, S. 24 f. (verneinend).

[9]) Ebenso Nawiasky: Allgem. Rechtslehre S. 10 f., 54 f., 125 f.

[10]) Vgl. dazu Carl Schmitt: Die Diktatur des Reichspräsidenten, VVDStRL 1 (1924) S. 63 ff., 87 f.

WRV hinaus bedeutsam; und wir können hier um so weniger an ihr vorübergehen, als — wie Forsthoff hervorhebt — jedenfalls nach damals herrschender Lehre „in Art. 48 Abs. 2 WRV der Begriff der Maßnahme in einer logischen Relation zum Gesetzesbegriff steht“ [11]).

Nach der Kommentierung von Anschütz kommen als Maßnahme gemäß Art. 48 Abs. 2 und 4 WRV zunächst „Vorkehrungen und Eingriffe tatsächlicher Art“ in Betracht, die für unser Thema ohne Belang sind. Ferner fallen unter den Begriff „Rechtshandlungen: rechtlich bestimmbare, auf Erzielung gewollter Rechtswirkungen berechnete Staatsakte mannigfaltiger Art“; diese Akte können sich „auf einen Einzelfall beziehen und ihre Kraft an diesem Einzelfall erschöpfen“, sie können aber auch „abstrakte Vorschriften enthalten“ [12]).

Nicht alle rechtlich bedeutsamen Akte sind jedoch Maßnahmen. Am Gegensatz zum Rechtsprechungsakt, der nach rechtsstaatlichen Vorstellungen allein von der Rechtsidee beherrscht sein soll[13]), hat Carl Schmitt als wesentliches Kennzeichen der Maßnahme herausgearbeitet, daß sie inhaltlich „durch eine konkret gegebene Sachlage beherrscht“ ist; ihre „Eigenart ... besteht in ihrer Zweckabhängigkeit von der konkreten Sachlage“ [14]). Für die in Form des Rechtssatzes getroffene Maßnahme folgt daraus, daß auch hier jene Zweckabhängigkeit das Entscheidende ist, und daß Rechtssätze, die „wesentlich ein Rechtsprinzip zum Ausdruck bringen, d. h. vor allem gerecht, von der Rechtsidee beherrscht“ sein wollen, niemals bloße Maßnahmen sind[15]).

---

[11]) Ernst Forsthoff: Über Maßnahme-Gesetze (Forschungen und Berichte aus dem öffentlichen Recht, Gedächtnisschrift für Walter Jellinek, 1955, S. 221 ff.) S. 224.

[12]) Gerhard Anschütz: Die Verfassung des Deutschen Reiches, 14. Aufl., 1933, S. 283.

[13]) Manche „Urteile“ des Volksgerichtshofes, vor allem aus der letzten Zeit des nationalsozialistischen Unrechtsstaates, waren allerdings rein zweckabhängig und hatten mit Gerechtigkeit nichts mehr zu tun; diese Maßnahmen in der äußeren Form des Gerichtsurteils verdienen allerdings die Bezeichnung Rechtsprechungsakt nicht.

[14]) Schmitt, VVDStRL 1 S. 97.

[15]) Schmitt, VVDStRL 1 S. 97; zustimmend Erwin Jacobi, ebenda S. 108 ff., 129, ähnlich auch Georg Dahm: Deutsches Recht, 1951, S. 46 f., und Forsthoff: Maßnahme-Gesetze S. 226. — Die insbes. zwischen Carl Schmitt und Richard Grau, HDStR II, S. 274 ff., 279, bestehenden Kontroverse über die inhaltliche Begrenzung der Maßnahmen des Reichspräsidenten kann hier dahingestellt bleiben, weil sie nicht den Begriff der Maßnahme als solchen, sondern die Grenzen der präsidialen Diktaturgewalt betrifft; vgl. dazu auch Ludwig Gebhard: Die Verfassung des Deutschen Reiches, 1932, S. 254 f.

Damit scheint mir das ausschlaggebende Kriterium angedeutet: nach allgemeinem Sprachgebrauch wie nach den Erkenntnissen unserer Wissenschaft ist die Maßnahme zweckabhängig; wer eine Maßnahme trifft, gewinnt den Maßstab seines Handelns nicht aus der Gerechtigkeitsvorstellung, sondern handelt nach der sachlichen Notwendigkeit oder gar nur Nützlichkeit. Als Grundlage für die weiteren Erörterungen kann daher die Maßnahme im Rechtssinne bezeichnet werden als rechtlich bestimmbarer, auf Erzielung gewollter Rechtswirkungen berechneter (Staats-) Akt, der auf eine konkret gegebene Sachlage zweckbestimmt reagiert.

Zum Abschluß dieser begrifflich-terminologischen Einleitung soll noch versucht werden, eine Definition des Maßnahmegesetzes zu geben — unbeschadet der Frage, ob und wie sich ein solches Gesetz in unsere gegenwärtige deutsche Rechtsordnung einordnen würde.

Das Beherrschtsein durch eine konkret gegebene Sachlage, das die Maßnahme kennzeichnet, prägt sich im Maßnahmegesetz in einem verhältnismäßig geringen Abstande seiner Tatbestandsseite von den ihr zugrunde liegenden Sachverhalten aus; d. h. der Kreis von Lebenssachverhalten, den der Tatbestand generalisierend und typisierend erfaßt[16]), ist zeitlich und / oder zahlenmäßig relativ eng begrenzt, was logisch aus dem Wesen der konkreten Situation folgt. Aus dem engen Auf-einander-Bezogensein von Zweck und Mittel, das gleichfalls zum Wesen der Maßnahme gehört, ergibt sich zum anderen eine ganz spezifische Abhängigkeit der Rechtsfolge vom Tatbestand: sie ist allein an dessen sachimmanenten Gegebenheiten orientiert. Während nämlich bei der Rechtsnorm die Rechtsfolgeseite eine gerechte Lösung des in der Tatbestandsseite normierten Interessenkonflikts gebietet, den Regelungsmaßstab also der Rechtsidee entnimmt, soll die Rechtsfolge des Maßnahmegesetzes lediglich eine zweckmäßige, „technisch saubere“ Lösung finden. Den von Anschütz mit Recht betonten Willensakt möchte ich unter diesen Umständen weniger in der Festlegung der Rechtsfolge erblicken, die durch den Tatbestand bei richtiger Erfassung der in ihm ruhenden Probleme mit einer gewissen Zwangsläufigkeit vorgezeichnet wird, als vielmehr in der Auswahl und Umgrenzung der im Tatbestand zusammengefaßten Sachverhalte, die einer „gezielten“ Regelung — wie der bezeichnende terminus technicus lautet — unterworfen werden sollen.

---

[16]) Vgl. dazu Hans J. Wolff: Typen im Recht und in der Rechtswissenschaft, Studium Generale 5 (1952) S. 195 ff.

Das Maßnahmegesetz ist also ein Rechtssatz, in welchem der Gesetzgeber einen zeitlich und/oder zahlenmäßig begrenzten Kreis von Lebenssachverhalten in einem Tatbestande mit der Absicht zusammenfaßt, ihn einer rein zweckmäßigen Rechtsfolge zu unterwerfen.

II.

Vom Standpunkte vieler moderner Rechtstheoretiker aus ist das Element des Wollens bei der Bildung des Rechtssatzbegriffes nichts besonderes[17]). Mit Recht weist jedoch Hermann Jahrreiss darauf hin, daß der Mensch erst sehr spät und zögernd daran gegangen ist, aus seinem Willen heraus geborene Gesetze zu geben und so „mit Menschenschicksalen zu experimentieren" [18]).

Der antiken und der mittelalterlichen Welt ist eine derartige Vorstellung im wesentlichen fremd. Vorsichtig tastende Versuche, wenigstens die lex positiva auf den menschlichen Willen zurückzuführen, finden sich allerdings schon bei Thomas von Aquin[19]); aber sie sind angesichts des Dominierens der lex divina und der lex naturalis von um so geringerer Bedeutung, als Thomas sich bemühte, den Bereich der lex positiva bewußt eng zu umgrenzen. Für das Rechtsbewußtsein des Volkes spielte diese Möglichkeit vollends keine Rolle: in seiner Vorstellung bestand göttliches, natürliches und positives Recht in ungebrochener Einheit als „das Recht" schlechthin, welches Ausdruck der göttlichen Gerechtigkeit ist[20]).

Die eigentliche Wendung vom erkennenden Erfassen von etwas Vorgegebenem zum bewußten Gestalten aus eigener Machtvollkommenheit heraus, auf das allein es für unser Thema ankommt, erfolgt erst später, und zwar — wenn wir recht sehen — bei Francis Bacon.

Bacons Begriff des Rechtsgesetzes steht in unmittelbarem Zusammenhange mit seiner Naturauffassung. Natur ist für ihn Macht, welche den Menschen zunächst zwingt, ihr zu dienen. Wenn der Mensch aber durch kluge Beobachtung der

---

[17]) Vgl. dazu z. B. das bei Alf Ross: Theorie der Rechtsquellen, 1929, S. 178, insbes. Anm. 22, und S. 435, d) β), zusammengestellte Schrifttum.

[18]) Hermann Jahrreiss: Größe und Not der Gesetzgebung, Schriften der Wittheit zu Bremen, Reihe D Bd. 20, 1953, S. 32.

[19]) Thomas von Aquino: Summa theologiae II, II, q. 57, a. 2.

[20]) Vgl. Fritz Kern: Recht und Verfassung im Mittelalter, Neudr. 1952, S. 17.

Natur sich deren Kräfte untertan macht, dann wird er zu ihrem Herren. Freiheit im Sinne Bacons ist Macht über die Natur, und da auch der Mensch von ihm rein als Naturwesen begriffen wird, ist auch der (andere) Mensch Objekt jener Macht. „Ist die Natur Macht, Freiheit aber Herrschaft über die Natur, so wird auch der Inhalt des Rechtsgesetzes entsprechend zur Organisation der Macht"[21]). Die Rechtsordnung wird so zum Machtgebot. In Bacons Gesetzesbegriff ist alles eliminiert, was als Bindung an göttliche Gebote oder die Vernunft im Sinne mittelalterlichen Denkens verstanden werden kann. Sein Gesetz ist nur noch die lex positiva, welche ihren alleinigen Geltungsgrund findet im Willen des herrschenden Menschen[22]). Schon vor Hobbes' berühmter Formulierung: „autoritas non veritas facit legem" [23]) hat also Bacon den ebenso zukunftsträchtigen wie gefährlichen Gedanken vom Gesetz als Befehl ausgesprochen.

Mit der fortschreitenden Anerkennung der auf Bacon aufbauenden Gesetzesvorstellung im neuzeitlichen Vernunftrecht wandelt sich auch die Funktion der Gesetzgebung in entscheidender Weise. Bisher war es jedenfalls theoretisch allein ihre Aufgabe gewesen, das „gute alte Recht" aufzuzeichnen; Rechtsänderung und -erneuerung erschien nur möglich als wirkliche oder vorgebliche Wiederherstellung des wahren Rechts[24]). Und so hatte etwa noch der Freiherr Johann von Schwarzenberg seine Aufgabe bei der Schaffung der „Bambergensis" aufgefaßt[25]). Von nun an wird das Gesetz — theoretisch und zunehmend auch praktisch — zum Mittel, den zweckbestimmten Willen des seit Bodin souverän und seit Hobbes absolut gedachten Herrschers zu verwirklichen[26]).

Die seitdem bestehende Situation hat Scheuner mit folgenden Worten charakterisiert: „In allen Staaten ist, seit dem Übergang vom mittelalterlichen Jurisdiktionsstaate zu einem regierenden, das soziale Geschehen aktiv gestaltenden

---

21) Ernst von Hippel: Rechtsgesetz und Naturgesetz, 2. Aufl., 1949, S. 39.

22) Hippel: Rechtsgesetz S. 40; vgl. zu Bacon's Rechtslehre auch Erik Wolf: Das Problem des Naturrechts, 1955, S. 96 ff.

23) Thomas Hobbes: Leviathan, cap. 19.

24) Vgl. Kern: Recht S. 38 ff., insbes. 39 f.

25) Vgl. dazu Erik Wolf: Große Rechtsdenker der deutschen Geistesgeschichte, 3. Aufl. 1951, S. 112 ff., 114.

26) Vgl. in diesem Zusammenhang die Umdeutung des Begriffes des „Gemeinen Besten" im frühneuzeitlichen Territorialstaat und dazu Walter Merk: Der Gedanke des gemeinen Besten in der deutschen Staats- und Rechtsentwicklung (Festschrift für Alfred Schultze, 1934, S. 451 ff.) S. 499 ff.

Staate, das Gesetz, als Gebot des Herrschers und heute als Beschluß der Volksvertretung, zugleich die Form der Rechtsfeststellung und Rechtsfortbildung, wie auch das Mittel der politischen Lenkung und Formung des Soziallebens durch den Staat"[27]).

Von nun an sind auch Maßnahmegesetze möglich. Es wäre allerdings eine „schreckliche Vereinfachung", wenn man das Gesetz als Gestaltungsmittel mit dem Maßnahmegesetz identifizieren wollte; denn das Maßnahmegesetz ist lediglich ein extremer Sonderfall innerhalb dieser Kategorie von Gesetzen. In der Regel sind im konkreten Gesetz beide Elemente vereinigt: die Verwirklichung des souveränen zweckgerichteten Willens und die Setzung von auf die Gerechtigkeitsidee ausgerichtetem Recht. Es ist aber nicht zu verkennen, daß es heute Gesetze gibt, die „der rechtlichen Substanz mehr oder weniger entbehren und nur noch den Charakter politischer, wirtschaftlicher und sozialer Maßnahmen haben" [28]).

III.

Für unsere Untersuchung kommt es nun darauf an, Unterscheidungsmerkmale zu finden, welche es ermöglichen, in der Gruppe der menschlicher Willensverwirklichung dienenden — also nicht nur der Aufzeichnung bestehenden Rechts geltenden — Gesetze die Maßnahmegesetze sicherer, als auf Grund der bisher entwickelten allgemeinen Kriterien zu erkennen. Ein gangbarer Weg dafür könnte die Prüfung einiger Grenzfälle sein. Dabei gilt es einmal festzustellen, was zwar Maßnahme ist, aber trotz der Bezeichnung als Gesetz nicht als Rechtssatz anerkannt werden kann. Zweitens muß eine Grenzlinie gesucht werden zwischen der echten Rechtsnorm

[27]) Scheuner: Bereich der Regierung S. 253 ff., 258; vgl. dazu auch Georg Cohn: Existenzialismus und Rechtswissenschaft, 1955, S. 71 f., und Dahm: Deutsches Recht, S. 46 f., der zwischen „Rechtsbewahrungsgesetzen" und „Zweckgesetzen" unterscheidet.

[28]) Dahm: Deutsches Recht S. 47; denselben Sachverhalt kennzeichnet Werner Kägi: Die Verfassung als rechtliche Grundordnung des Staates; Untersuchungen über die Entwicklungstendenzen im modernen Verfassungsrecht, 1945, S. 30 ff., als Verdrängung des normativ-rechtsstaatlichen Gesetzesbegriffs durch einen politisch-dezisionistischen und spricht unter Hinweis auf Parallelerscheinungen in zahlreichen modernen Staaten von einer „Krise des Gesetzes". Dabei dürfen wir allerdings nicht die Augen davor verschließen, daß es derartige Maßnahmegesetze auch im 19. Jahrhundert gegeben hat; vgl. z. B. das pr. Gesetz über die Bestrafung von Studentenverbindungen vom 7. Januar 1838 (GS S. 13); auch das pr. Gesetz betr. die Indemnität in bezug auf die Führung des Staatshaushaltes vom Jahre 1862 ab . . . vom 14. September 1866 (GS S. 563) ist in diesem Zusammenhange zu nennen.

und dem Maßnahmegesetz. Mit anderen Worten: Maßnahme und Rechtssatz könnten als zwei Kreise dargestellt werden, die sich schneiden; die von beiden bedeckte Fläche umschreibt den Fall des Maßnahmegesetzes, während auf beiden Seiten die Rechtsnorm einerseits und die sonstige Maßnahme andererseits einzuzeichnen wäre.

In ihrer Kritik der „Lex Schörner" führt Hildegard Krüger als Beispiele für Maßnahmegesetze die Ratifikationsermächtigung, den Haushaltsplan und die Kreditermächtigung an, also nach der Terminologie der herrschenden Lehre sogenannte rein formelle Gesetze[29]). Das steht in Widerspruch zu unseren eingangs entwickelten Begriffen, denn rein formelle Gesetze sind Beschlüsse des Legislativorgans, die nicht auf Schaffung von Rechtssätzen gerichtet sind[30]) [31]). Es fragt sich, ob hier eine lediglich terminologische Frage vorliegt, oder ob sich hinter der unterschiedlichen Terminologie eine sachliche Differenz verbirgt.

Frau Krüger nennt zuerst die Ermächtigung, welche die Gesetzgebungsorgane gemäß Art. 59 Abs. 2 GG dem Staatsoberhaupt zur Ausübung seines Rechts der Ratifikation eines völkerrechtlichen Vertrages erteilen — und die begrifflich

---

[29]) Hildegard Krüger: Die Verfassungswidrigkeit der Lex Schörner, DVBl. 1955, S. 758 ff., 791 ff. (761).

[30]) Das räumt auch Hildegard Krüger ein, vgl. DVBl. 1955, S. 762.

[31]) Bekanntlich hat Hermann Heller die Möglichkeit, daß Gesetzgebungsorgane Akte ohne Rechtssatzeigenschaft beschließen könnten, überhaupt verneint; er gibt lediglich den Fall eines Mißbrauchs der verfassungsmäßig vorgesehenen Prozedur zu (Heller, VVDStRL 4 S. 112 ff.). Soweit Heller dabei von Gesetzen mit sogen. „unverbindlichem Gesetzesinhalt" (Eisele, AcP 69 S. 279) spricht, möchte ich ihm zustimmen, daß es sich dabei entweder um als Legaldefinitionen oder -interpretationen praktisch notwendige Mittel der Gesetzgebungstechnik handelt oder um — entbehrliche — Proklamationen innerhalb eines „normativen Gesetzes" oder aber schließlich um Mißbräuche des „Gesetzeskostüms für Kundgebungen irgendwelcher Art" (Heller, aaO. S. 113). Im übrigen vermag ich jedoch seiner Ansicht, alle anderen sogen. rein formellen Gesetze seien in Wahrheit Rechtssätze, nicht zu folgen. Heller stützt seine These auf das Fehlen einer klaren Unterscheidbarkeit der Staatsfunktionen (S. 114 ff.). Auf diese Frage wird noch zurückzukommen sein (S. u. IV). Bei genauer Prüfung ergibt sich aber, daß Hellers Theorie, die auch den Befehl des Unteroffiziers zum Rechtssatz erhebt (S. 118 f.), auf seiner egalitärdemokratischen Staatsauffassung beruht, aus welcher er folgerichtig einen rein dezisionistischen Gesetzesbegriff herleitet (S. 123). Dieser Gesetzesbegriff ist jedenfalls für das Grundgesetz nicht verbindlich, das nach den jüngsten Erfahrungen mit der „sittlichen Vernunftautonomie des Volkswillens" allen Grund hatte, der Volkssouveränität Zügel anzulegen.

klarer, als sie es tut, von dem Gesetz unterschieden werden muß, in welchem der Inhalt des Vertrages entweder in innerstaatliches Recht transponiert oder dessen Eigenschaft als Bestandteil des innerstaatlichen Rechts festgestellt wird[32]). Diese Ermächtigung ist kein Rechtssatz, sondern die Wiederherstellung von, verfassungsrechtlich hinsichtlich ihrer Ausübung eingeschränkten, Rechten des Bundespräsidenten[33]) für den Einzelfall; sie stellt sich juristisch als Anwendung von Verfassungsrechtssätzen durch die Legislativorgane für jenen Einzelfall dar und ist inhaltlich eine staatsleitende Maßnahme.

Entsprechendes gilt für den Haushaltsplan und die Kreditermächtigung.

Bereits Heckel hat überzeugend nachgewiesen, daß der Haushaltsplan zwar nicht, wie Laband annahm[34]), Verwaltungsakt ist, aber auch nicht Gesetz im materiellen Sinne. Das Budgetgesetz ist vielmehr als Gesamtprogramm für die staatliche Wirtschaftsführung eines Etatjahres ein „staatsleitender Akt“ [35]), eine „wirtschaftsgestaltende Maßnahme“ [36]). Die Mitwirkung der Volksvertretung ist auch hier nicht Rechtsetzung, sondern politische Aktion besonderer Art, „Mitwirkung an der Staatsleitung“ [37]). Art. 66 Abs. 2 der Verfassung der Freien und Hansestadt Hamburg vom 6. Juni 1952 (GVBl. S. 117) verlangt daher für die Verabschiedung

---

[32]) Vgl. zu dieser nicht unbestrittenen Frage BVerfGE 1 S. 396 ff. (410), die Referate von Wilhelm Grewe und Eberhard Menzel: Die Auswärtige Gewalt der Bundesrepublik, VVDStRL 12 (1954), S. 129 ff., 179 ff., Erich Kaufmann: Normenkontrollverfahren und völkerrechtliche Verträge (Jellinek-Gedächtnisschrift S. 445 ff.) und Hans F. Zacher: Ratifizierungsgesetz und Normenkontrolle, DVBl. 1955, S. 649 ff., 696 f. (651).

[33]) Jene Rechte sind mit dem Übergang der Staatsgewalt auf das Volk diesem zugewachsen und müßten theoretisch von der Volksvertretung ausgeübt werden; da aber der internationale Verkehr — schon aus praktischen Gründen — eine Einzelperson oder ein kleines Kollegium (Direktorialverfassung) als Vertretungsberechtigten erfordert und voraussetzt, liegt die Vertretungsmacht im völkerrechtlichen Außenverhältnis nach wie vor beim Staatsoberhaupt, das aber im staatsrechtlichen Innenverhältnis für die Ausübung dieser Vertretungsmacht in der unmittelbaren Demokratie der Ermächtigung des Inhabers der Staatsgewalt, in der repräsentativen Demokratie derjenigen der Volksvertretung bedarf.

[34]) Laband: Staatsrecht, Bd. IV, S. 587.

[35]) Johannes Heckel: Einrichtung und rechtliche Gestaltung des Reichshaushaltsgesetzes, HDStR II S. 374 ff., 386 ff. (390).

[36]) Scheuner, Übertragung S. 140.

[37]) Scheuner, aaO.; ebenso Heckel, HDStR II S. 389, der von einem „staatsrechtlichen Gesamtakt“ spricht.

des Haushaltsplanes mit Recht kein Gesetz, sondern läßt den Beschluß der Bürgerschaft genügen.

Ganz ähnlich ist auch das Gesetz gemäß Art. 115 GG zu qualifizieren. Wie schon Art. 87 WRV verbietet diese Verfassungsvorschrift der Regierung Kreditaufnahmen zugunsten sowie Kreditgewährungen und Sicherheitsleistungen zu Lasten des Bundes, verknüpft das Verbot aber mit einem Erlaubnisvorbehalt und berechtigt die Gesetzgebungsorgane, die Erlaubnis zu erteilen[38]). Das Kreditermächtigungsgesetz ist also die Öffnung einer verfassungsrechtlichen Schranke für den Einzelfall und damit rechtsanwendender Staatsakt, der lediglich in der Form des Gesetzes erlassen wird.

Erlauben Sie mir zur Vervollständigung noch einen Blick auf die in Art. 59 a Abs. 1 GG vorgesehene, dem Bundestage obliegende Feststellung, daß der Verteidigungsfall eingetreten ist. Auch sie ist mindestens dann eine Maßnahme, wenn nicht das Bundesgebiet angegriffen ist, sondern das Gebiet eines anderen Staates, den militärisch zu unterstützen die Bundesrepublik vertraglich verpflichtet ist. Hier schreibt das GG, anders als Art. 45 Abs. 2 WRV, richtigerweise die Gesetzesform nicht vor[39]) [40]), während sie in Art. 59 a Abs. 4 GG entsprechend Art. 45 Abs. 2 WRV für den Friedensschluß verlangt wird[41]).

Gegen die hier vertretene Ansicht, daß derartige staatsleitende Handlungen zwar Maßnahme, aber nicht Rechtssatz seien, könnten ihre unbestreitbaren rechtlichen Wirkungen eingewandt werden[42]). Diese Wirkungen folgen aber nicht unmittelbar aus der betreffenden Maßnahme. Die Maßnahme setzt vielmehr ein Tatbestandsmerkmal für einen Rechtssatz,

---

[38]) Vgl. dazu Friedrich E. M. Saemisch: Das Staatsschuldenwesen, HDStR II S. 435 ff., 437.

[39]) Bereits die hilfsweise Zuständigkeit des Bundespräsidenten in Verbindung mit dem Bundeskanzler (Art. 59a Abs. 2 GG) für den Fall, daß dem Zusammentreffen des Bundestages unüberwindliche Hindernisse entgegenstehen, deutet darauf hin, daß es sich um einen Akt der Regierungsgewalt und nicht um einen Legislativakt handelt.

[40]) Bei der Kriegserklärung handelt es sich um das älteste „rein formelle" Gesetz überhaupt, da schon das römische Recht dafür die Gesetzesform vorschrieb, vgl. Theodor Mommsen: Römisches Staatsrecht, 4. Aufl., Neudruck 1952, III. Bd., 1. Teil, S. 327 Anm. 1.

[41]) Wenn man Friedensschluß und Ratifikation des Friedensvertrages begrifflich trennt, was notwendig ist, weil der rechtliche Kriegszustand nach geltendem Völkerrecht auch auf andere Weise beendet werden kann als durch Vertrag (vgl. z. B. Alfred Verdross: Völkerrecht, 2. Aufl., 1950, S. 343), dann stellt sich auch der Friedensschluß als Maßnahme ohne Rechtssatzcharakter dar.

[42]) So z. B. Scheuner: Bereich der Regierung, S. 258.

und die rechtlichen Wirkungen ergeben sich aus dessen Rechtsfolgeseite[43]).

Zusammenfassend können wir feststellen, daß die sogenannten rein formellen Gesetze zwar in vielen Fällen Maßnahmen darstellen, aber keine Rechtssätze sind[44]).

Bei dieser Gelegenheit möchte ich den Vorschlag machen, die Bezeichnung „Gesetz im formellen Sinne" für die nichtrechtsetzenden Akte der Legislativorgane in Zukunft als irreführend zu vermeiden. Dieser Appell richtet sich allerdings nicht in erster Linie an die Staatsrechtswissenschaft, der richtige Adressat ist vielmehr der Verfassungsgesetzgeber. Es ist m. E. nicht einzusehen, warum Verfassungen für staatsleitende Akte der Volksvertretung zuweilen die Gesetzesform vorschreiben, wie etwa für die Kreditermächtigung oder den Friedensschluß, in vielen anderen Fällen darauf verzichten, wie z. B. bei der Feststellung des Verteidigungsfalles, der Wahl des Bundeskanzlers, der Präsidentenanklage und der Einsetzung eines Untersuchungsausschusses, und in einzelnen Fällen verschiedene Wege gehen, wie beim Haushaltsplan[45]. Das sogenannte rein formelle Gesetz unter-

---

[43]) So resultiert die Zeugnispflicht der Staatsbürger gegenüber einem nach Art. 44 Abs. 1 GG vom Bundestag eingesetzten Untersuchungsausschuß, die Scheuner aaO. als Beispiel anführt, nicht aus der Einsetzung des Ausschusses, sondern aus den nach Art. 44 Abs. 2 GG sinngemäß anzuwendenden Vorschriften über den Strafprozeß.

[44]) Nur anmerkungsweise möchte ich noch die von der h. L. ebenfalls in die Gruppe der sogen. rein formellen Gesetze eingereihten Gesetze zur Änderung von Gebietsgrenzen streifen. Sie können, wenn es sich etwa um sogen. technische Grenzberichtigungen handelt, durchaus als Maßnahme bezeichnet werden. Aber sind sie Rechtssätze? Diese Qualifikation ergibt sich jedenfalls nicht aus der Behauptung, daß jede Gebietsänderung Rechtsfolgen für die betroffenen Bürger habe; denn diese Rechtsfolgen treten ebenfalls nicht unmittelbar auf Grund der Gebietsänderung ein, sondern auf Grund von Rechtssätzen, die nach der Grenzänderung im abgetretenen Gebiet Geltung erlangen. Ihre Bezeichnung als rein formelles Gesetz erscheint mir aber aus einem anderen Grunde unzulässig. Die Umgrenzung des Staatsgebiets selbst, soweit sie überhaupt gesetzlich — z. B. in völkerrechtlichen Verträgen — fixiert ist, enthält gar keine Sollens-Sätze. Sie ist aber als eine Art Definitionsnorm ein „vor die Klammer gezogener" Bestandteil der staatlichen Rechtsordnung, deren Geltungsbereich sie festlegt. Gesetze zur Änderung des Staatsgebiets sind Berichtigungen jener Definitionsnorm. Sie lassen sich als nur technisch verselbständigte, aber inhaltlich unselbständige Teile der Rechtsordnung in unser Thema nicht einordnen.

[45]) Die im Falle der Gesetzesform sichergestellte Mitwirkung anderer Verfassungsorgane, vor allem des Bundesrates, kann vom Verfassungsgeber auch auf andere Weise sichergetellt werden. Ich vermag ohnehin nicht einzuehen, warum der Bundesrat z. B. bei

scheidet sich nicht genügend von anderen Maßnahmen der Volksvertretung, um eine Sonderbehandlung zu rechtfertigen. Die in der Verfassung für die Beschlußfassung darüber vorgeschriebene Gesetzesform, die Carl Schmitt zutreffend als „einfachen Kunstgriff sprachlicher Technik" kennzeichnet[46]), sollte daher in Zukunft beseitigt werden.

Entfällt so die Notwendigkeit, ja die Berechtigung, am Begriff des rein formellen Gesetzes festzuhalten, so scheidet auch die Möglichkeit aus, die erwähnten Maßnahmen des Legislativorgans als Maßnahmegesetze zu bezeichnen. Die von Hildegard Krüger verwendete Terminologie muß vielmehr ebenfalls als irreführend abgelehnt werden.

Die früher herrschende Lehre rechnete auch die Organisationsgesetze zu den nur formellen Gesetzen, weil sie nach der bekannten Definition Georg Jellineks ihr materielles Gesetz als Abgrenzung der gegenseitigen Rechtsmacht von Personen auffaßte[47]). Jene Lehre ist in mehrfacher Hinsicht unrichtig.

Zunächst muß die Errichtung einer Behördenorganisation von der Regelung der Zuständigkeiten unterschieden werden; beides wird zwar häufig zusammentreffen, muß es aber nicht notwendig[48]).

Ein Gesetz, das lediglich eine Behörde schafft, die Festlegung von deren Zuständigkeiten aber anderweitiger Regelung überläßt, ist m. E. ein Organisationsakt; es ist eine hier nicht zu erörternde Frage, ob man diese Maßnahme als Ausfluß einer eigenständigen Organisationsgewalt der Regierung allein überläßt, ob man der Volksvertretung ein Mit-

---

der Feststellung des Verteidigungsfalles durch den Bundestag ganz ausgeschaltet ist, bei der hilfsweisen Zuständigkeit des Bundespräsidenten und des Bundeskanzlers wenigstens durch seinen Präsidenten neben dem Bundestagspräsidenten beteiligt ist, beim Friedensschluß aber volle Mitwirkungsrechte besitzt. — Die Gründlichkeit der Beratung läßt sich, wie Art. 66 Abs. 2 Satz 2 hambVerf. zeigt, mühelos sicherstellen. Die ohnehin fragwürdige Publizität durch Verkündung in der amtlichen Gesetz-Sammlung schließlich könnte ohne weiteres beibehalten werden, steht dieses Verkündungsorgan doch auch heute schon anderen Staatsorganen offen und ist keineswegs auf die Veröffentlichung von Legislativakten beschränkt.

[46]) Carl Schmitt: Verfassungslehre, 1928, S. 144.

[47]) Georg Jellinek: Gesetz und Verordnung, 1887, S. 240, vgl. auch Laband: Staatsrecht II S. 181 und die Nachweise bei Heller, VVDStRL 4 S. 123 f.

[48]) Vgl. dazu neuerdings Fellner: Zur Rechtsnatur der bayerischen Organisationsakte, bayerVBl. 1955, S. 229 ff., Schweiger: Erwiderung gleichen Titels, bayerVBl. 1956, S. 72 ff., und das dort angeführte Schrifttum.

wirkungsrecht gibt oder ob man eine alleinige Zuständigkeit der Volksvertretung bestimmt[49]). Wenn, wie es Art. 77 Abs. 1 Satz 1 der Verfassung des Freistaates Bayern vom 2. Dezember 1946 (GVBl. S. 333) vorschreibt, die Volksvertretung die Organisation der Behörden durch Gesetz vorzunehmen hat, dann handelt es sich in der Tat um eine Maßnahme in Form eines Gesetzes, die nicht Rechtssatz ist. Es gilt dann das zuvor zum sogen. rein formellen Gesetz Gesagte.

Soweit ein Organisationsgesetz aber Zuständigkeiten begründet, ist es Rechtssatz. Schon Haenel[50]) und Triepel[51]) haben die mißliche Konsequenz der herrschenden Lehre gerügt, daß danach folgerichtig auch der organisatorische Teil der Verfassung nur Gesetz im formellen Sinne sein dürfte[52]). Dieses fatale Ergebnis läßt sich vermeiden, wenn man anerkennt, daß Zurechnungs- und Zuordnungssubjekte von Rechtssätzen nicht nur natürliche und juristische Personen sein können[53]). Bereits Walter Schönfeld[54]) und Hans J. Wolff[55]) haben auf die Notwendigkeit hingewiesen, zwischen Person und Rechtssubjekt zu unterscheiden. Grade im öffentlichen Recht, das berufen ist, die Rechtsverhältnisse innerhalb „des Staates" zu ordnen, genügt es nicht, nur mit der juristischen Person „Staat" zu operieren. Der Staat selbst besitzt zwar nur eine einheitliche Rechtsfähigkeit, ist nur eine einheitliche juristische Person. Die Fähigkeit, Subjekt eines Rechtssatzes zu sein, also die Rechtssubjektivität, kommt jedoch, wie in jedem Organisationsrecht nicht nur dem Staate als solchem zu, sondern auch seinen Organen, ohne daß diese Rechtspersönlichkeit zu besitzen brauchen. Das Zuständigkeiten regelnde Organisationsgesetz läßt sich daher auf folgendes Schema zurückführen:Wenn ein im Tatbestande dieses Rechtssatzes umschriebener konkreter Sachverhalt vorliegt,

---

49) Vgl. dazu grundlegend Lutz Richter: Die Organisationsgewalt (1926).

50) Albert Haenel: Das Gesetz im formellen und materiellen Sinne, Studien zum Deutschen Staatsrecht II, 1888, S. 225 ff., vgl. auch Dens.: Deutsches Staatsrecht, 1892, Bd. I, S. 122.

51) Heinrich Triepel: Die Reichsaufsicht, 1917, S. 126, 585.

52) So mit Recht auch Heller: VVDStRL 4 S. 123.

53) Ich habe den nachstehenden Gedankengang bereits in meinem System des verwaltungsgerichtlichen Rechtsschutzes, 1954, S. 37 ff., entwickelt und beschränke mich hier darauf, die dort gefundenen Ergebnisse vorzutragen.

54) Walter Schönfeld: Rechtsperson und Rechtsgut im Lichte des Reichsgerichts, Festgabe der juristischen Fakultäten zum 50jährigen Bestehen des Reichsgerichts, 1929, Bd. II, S. 191 ff., 223 ff.

55) Hans J. Wolff: Organschaft und juristische Person, Bd. I: Juristische Person und Staatsperson, 1933, §§ 7—11, Bd. II: Theorie der Vertretung, 1934 §§ 8—14.

dann soll das hiermit für zuständig erklärte Staatsorgan die Rechtsfolge setzen.

Sind wir so zu dem Ergebnis gelangt, daß auch solche Vorschriften, die nur Rechte und Pflichten zwischen Staatsorganen erzeugen, materielles Recht darstellen, so liegt die Frage nahe, ob wir es hier nicht in vielen Fällen angesichts der überwiegenden Zweckorientiertheit des Organisationsrechts mit Maßnahmegesetzen zu tun haben. Mit der Gegenüberstellung von Rechtssatz und Verwaltungssatz hat Herbert Krüger diese Frage bereits angerührt, ohne allerdings den Terminus Maßnahmegesetz zu verwenden[56]).

In seiner Kritik der bisher herrschenden Lehre kommt er zu dem Ergebnis, daß der Rechtssatz nach dem Maßstabe der Gerechtigkeit der Friedensordnung zu dienen bestimmt ist, der Verwaltungssatz aber nach dem Maßstabe der Zweckmäßigkeit der Wohlfahrt. Organisationsgesetze sind nun sicher Verwaltungssätze im Sinne der Krüger'schen Terminologie, wenn sie nicht, wie die Fundamentalsätze des organisatorischen Teils der Verfassung, ihre innere Begründung in der Aufrichtung und Erhaltung der freiheitlich-demokratischen Grundordnung besitzen und damit der Friedensordnung selbst dienen. Verwaltungssatz und Maßnahmegesetz sind jedoch nicht identisch. Der Gemeinsamkeit der Zweckabhängigkeit steht der Unterschied gegenüber, daß das Maßnahmegesetz in bestimmter Relation zu einer konkreten Situation steht, während das normale Organisationsgesetz als Dauergesetz für eine generell und abstrakt bestimmte Vielzahl von Fällen gilt. Innerhalb des Organisationsrechts kann man zwar z. B. ein Gesetz als Maßnahmegesetz bezeichnen, das für eine bestimmte befristete Aufgabe — etwa eine Messe — einen Staatskommissar einsetzt. Die Bezeichnung der normalen Organisationsgesetze als Maßnahmegesetz würde ich aber für eine Überdehnung dieses Begriffs ansehen.

Auch für Grenzziehung zwischen Maßnahmegesetzen und Rechtsnormen müssen wir von der Feststellung ausgehen, daß keineswegs jedes Gesetz ein Maßnahmegesetz ist, das einen gewollten Zweck verfolgt[57]). Es wäre wirklichkeitsfremd, den

---

[56]) Herbert Krüger: Rechtsverordnung und Verwaltungsanweisung (Smend-Festgabe S. 211 ff.) S. 229 f.

[57]) Mit Recht legt Forsthoff an den Beispielen der Reichsgewerbeordnung und der Reichsversicherungsordnung dar, daß damit Gesetze geschaffen wurden, die zwar auch bestimmten konkreten Zwecken dienen, die aber darüber hinaus am Maßstabe der Gerechtigkeit orientierte Ordnungen eigenen Wertes errichten (Forsthoff: Maßnahme-Gesetze S. 225). Mit anderen Worten: die Rechtsfolgen in diesen Gesetzen sind nicht derart tatbestands-

heutigen Gesetzgeber auf die Aufstellung genereller Normen beschränken und das zweckgerichtete Handeln allein der Exekutive — „auf Grund" der Gesetze[58]) — erlauben zu wollen.

Eine solche Aufgabenverteilung war — in der Theorie! — möglich in einem Staate, dessen Verfassungsordnung auf der Trennung von Staat und Gesellschaft aufbaute. Wie Forsthoff mit Recht hervorhebt, setzt sie zweierlei voraus: einmal, daß die Gesellschaft autonom gedacht wird, und die staatliche Rechtsordnung demgemäß die Gesellschafts- und Sozialordnung als Faktum hinnimmt; und zum anderen, daß die Rechtsordnung jener von der autonomen Gesellschaft geschaffenen Ordnung prinzipiell zubilligt, im Einklange mit den Grundsätzen der Gerechtigkeit zu stehen[59]). Diese Voraussetzungen sind in Deutschland seit dem ersten Weltkriege entfallen. Die gründlich durch Krieg und Kriegsfolgen, insbesondere den Zusammenbruch der Währung, zerrüttete Sozialordnung liegt seither — auch theoretisch — nicht mehr jenseits der Zugriffsmöglichkeit der staatlichen Gesetzgebung, sondern wird zum, sogar bevorzugten, Objekt planender staatlicher Gestaltung. Es liegt auf der Hand, daß damit Zweckgesichtspunkte in der Gesetzgebung eine ungleich größere Rolle spielen, als bis dahin. Wo ist nun angesichts dieser Lage die Grenze zu ziehen zwischen Normsetzung und Maßnahmegesetzgebung?

Zur Beantwortung dieser Frage möchte ich — entsprechend der eingangs aufgestellten Definition des Maßnahmegesetzes — ausgehen von den bereits von Richard Thoma herausgestellten drei Arten inhaltlich atypischer[60]) Gesetze, die sämtlich an konkrete Sachverhalte anknüpfen[61]):

a) der Tatbestand des Gesetzes betrifft nur eine einzelne Person oder einen klar umgrenzten Personenkreis;

---

abhängig, daß sie lediglich „sachgemäße, nach Lage der Fälle getroffene Vorkehrungen" darstellen (Carl Schmitt, VVDStRL 1 S. 97), sondern sie sind bestimmt, einem rechtlich geordneten Zusammenleben der Bürger zu dienen.

[58]) Vgl. zu der Bedeutung dieser Formel Carl Schmitt: Verfassungslehre, S. 152 f.

[59]) Forsthoff: Maßnahme-Gesetze S. 222 f., vgl. auch Dens.: Verwaltungsrecht, I. Bd., 6. Aufl. 1956, S. 58 ff.

[60]) Zum typischen Gesetzesinhalt vgl. Carl Schmitt: Die geistesgeschichtliche Lage des heutigen Parlamentarismus, 2. Aufl. 1926, S. 52 ff., und Dens.: Verfassungslehre, S. 151 ff. Daß dieser typische Inhalt aber nicht der einzig mögliche ist, weist Ross: Rechtsquellen, insbes. S. 378 ff., überzeugend nach.

[61]) Richard Thoma: Der Polizeibefehl im badischen Recht, Bd. I, 1906, S. 60 f.; vgl. dazu auch Hildegard Krüger: DVBl. 1955, S. 761.

b) er betrifft nur einen einzelnen Fall oder einen klar abgegrenzten Kreis von Fällen;

c) er erfaßt nur Fälle eines bestimmten, nach Daten festgelegten Zeitraumes.

Ich möchte die erste Art abgekürzt „Einzelpersonengesetz", die zweite „Einzelfallgesetz" und die dritte „Zeitgesetz" nennen und dabei den von Forsthoff als „generelles aber konkretes Gesetz" bezeichneten Sachverhalt[62]) wegen des von vornherein feststehenden, wenn auch vielleicht nicht immer kleinen Kreises von betroffenen Fällen unter die „Einzelfallgesetze" rubrizieren[63]).

Ehe wir uns den Einzelperson- und den Einzelfallgesetzen speziell zuwenden, darf festgestellt werden, daß es nicht darauf ankommt, ob solche Gesetze ihren Individualcharakter offen zeigen, oder ob sie ihn hinter einer generellen und abstrakten Fassung verstecken. Mit Recht weist Forsthoff auf das Gesetz über den Ausgleich bürgerlichrechtlicher Ansprüche vom 13. Dezember 1934 (RGBl. I S. 1235) hin, das zwar abstrakt und generell formuliert war, in Wirklichkeit aber geschaffen wurde, um einen bestimmten Rechtsstreit dem Gericht zu entziehen[64]). Auch „getarnte" Individualgesetze[65]) müssen nach ihrem wahren Inhalt beurteilt werden, nicht nach ihrer — bewußt oder unbewußt — falschen Selbstqualifikation.

Diese Tarnung ist auch nicht durch die typische konditionale Formalstruktur des Rechtssatzes[66]) gerechtfertigt. Denn es wäre sinnlos, den Gesetzgeber auch dann zu einer generellen und abstrakten Formulierung zwingen zu wollen, wenn ein Gesetz seinen Tatbestand nur auf einen oder wenige bereits feststehende Sachverhalte gründet. In solchen Fällen ist vielmehr das Abweichen von der üblichen Form ein Gebot der Ehrlichkeit. Wo der Gesetzgeber diese Ehrlichkeit vermissen läßt, muß er sich als Ausnahme von der allgemeinen deutschen Auslegungsregel für Gesetze auch bei scheinbar eindeutigem

[62]) Forsthoff: Maßnahme-Gesetze S. 224.

[63]) Ebenso Hildegard Krüger, DVBl. 1955 S. 761.

[64]) Forsthoff: Maßnahme-Gesetze S. 223.

[65]) Hildegard Krüger, DVBl. 1955 S. 761, die daneben auch den m. E. weniger zutreffenden Ausdruck „abstrakte" Individualgesetze verwendet.

[66]) „Wenn durch ein Zurechnungssubjekt oder ein Ereignis ein Tatbestand verwirklicht ist, dann soll ein Zuordnungssubjekt, d. h. darf ein Rechtssubjekt oder soll ein Pflichtsubjekt, eine Rechtsfolge setzen"; vgl. Hans J. Wolff: Der Unterschied zwischen öffentlichem und privatem Recht, AöR 76 (1950) S. 205 ff. (208); ähnlich Hans Kelsen: Allgemeine Staatslehre, 1925, S. 49, der jedoch die Rechtsfolge mit dem Zwangsakt identifiziert.

Wortlaut eine gründliche Prüfung seiner Motive gefallen lassen.

Bei der Forderung, Individualgesetze nicht hinter generellen und abstrakten Fassungen zu verstecken, müssen wir allerdings dem Einwand begegnen, wie ein solches Gesetz, das doch gleichwohl Rechtssatz sein soll, sich unterscheidet vom staatsleitenden Akt des Legislativorgans, dem wir den Rechtssatzcharakter nicht zuerkennen konnten. Der Unterschied liegt darin, daß der staatsleitende Akt vorhandene Verfassungsrechtssätze auf einen konkreten Sachverhalt des Verfassungslebens anwendet, während das Individualgesetz für den konkreten Fall anwendbares positives Recht schafft.

Vielzitierte Beispiele für deutsche Einzelpersonengesetze sind das preußische Dotationsgesetz vom 28. Dezember 1866 (GS 1867 S. 25) und das Gesetz über die Befreiung des Reichspräsidenten von Hindenburg von Reichs- und Landessteuern für das Rittergut Neudeck vom 27. August 1933 (RGBl. I S. 595). Ihr Maßnahmecharakter liegt auf der Hand. Im übrigen sind offene Einzelpersonengesetze in Deutschland sehr selten. Häufiger kommen getarnte Einzelpersonengesetze vor. Ein neueres Beispiel bietet das Straffreiheitsgesetz vom 17. Juli 1954 (BGBl. I S. 203) in seinem ominösen § 8. Während die übrigen Bestimmungen dieses Gesetzes, ähnlich wie schon das Straffreiheitsgesetz vom 31. Dezember 1949 (BGBl. S. 37), bestrebt sind, einen Strich unter eine in vieler Hinsicht verworrene und oft rechtlose Zeit zu ziehen, und damit der Wiederherstellung der gestörten Rechtsordnung dienen[67]), bezweckt § 8 des Straffreiheitsgesetzes 1954 einen bestimmten, relativ kleinen Personenkreis, der in die sogen. Platow-Affaire verwickelt war, der Strafverfolgung zu entziehen. Mit Recht stellt Forsthoff auf Grund der Vorgeschichte dieser Bestimmung fest, daß hier nicht eine „am Gerechtigkeitsgedanken orientierte Intention des Gesetzgebers" verwirklicht wurde, sondern bloße Zweckmäßigkeitserwägungen zum Zuge kamen[68]). Wir haben es also bei dieser Bestimmung mit einer Maßnahme zu tun, die sich in doppelter Weise tarnt; einmal ist sie in einem Gesetz versteckt, das im übrigen keinen Maßnahmecharakter hat; und zum anderen versucht sie, den unbefangenen Leser durch eine generelle und abstrakte Formulierung zu täuschen.

---

[67]) Vgl. BVerfGE 2 S. 213 ff., 219, und Forsthoff: Maßnahme-Gesetze S. 227 Anm. 10. — Auf die Streitfrage, ob die Amnestie generelle Begnadigung ist oder Korrektur des Rechts, kann hier nicht eingegangen werden; vgl. dazu BVerfG, aaO., und das dort zit. Schrifttum.

[68]) Forsthoff: Maßnahme-Gesetze S. 227.

Die meisten Individualgesetze sind Einzelfallgesetze. Beispiele sind in fast jedem Bande des Bundesgesetzblattes zu finden. Ich darf aus diesem Jahr anführen das Gesetz zur Förderung der deutschen Eierwirtschaft vom 31. März 1956 (BGBl. I S. 239), auf Grund dessen den Hühnerhaltern zum Ausgleich für die über dem Weltmarktniveau festgehaltenen deutschen Futtermittelpreise für jedes in den Verkehr gebrachte Hühnerei ein Ausgleichsbetrag gezahlt wird; ferner auch das Gesetz über die Handwerkszählung vom 12. Juni 1956 (BGBl. I S. 495). Zwei besonders instruktive Beispiele finden sich in der dänischen Gesetzgebung dieses Jahres. Das Gesetz Nr. 86 vom 6. April 1956 (Lovtidende A 1956 Nr. XII, S. 174) gebietet den Arbeitern der Transportgesellschaften und einiger namentlich aufgezählter Mineralölbetriebe den von ihrer Gewerkschaft angeordneten Streik sofort abzubrechen und ihn frühestens am Ende des neunten Tages wiederaufzunehmen. Das Gesetz Nr. 93 vom 13. April 1956 (Lovt. A 1956 Nr. XV S. 227) reagiert auf die Tatsache, daß in der mit dem vorigen Gesetz erzwungenen Streikpause eine Einigung der Tarifpartner nicht zustande kam, der Streik vielmehr in anderen Wirtschaftszweigen fortgesetzt worden war, indem es den Tarifvertrag des staatlichen Schlichters für verbindlich und für die Dauer von zwei Jahren alle Streiks für gesetzwidrig erklärt.

Der Maßnahmecharakter auch dieser Gesetze ist unverkennbar. Gleichwohl wäre der Schluß voreilig, daß Individualgesetze notwendig Maßnahmegesetze sein müßten. Es spricht allerdings eine gewisse Vermutung dafür. Denn in vielen Fällen wird schon die Tatsache, daß es sich um ein individuelles Rechtsverhältnis handelt, den Gesetzgeber in die Richtung einer rein zweckhaften Regelung drängen. Auch ein Individualgesetz kann aber primär dem Ziele dienen, einen einmaligen Sachverhalt nach gerechten Maßstäben zu ordnen. Ich möchte hier neben dem von Forsthoff erwähnten Fall des früheren Reichfilmvermögens[69]) vor allem an die Notstandsgesetzgebung zu Gunsten Berlins denken.

Als letztes in der Gruppe der inhaltlich atypischen Gesetze ist das Zeitgesetz auf seinen Maßnahmecharakter zu prüfen. Dabei ist jedoch anzumerken, daß dieser systematischen Unterscheidung keine strenge Trennung in der Rechtswirklichkeit entspricht; vor allem Einzelfallgesetze sind häufig zugleich Zeitgesetze; unsere Beispiele versuchen unter diesen Umständen nur, ein Überwiegen des einen oder anderen Moments zu berücksichtigen.

---

[69]) Forsthoff: Maßnahme-Gesetze S. 226.

In einem Zeitschriftenaufsatz bezeichnet Otto Haussleiter Zeitgesetze schlechthin als Maßnahmerecht[70]). Wenn auch die Begrenzung der Geltungsdauer ein gewichtiges Indiz für das Vorliegen eines Maßnahmegesetzes sein kann, möchte ich Haussleiter in dieser Allgemeinheit doch nicht zustimmen. Es wäre sinnlos, z. B. ein zur Bekämpfung bestimmter Kriegsfolgen ergehendes Gesetz dann als Dauergesetz zu verabschieden, wenn die erstrebte Wiederherstellung eines nach dem Maßstabe der Gerechtigkeit geordneten Zusammenlebens der Bürger zu einem bestimmten, voraussehbaren Zeitpunkt erreicht sein kann und soll. Die Kriegsfolgegesetzgebung verschiedener Länder bietet gute Beispiele für von der Rechtsidee beherrschte Zeitgesetze.

Oft allerdings werden Gesetze, die einer zeitbedingten Situation zu begegnen suchen, jene enge Verknüpfung von Zweck und Mittel aufweisen, welche das Maßnahmegesetz kennzeichnet. Beispiele aus jüngerer Zeit sind das Gesetz über Preise für Getreide inländischer Erzeugung für das Getreidewirtschaftsjahr 1951/52 vom 21. Juli 1951 (BGBl. I S. 451) oder das Gesetz über eine zeitweilige besondere Regelung der Prüfung der Jahresabschlüsse von Eisenbahnaktiengesellschaften des öffentlichen Verkehrs vom 25. Dezember 1955 (BGBl. I S. 868).

Eine gegenüber der These Hausleiters umgekehrte Feststellung läßt sich jedoch treffen: Wenn das Maßnahmegesetz nicht bereits als Individualgesetz auf einen klar umgrenzten Kreis von Personen oder Fällen zugeschnitten ist, dann muß es seine Geltungsdauer zeitlich beschränken. Denn eine konkrete Situation kann logisch nicht unbegrenzt andauern.

Mit der Erkenntnis, daß Maßnahmegesetze stets entweder Individualgesetze oder Zeitgesetze sind, ist die Grenzziehung gegenüber den normalen Gesetzen noch nicht abgeschlossen. Es ist vielmehr noch ein Unsicherheitsfaktor zu berücksichtigen, den ich wiederum an einem Grenzfall deutlich machen möchte, nämlich an dem Gesetz über die Investitionshilfe der gewerblichen Wirtschaft vom 7. Januar 1952 (BGBl. I S. 7). Es wäre nach meiner Terminologie unter die Einzelfallgesetze zu rechnen und wird meist als typisches Beispiel für ein Maßnahmegesetz angeführt[71]).

---

[70]) Otto Haussleiter: Maßnahmerecht und Dauerrecht auf dem Gebiet der wirtschaftspolitischen Verordnungs- und Gesetzgebung, DöV 1956 S. 143 ff.

[71]) Vgl. Forsthoff: Maßnahme-Gesetze S. 226 f. und Hildegard Krüger, DVBl. 1955 S. 761.

Forsthoff meint, der Maßnahmecharakter dieses Gesetzes sei deutlich geworden, „als infolge der wirtschaftlichen Entwicklung während seiner Durchführung die Erwägungen hinfällig wurden, die das Gesetz veranlaßt hatten"[72]). Grade diese — durchaus zutreffende — Feststellung gibt Anlaß zu Zweifeln, ob jene Qualifikation des Investitionshilfegesetzes so unproblematisch ist. Ich glaube nämlich, daß diesem Gesetz bei aller unbestreitbaren Zweckhaftigkeit ursprünglich auch der Gedanke zugrunde lag, im Wege der Vorteilsausgleichung eine ungerechte Benachteiligung der Grundstoffindustrien wettzumachen, deren wirtschaftliche Entwicklung vor allem durch die besatzungsrechtlichen Entflechtungsvorschriften gehemmt worden war. Ob dieser am Maßstabe der Gerechtigkeit orientierte Gesetzeszweck den rein wirtschaftlichen überwog oder doch wenigstens so stark ins Gewicht fiel, daß der Maßnahmecharakter des Investitionshilfegesetzes zum Zeitpunkte seiner Entstehung verneint werden kann, mag hier dahingestellt bleiben[73]). Bei diesem Beispiel kommt es mir nur darauf an, zu zeigen, daß bei solchen Gesetzen die Clausula rebus sic stantibus eine gewichtige Rolle spielt. Schon Carl Schmitt hat auf ihre Bedeutung im Zusammenhange mit dem Maßnahme-Begriff hingewiesen[74]). Ich möchte seine These dahin erweitern, daß Maßnahmegesetze nicht nur hinsichtlich ihrer Anwendbarkeit der Clausula unterliegen, sondern daß diese für die Eingruppierung eines Gesetzes als Norm oder als Maßnahme selbst von Bedeutung sein kann. Es gibt Gesetze zunächst unbestimmten Charakters, bei denen erst der Lauf der allgemeinen Entwicklung eine Bestimmung nach der einen oder anderen Seite herbeizuführen vermag. Die wirtschaftliche Entwicklung in der Bundesrepublik hatte im Falle des Investitionshilfegesetzes die ursprünglich ungerechte Situation ausgeglichen, ohne daß es dazu der vollen Durchführung des Gesetzes bedurft hätte. Spätestens von diesem Zeitpunkte ab wurde das zuvor unbestimmte Gesetz als Maßnahmegesetz fixiert, mit all' den Folgen, von denen noch zu sprechen sein wird. Es ist aber auch der umgekehrte Fall denkbar, daß eine Verschlechterung der allgemeinen Lage tragbare Ungleichheiten derart zu Ungerechtigkeiten verschärft, daß in einem bis dahin unbestimmten Gesetz der Gerechtigkeitsgehalt die in ihm zunächst überwiegende Zweckhaftigkeit ganz zurückdrängt[75]).

---

[72]) Forsthoff aaO.

[73]) Vgl. dazu BVerfGE 4 S. 7 ff., 18.

[74]) Carl Schmitt, VVDStRL 1 S. 97.

[75]) Ohne näher darauf einzugehen, erwähnt Herbert Krüger, Rechtsverordnung S. 230 ff., 235, diese Möglichkeit als „Merkposten".

Damit haben wir das Feld abgeschritten und können als Ergebnis unserer Bestandsaufnahme festhalten:

Maßnahmegesetze sind stets entweder auf einen von vornherein feststehenden Kreis persönlicher oder sachlicher Lebenssachverhalte gerichtet oder auf eine zeitlich begrenzte konkrete Situation.

Der Umkehrschluß, daß jedes solche Gesetz ein Maßnahmegesetz sei, ist unzulässig; es besteht lediglich eine widerlegliche Vermutung dafür.

Es gibt Gesetze, in denen neben ihrer primären Zweckgerichtetheit ein entwicklungsfähiger Keim für die Aufrichtung einer gerechten Ordnung schlummert; dieser Keim kann auf Grund der allgemeinen Entwicklung absterben, dann ist das Gesetz unbestimmten Inhalts als Maßnahmegesetz fixiert; er kann sich aber auch so kräftig entwickeln, daß dahinter die Zweckhaftigkeit zurücktritt; dann kann von einem Maßnahmegesetz nicht mehr gesprochen werden.

IV.

Bei der bisherigen Bestandsaufnahme habe ich mich bewußt jeder Wertung enthalten, um zunächst einmal den vorliegenden Tatbestand zu registrieren. Das bedeutet natürlich nicht, daß ich zur Maßnahmegesetzgebung als solcher und zu jedem einzelnen ihrer Produkte uneingeschränkt Ja sage. Mit Recht hebt Forsthoff hervor, daß auch abgesehen von den Einschränkungen in Art. 19 Abs. 1 und 79 GG die Gesetzgebungskompetenz des Bundestages in Art. 77 Abs. 1 Satz 1 GG nicht als „Ermächtigung zu beliebigem Tun" verstanden werden darf. Denn das Maßnahmegesetz stelle jedenfalls einen Einbruch in die von der Gewaltentrennung vorausgesetzte Eigenständigkeit der Exekutive dar. Er fügt allerdings einschränkend hinzu, daß die in Art. 20 Abs. 2 in Verbindung mit Art. 79 Abs. 3 GG zum unabänderlichen Bestandteil der Verfassung erhobene Gewaltentrennung im Grundgesetz „auf eine durchaus individuelle, von herkömmlichen Vorstellungen vielfach abweichende Weise verwirklicht" worden sei[76]).

Hier müssen wir etwas weiter ausholen. Es ist zwar schon rein zeitlich nicht möglich, an dieser Stelle die Lehre von der Trennung und Balance der Gewalten in ihrer historischen Entwicklung nachzuzeichnen. Einige wenige Gedanken möchte ich

[76]) Forsthoff: Maßnahme-Gesetze S. 227; vgl. auch Hans Peters: Die Gewaltentrennung in moderner Sicht (Arbeitsgemeinschaft für Forschung des Landes Nordrhein-Westfalen, Geisteswissenschaften Heft 25, 1954) S. 10 ff.

aber doch andeuten, die mir für unser Thema wichtig erscheinen.

In bewußter Vereinfachung könnte man sagen, daß die Unterscheidung der Gewalten und der Versuch, sie in ein ausgewogenes Gleichgewicht zu bringen, bei Locke die Beschreibung eines politischen Zustandes ist, um dessen Verwirklichung im England seiner Zeit nicht ohne Erfolg gerungen wird; und daß Montesquieu diesen Gedanken — neben anderen[77]) — aufgreift als politisches Reformprogramm für das absolutistische Frankreich unter dem Roi Soleil. Beiden sind die „Gewalten" echte politische Potenzen, welche in den Funktionszusammenhang des Staates eingebaut sind oder eingebaut werden sollen, um die Übermacht oder gar Allmacht einer politischen Kraft zu verhindern und die damit notwendig entstehende Gefahr für die Freiheit der Bürger zu bannen.

Den Politiker Montesquieu interessiert die Unterscheidung der Staatsfunktionen in Wahrheit ziemlich wenig; seine recht grobschlächtige Einteilung in Gesetzgebung, Rechtsprechung und Vollziehung der auswärtigen Politik dient ihm nur als Mittel, die vorhandenen politischen Kräfte — Krone, Adel, Volk — die er „Gewalten" nennt, in die notwendige Gleichgewichtslage zu bringen. Und es erscheint gradezu als Beweis für den politischen Charakter dieser Gewaltentrennungslehre, daß bei der Verteilung der Funktionen auf die „Gewalten" die dritte, richterliche Gewalt wieder verschwindet: Sie ist „en quelque façon nulle"[78]), weil das politische Gewicht der „noblesse du robe" gegenüber demjenigen der anderen, am Staatsgeschehen beteiligten Kräfte bis zur Bedeutungslosigkeit zurücktritt.

In England ist die Gewaltentrennung auch weiterhin als politisches Prinzip des Ausgleichs und der Mäßigung der Staatsgewalt verstanden worden; deshalb konnte es dort, wie Jennings überzeugend nachweist[79]), zu einer klaren Funktionentrennung nicht kommen. Deutliches Beispiel dafür ist das für deutsches Rechtsdenken fast anstößige Institut der private bills.

[77]) Daß die Gewaltentrennung in Montesquieus Werk nicht die zentrale Bedeutung besitzt, welche frühere Generationen ihr zuschreiben zu können glaubten, weist Forsthoff in seiner Einleitung zum „Esprit des Lois" überzeugend nach; vgl. Montesquieu: Vom Geist der Gesetze, eingeleitet und herausgegeben von E. Forsthoff, 1951, Bd. I S. XXV ff.; vgl. ferner Peters: Gewaltentrennung, S. 7 ff.

[78]) Montesquieu: Vom Geist der Gesetze, Bd. I S. 220.

[79]) Sir Ivor Jennings: The law and the constitution, 3. Aufl., 5. Neudr., 1948, S. 261; vgl. auch Scheuner: Übertragung rechtsetzender Gewalt S. 134 f.

Ganz anders dagegen verlief die Entwicklung in Deutschland. Die Aktivbürgerschaft als Repräsentant der dem Staate gegenüberstehenden „Gesellschaft" errang dort zunächst ein Mitspracherecht und mit dem Ende des deutschen konstitutionellen Staates das Monopol auf dem Gebiete der Gesetzgebung; in der Verwaltung blieb es bei den Ansätzen der mit den Namen Frhr. vom Stein und Gneist verknüpften sogen. politischen Selbstverwaltung; und in der Rechtsprechung kam es nur zu der wenig bedeutsamen Einschaltung des Laienelements in die Straf- und Verwaltungsgerichtsbarkeit. Wichtig für unseren Zusammenhang ist aber, daß damit der liberale Gedanke der politischen Gewaltentrennung im Kerne aufgegeben wurde zugunsten des, egalitär-demokratischen Forderungen entsprechenden, Versuchs, den ganzen Staat gleichmäßig zu durchdringen[80]).

Das hat zwei Konsequenzen:

Einmal werden nun nicht mehr gewachsene politische Kräfte einander gegenübergestellt, balanciert und in das staatliche Verfassungssystem eingefügt; denn diese Kräfte sind im Zuge derselben Entwicklung bereits politisch und zunehmend auch sozial in die bürgerliche „Gesellschaft" eingeschmolzen worden. Das um der Erhaltung der Freiheit willen notwendige potentielle Gleichgewicht politischer Kräfte verlagert sich aus dem in der Verfassung vorgezeichneten Raum in die — nach den Worten Triepels[81]) — „extrakonstitutionelle" Sphäre der politischen Parteien. Hier, im Wechselspiel von Regierungsmehrheit und Opposition, lebt der politische Gleichgewichtsgedanke Montesquieus fort[82]).

Was in den Verfassungen als „Gewaltentrennung" angesehen wird — und damit kommen wir zur zweiten Konsequenz dieser Entwicklung — ist zu einer bloßen Funktionenunterscheidung verblaßt, also zu einem technischen Mittel der Verfassungsorganisation[83]).

Das Grundgesetz rezipiert mit seinem Bekenntnis zum Mehrparteienstaat und zum parlamentarischen System die Gleichgewichtsfunktion der politischen Parteien; ja es macht

---

[80]) Vgl. dazu auch Heckel, HDStR II S. 388 f.

[81]) Heinrich Triepel, Die Staatsverfassung und die politischen Parteien, 2. Aufl. 1930, S. 29 f.

[82]) Vgl. dazu auch Werner Weber: Spannungen und Kräfte im westdeutschen Verfassungssystem, 1951, S. 25 f.

[83]) Auf die Notwendigkeit einer Unterscheidung dessen, das hier als „Gewalt" und „Funktion" einander gegenübergestellt wird, weist auch hin Hermann Jahrreiss: Die Wesensverschiedenheit der Akte des Herrschens und das Problem der Gewaltenteilung (Vom Bonner Grundgesetz zur gesamtdeutschen Verfassung, Festschrift für Hans Nawiasky, 1956, S. 119 ff.), S. 121.

in seinem Art. 21 sogar den Versuch, sie verfassungsrechtlich zu „incorporieren“[84]), und folgt damit dem Vorbilde Montesquieus, der ja auch vorhandenen politischen Kräften ihren festen Platz innerhalb der Verfassung zuweisen wollte[85]).

Zum anderen verlangt es zwischen der Rechtsprechung und den übrigen Staatsfunktionen eine klare Unterscheidung, weil es die Rechtsprechungsfunktionen[86]) in Art. 92 GG den Richtern anvertraut, also voraussetzt, daß diese Funktion eindeutig umgrenzbar und umgrenzt ist[87]).

Das Grundgesetz geht aber noch einen Schritt weiter. Indem es die Richter zu Hütern des Rechts auch gegenüber den mit der Wahrnehmung der anderen Staatsfunktionen Betrauten bestellt und diese ihrerseits an Recht und Gesetz bindet, verwandelt es die Funktionentrennung in eine wirkliche Gewaltentrennung zurück: Während alle anderen Staatsorgane ihren Auftrag letztlich auf die Volkssouveränität zurückführen, finden die Rechtsprechungsorgane die Legitimation ihres Tuns in der „Souveränität“ des Rechts. Das Grundgesetz weist also insofern „dualistische“ Züge auf, als es dem demokratischen Prinzip der Volkssouveränität das materiell-rechtsstaatliche Prinzip der „Souveränität“ des Rechts gegenüberstellt[88]).

Dagegen ist dem Grundgesetz eine klare Funktionentrennung zwischen Gesetzgebung, Regierung und Verwaltung fremd. Wohl ist es möglich, zwischen Rechtssatz und Staatsakt zu unterscheiden; das haben unsere Untersuchungen zum sogen. rein formellen Gesetz gezeigt, das ein Staatsakt des Legislativorgans ist. Ferner ergibt Art. 80 Abs. 1 Satz 1 GG, daß die Rechtsetzungskompetenz bei den Legislativorganen liegt, und die Exekutive zur Rechtsetzung deren Ermächtigung bedarf. Es ist aber nicht möglich, dem Grundgesetz ein allgemeines Verbot zu entnehmen, demzufolge die Legislativorgane nicht

---

[84]) Triepel: Staatsverfassung S. 12.

[85]) Vgl. dazu Peters: Gewaltentrennung S. 24 ff., 31 ff., der mit Recht auch die Funktion eines föderativen Staatsaufbaus im Sinne einer politischen Gewaltentrennung deutet, Friedrich August Frhr. von der Heydte: Freiheit der Parteien, Die Grundrechte, herausgegeben von Franz L. Neumann, Hans Carl Nipperdey und Ulrich Scheuner, Bd. II, 1954, S. 457 ff., und meinen Aufsatz: Zur verfassungsrechtlichen Stellung der deutschen politischen Parteien, AöR 78 (1952) S. 149 ff

[86]) Die Bezeichnung „rechtsprechende Gewalt“ in Art. 92 GG ist — wie noch darzulegen sein wird — gleichwohl richtig.

[87]) Zum Begriff der Rechtsprechung vgl. mein System des verwaltungsgerichtlichen Rechtsschutzes, S. 36—50, und das dort angegebene Schrifttum.

[88]) Es überschneiden sich also im GG zwei Formen von Gewaltentrennung.

konkrete Sachverhalte auch über die in der Verfassung genannten Fälle hinaus nach Zweckgesichtspunkten regeln, also gestaltende Regierung und Verwaltung ausüben dürften[89]). Das folgt m. E. zwingend aus der Tatsache, daß die Volksvertretung heute Repräsentant des Souveräns ist, und daß ihr daher — soweit die geschriebene oder ungeschriebene Verfassung nichts anderes bestimmt — dessen Prärogative zugewachsen ist.

Diese Antwort könnte anders lauten, wenn das Grundgesetz dem Umstande Rechnung getragen hätte, daß der heutige Staat nun einmal zuweilen genötigt ist, Maßnahmen mit Gesetzeskraft zu treffen. Wenn unsere Verfassung ein Staatsorgan oder mehrere gemeinsam mit der Kompetenz ausgestattet hätte, in sinnvoller Fortentwicklung des Art. 48 WRV, also gelöst vom „klassischen" Institut des Ausnahmezustandes, konkreten Sonder- und vor allem Notsituationen politischer, sozialer oder wirtschaftlicher Art mit der gesetzesvertretenden Verordnung zu begegnen, dann könnte eine klare Trennungslinie zwischen Legislativ- und Exekutivfunktionen gezogen werden[90]). Dadurch würde nicht nur die rechtsstaatliche Formtypik wiederhergestellt, welche die Gefahr eines Parlamentsabsolutismus hintanhalten könnte[91]) [92]); die Schaffung einer derartigen

---

[89]) Zu diesen Begriffen vgl. mein System des verwaltungsgerichtlichen Rechtsschutzes S. 28, 30 f.

[90]) Ebenso Forsthoff: Maßnahme-Gesetze S. 228. — Diese Trennung zwischen Legislativakten (Gesetzen) und Verordnungen des Reichspräsidenten auf Grund des Art. 48 Abs. 2 WRV, die inhaltlich Maßnahmen sind, hält Carl Schmitt noch klar aufrecht, wenn er trotz praktisch oft übereinstimmender Wirkung zwischen der verfassungsrechtlich formalisierten Gesetzgebung und der aus Art. 48 Abs. 2 WRV fließenden Befugnis, Maßnahmen zu treffen, scharf unterscheidet und hinzufügt, der Reichspräsident sei kein Gesetzgeber. Wenn Schmitt so allen Akten den Maßnahmecharakter abspricht, die „durch verfassungsmäßige Bindung an ein bestimmtes Verfahren eine solche Rechtsförmigkeit erhalten haben, daß sie aufhören, ausschließlich durch die Lage der Verhältnisse bestimmt zu werden", so wird deutlich, daß er den Maßnahmebegriff weniger inhaltlich bestimmt wissen will, als vielmehr situationsbedingt; vgl. Schmitt, VVDStRL 1 S. 99 f.

[91]) Ebenso Forsthoff: Maßnahme-Gesetze S. 228.

[92]) Es würde damit auch eine sehr sinnvolle Unterscheidung der Staatstheorie aus der ersten Hälfte des 19. Jahrhunderts wieder aufgenommen, welche im Gesetz inhaltlich das allgemein Grundlegende, Ordnungen Schaffende erblickte, während sie besondere, auch lokale und temporäre Fragen der Regelung durch Maßnahmen im Verordnungswege vorbehielt; vgl. dazu etwa Hegel: Grundlinien der Philosophie des Rechts § 211 (Hegels Schriften zur Gesellschaftsphilosophie, Teil I, herausgeg. von Alfred Baeumler, 1927, S. 744 ff.), Carl von Rotteck: Lehrbuch des Vernunftsrechts, 2. Aufl. 1840, Bd. II S. 326 ff., Friedrich Julius Stahl: Die

Kompetenz würde vor allem mit einer klaren Regelung der Voraussetzungen für ihre Ausübung mißbräuchliche Maßnahmegesetzgebung erschweren und ihre verfassungsgerichtliche Kontrolle erleichtern[93]).

Solange aber eine solche Kompetenz nicht besteht, sind die Schranken für eine Maßnahmegesetzgebung nicht dem Funktionentrennungsschema zu entnehmen, sondern finden sich in der materiell-rechtsstaatlichen Struktur des Grundgesetzes, welche nicht nur alle Staatsorgane an die Formen der Verfassung bindet, sondern sie alle — auch den Gesetzgeber — dem Recht unterwirft und damit die alte Unterscheidung von lex und jus wiederaufnimmt, die der Positivismus des 19. Jahrhunderts zu unserem Unheil nicht mehr sehen wollte.

Daraus ergeben sich folgende Konsequenzen, die ich nur noch thesenartig vortragen möchte.

Eingriffe in die grundrechtlich gesicherte Freiheitssphäre sind schon wegen Art. 1 und 2 Abs. 1 GG nur unter gerechter Abwägung der Interessen von Allgemeinheit und Betroffenen zulässig; Maßnahmegesetze in diesem Bereich sind verfassungswidrig, da für grundrechtseinschränkende Gesetze der Gerechtigkeitsmaßstab unverzichtbar ist, also eine bloß zweckmäßige Lösung nicht genügt. Das gilt nicht nur für die nach Art. 19 Abs. 1 GG[94]) verbotenen Individualgesetze einschließlich ihrer Tarnformen, sondern auch für legitimerweise abstrakt und generell formulierte Zeitgesetze, wenn sie nicht, wie die Beispiele in Art. 13 Abs. 3 GG deutlich machen, der

---

Philosophie des Rechts, 2. Aufl. 1846, II, 2, § 55, Lorenz von Stein: Verwaltungslehre, 1865, Bd. I S. 78 f., Ders.: Handbuch der Verwaltungslehre, 3. Aufl. 1888, Bd. I, S. 100 ff., Karl Salomon Zachariae: Vierzig Bücher vom Staate, 1820, 21. Buch, S. 11, 13 f., Heinrich Zoepfl: Grundsätze des gemeinen deutschen Staatsrechts, Teil II, 5. Aufl. 1863, §§ 438 f. — Einschränkend allerdings Carl Theodor Welcker, Staatslexikon Bd. 6, 1838, S. 41 f.

[93]) Ein solcher Schritt des Verfassungsgebers erschiene mir wirkungsvoller als der von Haussleiter, DöV 1956 S. 143 ff., vorgeschlagene Weg des befristeten Richtliniengesetzes; für die gegenwärtige Situation allerdings verdienen Haussleiters Anregungen durchaus Beachtung, zumal dafür auch auf österreichische Erfahrungen zurückgegriffen werden kann; vgl. dazu Theo Mayer-Maly: Das Verhältnis zwischen Gesetz und Verordnung in der Rechtsgeschichte, AöR 80 (1955) S. 157 ff., 169 f.

[94]) In Art. 19 Abs. 1 GG wird der von der Staatslehre des Spätkonstitutionalismus sogen. „materielle Gesetzesbegriff" wieder aufgenommen, der mit der „Freiheit- und Eigentum-Formel" umschrieben wird; vgl. dazu z. B. Anschütz, WBStVwR II S. 215. Mit Recht hebt Carl Schmitt: Verfassungslehre, S. 148 f., den politischen Charakter dieses Gesetzesbegriffes hervor.

Erhaltung eines der Grundrechtsordnung entsprechenden Zusammenlebens der Bürger gegenüber einer vorübergehenden Bedrohung dienen.

Die rechtsprechende Gewalt ist unabhängig von allen Organen, die ihre Kompetenz auf die Volkssouveränität zurückführen; sie ist allein dem Recht verpflichtet. Daher sind Maßnahmegesetze stets verfassungswidrig, wenn sie die Zuständigkeit des „gesetzlichen Richters" antasten. Ich halte deshalb § 8 des Straffreiheitsgesetzes 1954 aus den oben erörterten Gründen für verfassungswidrig. Für die nach Art. 101 Abs. 2 GG zulässigen Gesetze, durch die Gerichte für besondere Sachgebiete errichtet werden können, sind Abstraktheit, Generalität und zeitliche Unbegrenztheit erforderlich, d. h. sie müssen die Gerichtsverfassung weiter ausbauen, dürfen sie aber nicht für einen bestimmten Kreis von Fällen oder Personen oder für eine bestimmte Zeit durchbrechen.

Maßnahmegesetze sind — wie ich bereits andeutete — Fälle gestaltender Regierung und Verwaltung. Ich darf jetzt hinzufügen: nur in diesem Bereich können sie zulässig sein. Aus dem Gegensatz von gestaltender und rechtsvollziehender Regierung bzw. Verwaltung ergibt sich, daß die Regelung einer konkreten Situation durch Maßnahmegesetz stets dann unzulässig ist, wenn die positive Rechtsordnung bereits Organe eingesetzt hat, die für jene Regelung zuständig sind, und bereits materiell-rechtliche Vorschriften bereitgestellt hat, die objektiv geeignet sind, die erforderliche Regelung im Wege der Rechtsanwendung herbeizuführen. D. h. der Gesetzgeber darf durch Maßnahmegesetz nicht bestehende Kompetenzen an sich ziehen. Er darf das vorhandene materielle und Organisationsrecht auch nicht durch Maßnahmegesetz ändern. Denn die Rechtsnorm, die nach dem Gerechtigkeitsmaßstab eine Ordnung eigenen Wertes aufrichtet, hat höheren Rang, als das nur zweckorientierte Maßnahmegesetz. Jenes — so könnte man vielleicht sagen — erlangt Rechtsgültigkeit[95]), dieses nur positivrechtliche Geltung[96]).

[95]) Zu dem Problem, wie gesatztes Recht sich „einbürgert", vgl. Jahrreiss: Gesetzgebung S. 33 ff., und Gerhard Stammler, ARSP XXXVII S. 211 ff.

[96]) Von dieser Feststellung aus läßt sich vielleicht auch ein neuer Aspekt zur Beantwortung der Frage gewinnen, ob Gesetze kraft ihres in der Überzeugung der Rechtsgenossen wurzelnden Rechtsgehalts gelten oder nur auf Grund der Möglichkeit staatlicher Zwangsdurchsetzung; vgl. dazu etwa Rudolph von Ihering: Der Zweck im Recht, 1893, I S. 320 ff., Hans Kelsen: Allgemeine Staatslehre, 1925, S. 17 f., Nawiasky: Allgemeine Rechtslehre, S. 9 ff., Wilhelm Sauer: System der Rechts- und Sozialphilosophie, 2. Aufl. 1949 S. 191, Rudolf Stammler: Lehrbuch der

Auch inhaltlich muß das Maßnahmegesetz besonders strengen Anforderungen genügen. Wie jede Exekutivhandlung ist es dem Grundsatz der Verhältnismäßigkeit von Zweck und Mittel unterworfen. Während es sinnlos wäre, etwa die Institutionen des Bürgerlichen Gesetzbuches an diesem Grundsatze messen zu wollen, gibt er bei Gesetzen, die durch ein besonders Aufeinander-Bezogensein von Zweck und Mittel begrifflich bestimmt sind, eine brauchbare Handhabe für die Kontrolle ihrer Rechtmäßigkeit. Mit Recht hat daher das Bundesverfassungsgericht dieses zunächst verwaltungsrechtliche Prinzip[97]) bei der Prüfung eines Maßnahmegesetzes mit herangezogen[98]). Denn hier kann wirklich von einem Ermessen des Gesetzgebers gesprochen werden, es sind also auch Ermessensfehler denkbar, Begriffe, die dem Legislativbereich sonst wenig adäquat sind[99]).

Wie schon erwähnt unterliegt die Anwendbarkeit des Maßnahmegesetzes der Clausula rebus sic stantibus; sie entfällt also, sobald der Gesetzeszweck erreicht oder sonst gegenstandslos geworden ist[100]).

Eine Besonderheit ergibt sich schließlich für die Erzwingung der zur Durchführung eines Maßnahmegesetzes etwa erforderlichen Einzelakte. Ich halte es für rechtswidrig, dafür Kriminalstrafen, und für untunlich, dafür Ordnungsstrafen anzudrohen; denn bestraft werden sollten nur Verstöße gegen ein Gesetz, dessen Inhalt auf die Rechtsidee zurückgeführt werden kann. Die Behinderung einer nur zweckorientierten Maßnahme ist kein Unrecht; gegen sie sollten daher nur Beugemittel an-

---

Rechtsphilosophie, 3. Aufl. 1928, S. 148; — Hermann Heller: Staatslehre, 1934, S. 188, Georg Jellinek: Allgemeine Staatslehre, 3. Aufl., 3. Neudr. 1921, S. 334 ff., Ludwig Waldecker: Allgemeine Staatslehre, 1927, S. 160 Anm. 1. Weiteres Schrifttum bei Walter G. Becker, ARSP XL, S. 410 ff. Soweit ein Rechtssatz Konkretisierung des Rechts ist, die lex also auf das jus zurückgeführt wird, gilt er m. E. ohne Rücksicht auf die staatliche Zwangsordnung; soweit er aber, wie das Maßnahmegesetz, nur lex positiva ist, hängt seine Geltung von seiner Durchsetzbarkeit ab.

[97]) Daß es darüber hinaus auch in anderen Rechtsgebieten, etwa im Völkerrecht oder im Arbeitsrecht, Bedeutung besitzt, hebt Herbert Krüger: Rechtsverordnung S. 235, hervor.

[98]) BVerfGE 3 S. 384 ff., 399; das BVerfG erblickt allerdings offenbar in den Wahlrechtsvorschriften gegen Splitterparteien, um die es in der Entscheidung geht, kein Maßnahmerecht, wie aus seinen Ausführungen S. 401 hervorgeht; es verwendet den Begriff also in einem engeren Sinne, als er hier gebraucht wird.

[99]) Ebenso Forsthoff: Maßnahme-Gesetze S. 233 f., und Scheuner: Regierung S. 281 f.

[100]) Vgl. dazu die von Scheuner: Übertragung rechtsetzender Gewalt, S. 133 f., zitierte amerikanische Entscheidung Duncan v. Kahanamoku (1946; 327 US 304).

gewandt werden dürfen, deren Vollstreckung mit dem Aufhören der Behinderung einzustellen ist.

Damit bin ich — da die verfassungsgerichtliche Kontrolle im Korreferat behandelt werden soll — am Ende meines Berichts. Lassen Sie mich zum Schluß noch eines sagen: Wir haben gesehen, daß die Maßnahmegesetzgebung in der Bundesrepublik ihre Schranken findet in der materiell-rechtsstaatlichen Struktur des Grundgesetzes. Wegen der Verbindung der dem Gesetz immer noch anhaftenden Autorität mit einer vom Gerechtigkeitsdenken unbeeinflußten Zweckhaftigkeit birgt auch jede zulässige Maßnahmegesetzgebung Gefahren für den Rechtsstaat in sich. Den Rechtsstaat auch gegenüber dem Gesetzgeber zu verteidigen, ist Aufgabe der „Dritten Gewalt". Es scheint mir die Aufgabe unserer heutigen Arbeitstagung zu sein, den Richtern dafür die Wege zu ebnen.

Leitsätze des Berichterstatters über: Das Gesetz als Norm und Maßnahme

I.

Dem Bericht wird folgende Terminologie zugrunde gelegt:

1. *Als Gesetz soll jeder Rechtssatz gelten, der in der verfassungsmäßig für Gesetze vorgeschriebenen Art und Weise zustande gekommen ist;*

   Norm und Maßnahme sollen als — theoretisch — mögliche Inhalte eines solchen Rechtssatzes Gegenstand der Untersuchung sein.

2. *Rechtsnorm ist das aus einer festgefügten, am Maßstabe der Gerechtigkeit orientierten Ordnung fließende Verhaltensgebot.*

3. *Maßnahme ist der rechtlich bestimmbare, auf Erzielung gewollter Rechtswirkungen berechnete (Staats-) Akt, der auf eine konkret gegebene Sachlage zweckbestimmt reagiert.*

4. *Maßnahmegesetz ist ein Rechtssatz, in welchem der Gesetzgeber einen zeitlich und/oder zahlenmäßig begrenzten Kreis von Sachverhalten in einem Tatbestande mit der Absicht zusammenfaßt, ihn einer rein zweckmäßigen Rechtsfolge zu unterwerfen.*

II.

1. *Staatsleitende Akte des Legislativorgangs (sogen. rein formelle Gesetze) sind keine Maßnahmegesetze, weil ihnen die Rechtssatzeigenschaft fehlt.*

2. *Weil Maßnahmegesetze auf eine konkrete Situation zweckhaft reagieren, sind sie stets entweder auf einen von vornherein feststehenden Kreis persönlicher oder sachlicher Lebenssachverhalte gerichtet oder auf einen zeitlich begrenzten Bereich; beide Voraussetzungen treffen häufig zusammen.*

   Der Umkehrschluß, daß jedes solche Gesetz ein Maßnahmegesetz sei, ist unzulässig; es besteht lediglich eine widerlegliche Vermutung dafür.

3. *Es gibt Gesetze, in denen neben ihrer primären Zweckgerichtetheit ein entwicklungsfähiger Keim für die Aufrichtung einer gerechten Ordnung schlummert; dieser Keim kann auf Grund der allgemeinen Entwicklung absterben, dann ist das Gesetz unbestimmten Inhalts als Maßnahmegesetz fixiert; er kann sich aber auch so kräftig entwickeln, daß dahinter die Zweckhaftigkeit zurücktritt; dann kann von einem Maßnahmegesetz nicht mehr gesprochen werden.*

III.

1. *Die Schranken für eine Maßnahmegesetzgebung sind nicht dem Funktionentrennungsschema zu entnehmen, sondern finden sich in der materiell-rechtsstaatlichen Struktur des Grundgesetzes.*

2. *Maßnahmegesetze sind unzulässig, wenn sie Eingriffe in die grundrechtlich gesicherte Freiheitssphäre oder in die Kompetenz des „gesetzlichen Richters" enthalten.*

   Sie können nur als Fälle gestaltender Regierung und Verwaltung zulässig sein.

3. *Durch Maßnahmegesetz darf der Gesetzgeber weder bestehendes Recht ändern noch nach diesem Recht bestehende Kompetenzen anderer Staatsorgane an sich ziehen.*

4. *Maßnahmegesetze müssen dem Grundsatz der Verhältnismäßigkeit von Zweck und Mittel genügen.*

5. *Ihre Anwendbarkeit unterliegt der Clausula rebus sic stantibus; für ihre Durchsetzung sollten keine Strafen, sondern nur Beugemittel angedroht werden.*

Das Gesetz als Norm und Maßnahme

2. Mitbericht von Dozent Dr. Herbert Wehrhahn, Tübingen

Meine sehr verehrten Herren, lassen Sie mich vorweg bemerken, daß in dem folgenden Korreferat das rein formelle Gesetz unerörtert bleiben soll, daß demgemäß die Worte „Gesetz" und „Norm" hier stets in dem Sinne von genereller oder abstrakter Norm verwendet werden.

Das letztere gilt auch für den Begriff des Maßnahmegesetzes, der den Hauptgegenstand auch dieses Korreferats bilden wird. Ich beschränke mich also darauf, einwandfrei abstrakte Maßnahmegesetze, wie sie etwa in den Gesetzen zum Art. 131 GG oder zum Lastenausgleich vor uns stehen, zu erörtern.

Vorbehalte gegen das Maßnahmegesetz als Rechtsbegriff kann ich erst gegen Schluß des Referats erläutern. Bis dahin verwende ich den Begriff in dem Verständnis, das er durch die bisherigen Äußerungen[1]) erhalten hat; zur Abwehr von Mißverständnissen fixiere ich dieses Verständnis in vier Punkten:

(1) hinsichtlich des Begriffes: Maßnahmegesetze lassen sich von sonstigen Gesetzen, wenn überhaupt, nur unter dem Zweckgesichtspunkt sondern, etwa als temporären und damit überschaubaren Zwecken derart dienende Gesetze, daß diese Zwecke die Priorität vor den darin normierten, als Verwirklichungsmittel gedachten Rechtsfolgen haben;

(2) hinsichtlich der Ursachen: Maßnahmegesetze werden in ihrer bedrohlichen Häufung ermöglicht durch das Fehlen einer von der Legislative unabhängigen Exekutivspitze und durch Assimilierung der verschiedenen Willensbildungsorgane in Bund und Ländern im Zeichen der Parteiendemokratie und des Parteienbundesstaates;

(3) hinsichtlich der praktischen Folgen: Die Häufung von Maßnahmegesetzen führt zu Störungen im Ablauf der rechtsanwendenden Staatsfunktionen, und sie erweitert und verfestigt die Ausfallerscheinun-

---

[1]) i. s.: E. Forsthoff, Über Maßnahmegesetze; Gedächtnisschrift für Walter Jellinek (1955), S. 221 ff.; ders.: Lehrbuch des Verwaltungsrechts I (Allg. Teil), 6. Aufl. (München 1956), S. 9, 139, 286; C. F. Menger in dem vorstehenden Erstbericht. Zur Herkunft dieses terminus vgl. Carl Schmitt, Legalität und Legitimität (München und Leipzig 1932), S. 70 ff.

gen im rechtsstaatlichen Kontroll- und Balancegefüge, auf denen sie beruht;

(4) hinsichtlich der Kontroll- und Korrekturmöglichkeiten: Im Vordergrund steht die Frage nach solchen Möglichkeiten durch die Rechtsprechung als der einzigen Gewalt, die an der Entstehung dieses Phänomens unbeteiligt ist.

Erster Abschnitt

Unter der Voraussetzung, daß dieses komplexe Phänomen der von uns übereinstimmend gesichtete Gegenstand ist, wenn wir von Maßnahmegesetzgebung sprechen, bitte ich, von der Feststellung ausgehen zu dürfen, daß unsere Begrifflichkeit z. Z. noch hinter dieser unserer Einsicht zurückbleibt.

A.

Die Bemühungen, auf die wir zurücksehen, sind von drei Basen ausgegangen.

Voran steht die Gesetzeslehre der konstitutionellen Staatsrechtslehre, unter deren Nachwirkung sich sozusagen das pathologische Symptom der Maßnahmegesetzgebung hat entwickeln können, ohne eine zureichende Diagnose zu finden, die Unterscheidung von materiellem und rein formellem Gesetz. Unser heutiges Begriffspaar „Gesetz als Norm" und „Gesetz als Maßnahme" deckt sich mit ihr in keinem seiner Teile. Wir meinen mit „Norm" die abstrakte Norm schlechtweg und nicht nur die in Freiheit und Eigentum eingreifende; und wir erblicken eine „Maßnahme" nicht nur im Individualgesetz, sondern auch in einwandfrei abstrakten Normen des Gesetzgebers.

Zwangsläufig wurde die Staatsrechtslehre durch diesen Wandel der Fragestellung genötigt, der Normentheorie der allgemeinen Rechtslehre ihre Begriffe zu entlehnen. Dies gelang aber nur für den Begriff der Norm[2]), und selbst mit diesem erhielt die Staatsrechtslehre nur einen Stein statt eines Brotes: sie mußte erfahren, daß es lediglich eine Standortfrage sei, ob man das moderne positive Gesetz norma-

---

[2]) Diesen Schritt tut für die allgemeine Staatslehre G. Jellinek, Allg. Staatslehre (3. Aufl., 4. Neudruck von 1922), S. 333, für die Staatsrechtslehre Hans Kelsen, Hauptprobleme der Staatsrechtslehre (1911), S. 291 ff., auch 226 f. u. ö. Vgl. G. Anschütz, Art. „Gesetz" im WB des dt. Staats- und VerwR, 2. Aufl., 2. Bd. (1913), S. 212: „Das Gesetz im materiellen Sinne ist ein Begriff nicht eigentlich des Staatsrechts, sondern der allgemeinen Rechtslehre."

tivistisch als Norm oder dezisionistisch als Maßnahme des Gesetzgebers verstehe[3]). Einen Versuch, dieses Unvermögen zur Unterscheidung zwischen Norm und Maßnahme zu überwinden, machte Carl Schmitt[4]), indem er auf den darin liegenden Methodensynkretismus hinwies. Das war, für sich genommen, zutreffend, konnte sich aber nicht durchsetzen; der ererbte Methodensynkretismus war stärker und kennzeichnet unser Rechtsdenken noch heute.

Der Umweg über die allgemeine Rechtstheorie hatte indessen den Wert zu zeigen, daß dem Begriffspaar „Norm" und „Maßnahme" mit grammatikalischen Deduktionen kein Unterscheidungskriterium abzugewinnen war. Während er noch begangen wurde, setzte der erste nicht ausschließlich formale und wenigstens zu einem gewissen Erfolg führende Versuch ein, das Wesen des Maßnahmegesetzes im Zusammenhang mit der Funktion der Regierung zu bestimmen, getragen und gefördert vor allem von Rudolf Smend und Ulrich Scheuner, aber auch von Carl Schmitt.

Daß auch dieser Versuch nicht zu einem durchschlagenden Erfolg führte, liegt an den bekannten Schwierigkeiten, von denen die Frage einer exakten Bestimmung der Regierungsfunktionen umwittert ist, und von denen zwei zugleich entscheidende Schwierigkeiten auch unseres Fragenkreises sind.

Die eine Schwierigkeit ist der bleibende Idealcharakter der Rechtsstaatslehre. Sieht man zunächst von dem Postulat der Grundrechte ab, so setzt der traditionelle[5]) Ausgangssatz, daß Freiheit dort ist, wo Gesetze herrschen, eine Ruhelage des Gemeinwesens derart voraus, daß es weder von außen noch

---

[3]) Vgl. etwa U. Scheuner, Gesetz und Einzelanordnung; Festgabe für Rudolf Hübner (Jena 1935), S. 195, 215 f.

[4]) Carl Schmitt, Über die drei Arten des rechtswissenschaftlichen Denkens (Schrift der Akademie für dt. Recht, Hamburg 1934), S. 35—40.

[5]) Cicero, Pro Cluentio, § 53: Omnes legum servi sumus, ut liberi esse possimus; John Locke, The second Treatise of Civil Government (benutzte Ausgabe: Thomas I. Cook, New York, 1947), sect. 57: where there is no law, there is no freedom. Montesquieu, De l'Esprit des Lois (benutzte Ausgabe: Oeuvres complètes de Montesquieu avec des notes de Dupin, Crevier, Voltaire, Mably, Servan, La Harpe, etc. etc.; éd.: Parelle, Paris 1885), XI 3: „Dans un état, c'est à dire dans une société où il y a des lois, la liberté ne peut consister qu'à pouvoir faire ce que l'on doit vouloir, et à n'être point contraint de faire ce que l'on ne doit pas vouloir."

Daß die obige These Gemeingut der deutschen Rechtsstaatstheorie seit ihren Anfängen war, bedarf keiner Darlegung, vgl. I. Kant, Idee zu einer allgemeinen Geschichte der Menschheit in weltbürgerlicher Absicht, 6. Satz; Carl Schmitt, Verfassungslehre (Neudruck 1954), S. 125 ff.

von innen genötigt wird, seine eigenen Gesetze zu suspendieren. Die juristischen[6]) Theoretiker des Rechtsstaates haben zwar mit dieser Notwendigkeit stets gerechnet, mit dem Ergebnis, daß der rechtsstaatlich entworfene Staat nur mit einer offenen Flanke gesehen wurde, in der „der Staat" schlechtweg, der jeweilige historische Staat, seine einstige unbeschränkte und unbeschränkbare Wirksamkeit entfalten konnte — bei Montesquieu der Monarch mit seinen erhalten gebliebenen Prärogativbefugnissen[7]), bei Georg Jellinek der im Staatsnotstand seine Rechtsstaatlichkeit abstreifende Staat[8]).

Mit dem Wegfall des Monarchen als des Stabilitätsfaktors mußte sich das Schicksal eines reinen Rechtsstaates so darstellen, daß er ein kurzes Glück, aber auch ein sicheres und frühes Ende bedeute, ein Ende entweder infolge äußerer Wehrlosigkeit oder infolge der notwendigen Heraufkunft einer staatserhaltenden Diktatur. Die im Angesicht dieser Alternative einsetzenden Versuche, einen „Bereich der Regierung" aus der herkömmlichen rechtsstaatlichen Funktionentrias auszuklammern, gehen in ihrer ersten Phase dahin, der Staatsleitung einen gesetzes*freien* Handlungsspielraum[9]), später dahin, ihr daneben das Instrument des Gesetzgebungsbeschlusses zur Verfügung zu stellen[10]). Damit war dem Be-

---

[6]) Anders I. *Kant* mit seinem Vertrauen auf die teleologisch zum Endresultat eines „großen Völkerbundes" hinarbeitende menschliche Natur — aaO. 7. Satz.

[7]) aaO., XI 6 al. 19; für die Republik: XII 19. Vgl. unten Anm. 10.

[8]) Vgl. G. *Jellinek*, aaO. S. 610 f.: „Neben diesen normalen Funktionen gibt es aber noch außerordentliche Staatstätigkeiten, die in keine der drei Kategorien passen. Das ist in erster Linie der Krieg . . . Im Kriege steht des Staates Dasein auf dem Spiele, in der Verwaltung bewährt er sich als unerschütterliche Macht." „. . . Alle Verwaltung setzt die unbestrittene Herrschaft des Staates, . . . das sichere Funktionieren seiner Rechtsordnung voraus."

[9]) G. *Jellinek*, aaO. S. 616 ff.; R. *Smend*, Die politische Gewalt im Verfassungsstaat und das Problem der Staatsform; Festgabe der Berliner Juristischen Fakultät für Wilhelm Kahl (Tübingen 1923), III, S. 15 ff. = Staatsrechtliche Abhandlungen S. 79 ff.; Franz *Meyer*, Der Begriff der Regierung im Rechtsstaat (Zürich 1948), S. 119 ff. und 147 ff.

[10]) U. *Scheuner*, Der Bereich der Regierung; „Rechtsprobleme in Staat und Kirche", Festgabe für Rudolf Smend (Göttingen 1952), S. 277 ff. — Nicht ohne Interesse ist, daß Montesquieu die zur Behebung eines Staatsnotstandes erforderlichen Einzelakte in der Monarchie der Exekutivspitze, in der Republik aber der Legislative zuweist; vgl. i. E. XI 6 al. 19: . . . Si la puissance législative se croyait en danger ... elle pourrait, pour un temps court et limité, permettre à la puissance exécutrice de faire arrêter les citoyens suspects, qui ne perdraient leur liberté pour un temps que pour la conserver pour toujours — XII, 19: Il y a, dans les états,

dürfnis nach einem Begriff der Maßnahmegesetzgebung in einer vorläufigen Weise Genüge geleistet — als Maßnahmegesetze konnte man nunmehr die zur Vorbeugung oder zur Behebung eines Staatsnotstandes ergehenden Gesetze umschreiben — aber die alte Frage stellte sich in der praktischen Gewandung wieder ein, wie man dem jetzt Rücken an Rücken mit der Exekutivspitze operierenden Gesetzgeber Grenzen setzen könne, welche Kontrollmöglichkeiten also gegenüber dem Gesetze verbleiben, das nunmehr der Exekutivspitze verfügbar geworden war[11]). In der herkömmlichen Vorstellungswelt der rechtsstaatlichen Lehrtradition ausgedrückt bedeutete dies, daß der Grundsatz, Legislative und Exekutive durch voneinander unabhängige Organe wahrnehmen zu lassen, durch diese Lage gefährdet, wenn nicht beseitigt war, und daß man folglich danach Umschau halten mußte, wie die hier aussetzende Gewaltenbalance an einer anderen Stelle des Verfassungsorganismus auszugleichen sei.

Nachdem dann die Funktionsweise der Parteiendemokratie in der Bundesrepublik und in den Ländern jene theoretische Besorgnis vollauf bestätigt hatte, richtete sich diese Umschau vor allem nach Ausgleichsmöglichkeiten seitens der Justiz, stand also im Zeichen einer eventuell verstärkbaren Nachprüfbarkeit von Maßnahmegesetzen durch die Gerichte[12]). Damit

---

où l'on fait peu de cas de la liberté, des lois qui la violent contre un seul pour la garder à tous ... Mais, de quelque manière que le peuple les donne, Cicéron veut qu'on les abolisse, parce que la force de la loi ne consiste qu'en ce qu'elle statue sur tout le monde. J'avoue pourtant, que l'usage des peuples les plus libres ... me fait croire, qu'il y a des cas où il faut mettre, pour un moment, un voile sur la liberté, comme l'on cachait les statues des dieux.

[11]) Hierzu Montesquieu aaO. V 10: Le gouvernement monarchique a un grand avantage sur le républicain: les affaires étant menées par un seul, il y a plus de promptitude dans l'exécution. Mais comme cette promptitude pourrait dégénérer en rapidité, les lois y mettront une certaine lenteur. Elles ne doivent pas seulement favoriser la nature de chaque constitution, mais encore remédier aux abus qui pourraient résulter de cette même nature.

[12]) So U. Scheuner aaO., S. 290 ff. — Der historischen wie grundsätzlichen Würdigung dieser Bestrebung dürfte der Hinweis dienlich sein, daß auch Montesquieu das Prinzip einer Überprüfung der (königlichen) Gesetzgebungsakte durch die (damaligen französischen) obersten Gerichte befürwortet — V 10, al. 3, 4: Les corps qui ont le dépôt des lois (i. s. die Cours souveraines du royaume, voran die Parlamente, die Chambre des comptes und die Cours des aides) n'obéissent jamais mieux que quand ils vont à pas tardifs, et qu'ils apportent dans les affaires du prince cette réflexion qu'on ne peut guère attendre ... de la précipitation de ses conseils. Que serait devenue la plus belle monarchie du monde, si les magistrats, par leurs lenteurs ... n'avaient arrêté le cours des vertus mêmes de ses rois ...?

stehen wir in der jüngsten Phase der Erörterung über das Maßnahmegesetz, die durch den bekannten Aufsatz Ernst Forsthoffs in der Jellinek-Gedächtnisschrift gekenzeichnet wird[13]); in ihm und seitdem ist die Frage nach einem justitiablen Kriterium des Maßnahmegesetzes gestellt.

B.

Die bisherigen Vorschläge gehen dahin, als Maßnahmegesetze solche Normen zu bezeichnen, die einem politischen[14]) oder technischen[15]) Zweck dienen, und von ihnen auszunehmen alle Normen, die dem sog. Rechts- oder Gerechtigkeitszweck[16]) dienen.

I.

Es bestehen zunächst gegen die begriffliche Eignung dieser Zweckbegriffe Bedenken, auf die ich ganz kurz eingehen möchte.

Über den Dépôt des lois — sonst durchweg als Droit d'enregistrement bezeichnet — vgl. Actes du Parlement de Paris (Archives de l'Empire, Inventaires et Documents), t. Ier (Paris 1863), Préface p. VII, Notice p. CXL ss.; R. Holtzmann, Französische Verfassungsgeschichte von der Mitte des 9. Jahrhunderts bis zur Revolution (Handbuch der mittelalterlichen und neueren Geschichte, Abt. III, München und Berlin, 1910), S. 347 ff.

[13]) Vgl. Anm. 1.

[14]) So U. Scheuner, aaO., S. 274: „Es gibt Gesetze, in denen die rechtsfeststellende Wirkung überwiegt — etwa bürgerlichrechtliche Normen —, und andere — so die wirtschaftspolitischen Gesetze, Sozialisierungen, Regelungen der Mitbestimmung in Betrieben — in denen das politische Element vorherrscht." Ähnlich P. Bockelmann, Richter und Gesetz (Smend-Festschrift) S. 29.

[15]) So der Erstbericht; wohl auch E. Forsthoff, aaO., S. 225 f. und 233, insbesondere 226: „Das Maßnahmegesetz ist dahin zu kennzeichnen, daß es logisch vom Ziel und Zweck zum Mittel gelangt." — Vgl. auch Herbert Krügers Kennzeichnung des „Verwaltungssatzes" (in: Rechtsverordnung und Verwaltungsanweisung, Festschrift für Rudolf Smend, S. 230): „Eine Norm, die die Wohlfahrt fördern soll und nach dem Maßstab der Zweckmäßigkeit gestaltet wurde." Ähnlich U. Scheuner, aaO., S. 277: „... daß zur Verwaltung die laufende Tätigkeit ... gehört, erst recht das Technische, Lokale, das Besondere und Einzelne."

[16]) So der Erstbericht; U. Scheuner, aaO., S. 274 (oben Anm. 14); E. Forsthoff, aaO., S. 225: „Eine Rechtsnorm kann geschaffen werden, um einen Lebensbereich angemessen, d. h. zweckmäßig und in Übereinstimmung mit den geltenden Vorstellungen von Gerechtigkeit zu ordnen. Ein solches Gesetz als Ganzes ist der Zweckhaftigkeit entzogen, denn es trägt seinen Wert in sich selbst." Vgl. Herbert Krüger, aaO. („Rechtssatz ist eine Norm, die dem Frieden zu dienen bestimmt und nach dem Maßstab der Gerechtigkeit gebildet ist", und ihm folgend, E. Forsthoff, VwR I (6. Aufl.), S. 126.

1. Faßt man Rechtszweck als Gerechtigkeitszweck auf, so steht man vor der mißlichen Einsicht, daß Normen sich an der umfassenden Idee der Gerechtigkeit nur selten messen lassen. Der Gerechtigkeitsbegriff hat in der philosophischen Ethik und in der Rechtsphilosophie, auf die hier vorzugsweise zu rekurrieren ist[17]), eine höchst kontroverse Beurteilung erfahren. Was ihn zur Charakterisierung eines seinem Begriff nach statischen und dauerhaften abstrakten Gesetzes untauglich macht, ist der aktuale und personale Charakter, der das Wesen der Gerechtigkeit in den Akt der Gerechtigkeitsverwirklichung verlagert[18]), juristisch gesprochen also in die konkrete, sachlich wie persönlich individuell bestimmte Fallentscheidung. Das bedeutet, daß nach diesem Denken eine abstrakte Norm Gerechtigkeit zwar ermöglichen, nicht aber unmittelbar bereits verwirklichen kann. Summarisch gesprochen: die so verstandene aktuale und personale Gerechtigkeit läßt sich mit dem Medium einer abstrakten Norm zwar vereiteln, nicht aber verwirklichen, so daß man hiernach in einem exakten und verbindlichen Sinn zwar sehr wohl von einer ungerechten, nicht aber von einer gerechten Norm sprechen kann. — Dieses Gerechtigkeitsverständnis soll selbstverständlich nicht als das allein herrschende hingestellt werden[19]); aber es kennzeichnet die rechtsphilosophische

---

[17]) Aber auch in den ethischen Disziplinen der Theologie — s. folgende Anmerkung.

[18]) Zu verweisen ist hier

a) in erster Linie auf die seit Kant gelehrte und problematisierte Autonomie und (formale) Reinheit der sittlichen Entscheidung; ich stütze mich insoweit auf Th. Litt, Ethik der Neuzeit (Sonderausgabe aus dem Handbuch der Philosophie), München 1926; vgl. insbesondere die Formulierungen S. 103.

b) sodann auf Entwicklungen innerhalb der theologischen Ethik des Protestantismus, für die ich Quellen und Literatur in „Kirchenrecht und Kirchengewalt" (Tübingen 1956), S. 99—120, auch S. 52—54, zusammengestellt habe.

[19]) Dies ist schon im Hinblick auf die gegenwärtige Rechtsprechung nicht möglich — vgl. etwa BVerfG vom 18. 12. 1953 (BVerfGE 3, 225 ff., hier insbes. S. 232 f.). Das Ergebnis dieser Entscheidung hätte sich mit der im vorstehenden Text vertretenen Auffassung müheloser und insbesondere ohne Überforderung der Gerechtigkeitsidee gewinnen lassen. Bedenklich ist insbes. die Erwägung S. 233: Der Parlamentarische Rat war „bemüht, im GG die Idee der Gerechtigkeit zu verwirklichen. Ob und inwieweit dies gelungen ist, kann zwar nur (!) aus dem objektiven Ergebnis der Gesetzgebung ... abgelesen werden." Treffend demgegenüber derselbe Senat im Urteil vom 30. 4. 1952 (1, 265 ff., hier insbes. S. 276: Der Gleichheitssatz verpflichtet den Gesetzgeber nur dann, Ungleiches ungleich zu behandeln, wenn eine gleichbehandelnde Norm gerechte Einzelfallent-

Entwicklung seit Hegels „Grundlinien der Philosophie des Rechts“[20]), geht also auf den Ahnherrn dieser Disziplin zurück und ist seitdem so gewichtig vertreten worden[21]), daß es nicht übergangen werden kann.

2. Für den politischen Zweck gilt etwas Ähnliches. Was ein politicum ist, bestimmt sich nach wechselnden Lagen und wechselnden Orientierungen; gerade diese Wandelbarkeit und Relativität der politisch zu qualifizierenden Lagen, Werte und Akte macht es ja so schwer, den „Bereich der Regierung“ zu definieren[22]). Den bisher

---

scheidungen vereiteln würde). — Wohin eine legalistische Kanonisierung der Gerechtigkeitsidee führen kann, illustriert unwiderleglich Günter Dürig, Grundrechte und Zivilrechtsprechung („Vom Bonner Grundgesetz zur gesamtdeutschen Verfassung“, Festschrift für Hans Nawiasky, München 1956, S. 157 ff.).

[20]) Die Terminologie Hegels setzt dem Nachweis dieser These die — hier besonders aufschlußreiche und keineswegs zufällige! — Schwierigkeit entgegen, daß in ihr die Vokabel „Gerechtigkeit“ nur selten und ohne jeden prinzipiellen Wert gebraucht wird: in dem 2. Abschnitt („Die bürgerliche Gesellschaft“) des dritten Teiles dürfte man sie vergeblich suchen, solange von dem die bürgerliche Gesellschaft kennzeichnenden „System der Bedürfnisse“ und der Rechtspflege (§§ 209—229) die Rede ist; erst gegen Schluß taucht sie hier (§ 229, Zusatz) auf, und zwar als Programmwort für den folgenden, „Polizei und Korporation“ überschriebenen Sozialstaatsentwurf.

Den Beleg für die These des Textes ergeben folgende Hinweise:

1. „Die Verwirklichung des Gesetzes im besonderen Falle“ (§ 224), insbesondere die Subsumtion unter das Gesetz (§ 228) gehört zu den „Rechten des subjektiven Bewusstseyns“ (§ 224), des „Selbstbewusstseyns der Parthei“ (§ 228).
2. Diese Rechte sind in der Fallentscheidung gewahrt, wenn
   a) „das Gesetz bekannt und damit das Gesetz der Parthei selbst“ geworden,
   b) „der Rechtsgang öffentlich ist“ und
   c) „Zutrauen zu der Subjektivität des Entscheidenden“ herrscht (§ 228).
3. Der Begriff „Subjektivität“ ist zuvor (§§ 141—157) seiner landläufigen Bedeutung entkleidet und als „die absolute Form und die existierende Wirklichkeit der Substanz“ des Guten entwickelt worden: „Die Subjektivität ... ist im Sittlichen die ihm adäquate Existenz“ (§ 152). Vgl. auch § 144, Zusatz: „Im Ganzen der Sittlichkeit ist sowohl das objektive als das subjektive Moment vorhanden: beide sind aber nur Formen derselben. Das Gute ist hier Substanz, das heißt Erfüllung des Objektiven mit der Subjektivität.“
   (Benutzte Ausgabe: 3. Aufl., 7. Bd. der faksimilierten Jubiläumsausgabe der sämtlichen Werke, herausgegeben von H. Glockner, Stuttgart 1952).

[21]) Vgl. meinen Literaturbericht in JZ 1954, S. 769.

[22]) Über Versuche und Schwierigkeiten, „das politische Gesetz zu definieren“, vgl. W. Wengler, Der Begriff des Politischen im internationalen Recht (Recht und Staat 189/90, Tübingen 1956),

geschlossensten Versuch, diesem Wesenszug mit einem entsprechenden „Begriff des Politischen" gerecht zu werden, hat Carl Schmitt vorgelegt; dieser Versuch führte folgerichtig in die Grundfragen der philosophischen Anthropologie[23]) und hat von dort aus ernsteste Bestreitungen erfahren[24]). Schon dieser Umstrittenheit wegen kann er unseren juristischen Schlußfolgerungen nicht zugrunde gelegt werden. Dazu kommt aber — nicht weniger relevant — der Supremat einer occasionellen[25]) und damit wechselnden Feindorientierung, der hier ausdrücklich eingeschärft wird[26]), und der ihn aus den gleichen Gründen, wie sie soeben gegen das aktuale Gerechtigkeitsverständnis vorgetragen wurden, zur Qualifizierung statisch dauerhaft gedachter, abstrakter Normen untauglich macht[27]).

S. 7—9; über „politische Rechtsetzung" und den sie bedingenden Habitus animae (im Gegensatz zur „Rechtsetzung aus rechtlicher Gesinnung") S. 44 ff. Für H. P. Ipsen, Politik und Justiz, Das Problem der justizlosen Hoheitsakte (Hamburg 1937), S. 169, ist „das Politische kein Sachbereich, sondern objektlos, nicht kategorial beschränkt, sondern allumfassend, nicht restriktiv, sondern alles durchdringend, nicht Stoff, sondern Färbung." Carl Schmitt, Der Begriff des Politischen (Hamburg 1933), S. 21: „... jede Angelegenheit potentiell politisch ..." Franz Meyer zitiert (aaO., S. 165) M. Le Courtois, Des actes de gouvernement (Thèse Poitiers 1899), p. 93: „La politique embrasse tout, elle peut tout transformer, elle est le contraire d'un critérium". Über die seither erfolgte Preisgabe des Politischen als Kriterium des acte gouvernemental in der Rechtsprechung des Conseil d'Etat vgl. U. Scheuner, aaO., S. 297 f.

23) Carl Schmitt, aaO., S. 8 f., 41 ff.

24) Martin Buber, Die Frage an den Einzelnen (Vortrag von 1933, als Buch erschienen 1936; hier zitiert nach: „Dialogisches Leben" — Gesammelte philosophische und pädagogische Schriften — Zürich 1947), S. 240 ff., aber auch vorher.

25) So treffend U. Scheuner, aaO., S. 272, Anm. 51.

26) Carl Schmitt, aaO., S. 8: „... hier beruht selbst die bloße Möglichkeit richtigen Erkennens und Verstehens ... nur auf dem existenziellen Teilhaben und Teilnehmen ...; insbesondere kann jeder von ihnen nur selbst entscheiden, ob das Anderssein des Fremden im konkret vorliegenden Konfliktsfall die Negation der eigenen Art Existenz bedeutet ..." „Weder die Frage, ob der ‚äußerste Fall' gegeben ist, noch die weitere Frage, was als ‚äußerstes Mittel' notwendig wird, ... könnte ein Fremder entscheiden ... Seine ‚Objektivität' ist entweder nur eine politische Verschleierung oder aber die völlige, alles Wesentliche verfehlende Beziehungslosigkeit." Treffend hierzu Franz Meyer, aaO., S. 163: „Der jeweilige Konflikt wird nur dann gelöst, wenn die je andere Existenz die je meine nicht mehr negiert."

27) Der Gedanke der Inkommensurabilität der Feindorientierung mit „genereller Normierung" (vgl. S. 8, 9, 28 f., 47 ff.), ja, selbst mit geklärter Begrifflichkeit (13 f.) und allgemeinen Verstehensvoraus-

II.

Dazu treten Schwierigkeiten der Abgrenzung dieser Begriffe untereinander und im Verhältnis zum technischen Zweck.

Aus dem, was ich über das aktuale Wesen der Gerechtigkeit im Verhältnis zur Norm sagte, folgt, daß die Grenzen zwischen dem Gerechtigkeitszweck und den technischen Zwecken fließend werden: in dem geschilderten aktualen und personalen Verständnis steht die Gerechtigkeit zur Form der abstrakten Norm nur in einem vermittelten, gebrochenen Verhältnis; und das Ergebnis ist, daß für diese Sicht durch eine nur an technischen Zwecken orientierte, diese Zwecke aber auch erfüllende Norm dem Gerechtigkeitszweck in grundsätzlich gleicher Weise gedient wird wie mit einer Norm, die ihm unmittelbar gewidmet sein soll. Mithin verläuft für dieses Denken zwischen technischen Normzwecken und dem Gerechtigkeitszweck keine aufweisbare Grenze.

Überlagerungen ergeben sich auch sofort zwischen dem politischen Zweck und den übrigen Zwecken. Es ist einerseits nicht ausgemacht, daß politischen Zwecken dienende Maßnahmegesetze dem Gerechtigkeitszweck widersprechen müssen; andererseits: sind sie ungerecht, so dient ihre Qualifikation als politische Maßnahme in der Regel gerade dazu, sie trotzdem zu rechtfertigen, dem politischen Zweck also den Vorrang vor dem Gerechtigkeitszweck zu geben.

Zu diesen begrifflichen Überlagerungen und Abgrenzungsschwierigkeiten tritt nun auch hier das Element der Wandelbarkeit und Relativität hervor. Was heute ein politicum ist,

---

setzungen (S. 8 — s. o. Anm. 26) herrscht bei Carl Schmitt durchgängig.

Die obige Abweisung beschränkt sich auf den hier erörterten Zusammenhang. Unter anderen Gesichtspunkten verlangt Schmitts Lehre von „dem Politischen" die volle Aufmerksamkeit der Staatstheorie. Es handelt sich hier um einen alles umwertenden monistischen Totalaspekt, dessen Überzeugungskraft in dem hier entworfenen Menschenbild wurzelt. Da für Deutschland die Aera des Rechtsstaats durch anthropologische Gegenentwürfe (Kants, Fichtes, Wilh. v. Humboldts u. a.) eingeleitet wurde (vgl. Fr. Darmstädter, Die Grenzen der Wirksamkeit des Rechtsstaates — Heidelberger Rechtswiss. Abh. 8 — Heidelberg 1930, S. 10—23), berührt das Wiederauftauchen einer Anthropologie von der archaischen Düsternis der hier zitierten die Frage der Überzeugungskraft des Rechtsstaatsgedankens; sie steht den lichteren, aber doch auch enthusiastischeren „Menschenbildern", die den Rechtsstaatsgedanken geschichtlich heraufgeführt haben, bis heute zwar abgelehnt (vgl. U. Scheuner, aaO., auch „Grundfragen des modernen Staates", Recht, Staat und Wirtschaft, III, S. 133; Franz Meyer, aaO., S. 164 ff.; R. Smend, Staatsrechtliche Abh. S. 219, Anm. 113, auch 212 f.), aber unwiderlegt gegenüber. Sine ira et studio gewürdigt, kann sie von beträchtlichem kritischen Nutzen sein.

kann morgen einem anders orientierten Bewußtsein der Gesellschaft als gerechte Dauerlösung erscheinen; was einst, in gesicherten Zeiten, wertneutral und in diesem Sinne technisch erschien, kann heute zum Probierstein des Gerechtigkeitsdenkens werden. Vor allem kann die ihrer Natur nach wechselnde Qualifikation als „politisch" hier zur Aufhebung bzw. Relativierung auch aller übrigen Qualifikationen führen[28]).

C.

Innerhalb des öffentlichen Rechts sind diese drei Adjektive „politisch", „technisch" und „gerechtigkeitsbezogen" zur Kennzeichnung spezifischer Hoheitsfunktionen verwandt worden. Für „das Politische" ergab sich bereits: es kennzeichnet die notstandsvorbeugende und -behebende Funktion der Regierung. „Technisch" und „gerechtigkeitsbezogen" sind die Elemente des Begriffspaares, mit dessen Hilfe die neue Verwaltungsrechtstheorie Verwaltungsverordnungen von Rechtsverordnungen, „Verwaltungssätze" von „Rechtssätzen" unterscheidet[29]). Dieser konventionelle Sprachgebrauch unseres Faches kann zwar, wie sich zeigen wird, die angedeuteten Bedenken nicht zum Schweigen bringen; aber es deutet sich hier eine Möglichkeit an, die Materien der heutigen Gesetzgebung mit Hilfe einer Kombination von historischen und teleologischen Gesichtspunkten aufzuteilen.

I.

Es ergeben sich dann vorweg 1. die „klassischen Gesetze"[30]) — mit Ausnahme auch hier der Einzelakt-Gesetze —, deren klassischer Charakter zwar, historisch genau betrachtet, nur darin besteht, daß sie in genereller Weise Eingriffe in „Freiheit und Eigentum" normieren; aber diese Eingriffsnormierungen genießen für diese Betrachtung die Vermutung, daß sie von dem Gerechtigkeitsgesichtspunkt bestimmt wurden. Innerhalb des verbleibenden Bereichs 2. der nichtklassischen Gesetze ergeben sich (a) die Rechtsverordnungen — einschließlich derjenigen Regelungen, die die Verwaltung für besondere Gewaltverhältnisse trifft, einschließlich auch der Satzungen öffentlich-

---

[28]) Carl Schmitt, aaO., S. 13 f.: „Alle politischen Begriffe, Vorstellungen und Werte ... sind an eine konkrete Situation gebunden ... und werden zu leeren ... Abstraktionen, wenn diese Situation entfällt ... Auch was ‚Recht', ‚Ordnung' und ‚Frieden' bedeutet, ist konkret durch den Feind bestimmt."

[29]) Vgl. E. Forsthoff, Lehrbuch des Verwaltungsrechts, Bd. I (6. Aufl., 1956), S. 126 f., und die oben, Anm. 14 bis 16, angeführten Äußerungen H. Krügers.

[30]) Ausdruck von E. Forsthoff, aaO., z. B. S. 139.

rechtlicher Körperschaften —, (b) die generelle Normen setzenden Regierungsakte, (c) die Verwaltungsverordnungen.

1. Diese drei Untergruppen werden in qualitativer Hinsicht aufgeteilt unter die oben behandelte Trias der Zweckbegriffe: Rechtsverordnung (a) ist diejenige von einer Exekutivinstanz gesetzte generelle Norm, die der Gerechtigkeit, Verwaltungsverordnung (c) diejenige, die einem technischen, Regierungsakt (b) diejenige, die einem politischen Zweck dient. — In funktionaler Hinsicht — funktional, weil auf die in diesen Normen sich betätigende Staatsfunktion abstellend — ergibt sich: In den Rechtsverordnungen (a) betätigt die Exekutive die ihr angestammte Befugnis zu gestaltendem Handeln; in den normsetzenden Regierungsakten (b) betätigt sich die sog. Praerogative; die Verwaltungsverordnungen (c) enthalten reine Vollziehungsmodalitäten. — Unter einem letzten, dem systematischen Gesichtspunkt schließlich ergibt sich: Die Rechtsverordnungen (a) gestalten das durch „das Gesetz" — das klassische Gesetz — determinierte Verwaltungsrechtsverhältnis; die Regierungsakte (b) bewegen sich darüber hinaus im Gesamtbereich des allgemeinen Gewaltverhältnisses; die Verwaltungsverordnungen (c) sind rein instruktioneller Natur.

2. Zieht man diese Gesichtspunkte heran, so lassen sich in dem Gesamtbereich der nichtklassischen Gesetze drei historische Materien unterscheiden, die sich in der vorgeführten dreifachen Weise — qualitativ, funktional und systematisch — sondern lassen. Es ergeben sich dann

a) nichtklassische Gesetze, die das durch klassische Gesetze determinierte Verwaltungsrechtsverhältnis unter dem Gerechtigkeitsgesichtspunkt ausgestalten, also Materien der einstigen Rechtsverordnungskompetenz der Exekutive behandeln;

b) nichtklassische Gesetze, die dem „politischen Zweck" der Notstandsvorbeugung und -behebung dienen, also Materien der Praerogative behandeln;

c) nichtklassische Gesetze, die, „technischen Zwecken" dienend, Vollziehungsmodalitäten und also Materien der „reinen Exekutive" regeln.

Diese Unterscheidung läßt sich aufstellen, und unzweifelhaft hat sie einen erheblichen erklärenden Wert: sie ermöglicht gleichsam eine genealogische Übersicht über das Material, das sich in den nichtklassischen Gesetzen pausenlos vor uns auftürmt. Wie aber steht es mit ihrem normativen Wert — d. h.: sind diese Unterscheidungen geeignet, der Handhabung dieser nichtklassischen Gesetze durch die Gerichte in Auslegung und Normenkontrolle differenzierende Beurteilungsgesichtspunkte zu bieten? — Hierzu muß der Hinweis eingeschaltet werden, daß sich der Bereich und der Begriff des nichtklassischen Gesetzes mit denen des Maßnahmegesetzes nicht deckt (vgl. unten III), und daß demzufolge dieser Frage in zwei Überlegungen nachgegangen werden muß.

II.

Zunächst ist zu fragen, was von diesen Unterscheidungen bleibt, wenn diese nichtklassischen Gesetzesmaterien mit den klassischen Gesetzen zusammen in dem einheitlichen Gewande der gesetzgeberischen Norm auftreten. Wir haben unter dem GG nicht mehr den vom ordentlichen Gesetzgeber institutionell verschiedenen außerordentlichen Gesetzgeber der WV[31]). Damit haben wir die wichtige Möglichkeit verloren, für die Unterscheidung der nichtklassischen von den klassischen Gesetzen in ihrer Herkunft und Form wenigstens vermutungsweise Anhaltspunkte zu sehen; unser Gesetzesrecht ist nach Herkunft und Form „einerlei Recht" geworden.

1. Für das Verhältnis der einst der Exekutive zur Regelung durch Rechtsverordnungen belassenen Materien zu denen der klassischen Gesetze fällt die oben (I, 2 a) aufgestellte Unterscheidung in sich zusammen. Der identische Gegenstand ist das Verwaltungsrechtsverhältnis; klassische Gesetze determinieren es, nichtklassische Gesetze gestalten es aus — wie aber soll innerhalb einer Fülle formal ununterscheidbarer und gleicherweise materielles Recht setzender Gesetzesnormen zwischen determinierenden und ausgestaltenden Gesetzen unterschieden werden? Jene sind an dem Gerechtigkeitsgesichtspunkt orientiert, diese gleichfalls. Nimmt man hinzu, daß die Kompetenz der Exekutive zum Erlaß von Rechtsverordnungen für die Sichtweise des parlamentarischen Gesetzgebungsstaates als delegierte Kompetenz anzusehen ist, so erweist sich ihre heutige Beanspruchung durch den Gesetzgeber als Widerruf der Delegation; und damit entfällt auch jede Berechtigung, nichtklassische Gesetze von klassischen Gesetzen in diesem Bereich unter dem historischen Gesichtspunkte zu unterscheiden.

2. Für die Besonderung der Praerogativmaterien der Notstandsvorbeugung und -behebung liegen die Voraussetzungen günstiger: In der Regel läßt sich dem Inhalt des Gesetzes entnehmen, ob es den Einsatz jener außerordentlichen Machtreserve der Regierung oder ein klassisches Gesetz darstellt. Wie aber soll sich dieser Unterschied auf seine Auslegung und Kontrolle durch die Gerichte auswirken? Anders formuliert:

---

[31]) Vgl. Carl Schmitt, Legalität und Legitimität (1932), S. 70 ff.

Welches sind die rechtswissenschaftlichen Kategorien, in denen er faßbar werden könnte? — Von der Rechtsverordnung der Exekutive trennte den Regierungsakt zwar, daß dieser nicht lediglich Ausgestaltung des gesetzlich determinierten Verwaltungsrechtsverhältnisses war, sondern daß er, praeter oder contra legem, in dem Gesamtbereich des gesetzlich nicht determinierten allgemeinen Gewaltverhältnisses operierte; eben dieses aber hat er mit dem klassischen Gesetz gemeinsam. Von allen drei anderen Normengruppen unterscheidet den Regierungsakt zwar seine spezifische Zweckwidmung; aber dieser „politische Zweck" ist einmal, wie dargelegt, vom Gerechtigkeitszweck nicht abgrenzbar, sodann kann gerade er in diesen umschlagen, ohne daß die Norm sich ändert[32]), wie oben (B II) gleichfalls dargelegt wurde. Hierzu kommt, daß die Entscheidung über die politische Notwendigkeit, ihre Fortdauer und ihr Aufhören den Regierungsorganen durch die Justiz nicht abgenommen werden kann.

Das Regierungsmaßnahmegesetz läßt sich hiernach zwar von reinen Vollzugsnormen abgrenzen (vgl. unten Ziff. 3). Es besteht auch je ein abstraktes Kriterium für seine Abgrenzung vom klassischen Gesetz und von der einstigen Rechtsverordnung; beide entziehen sich aber dem Versuch, sie am konkreten Gesetz nachzuweisen: das historische Kriterium versagt gegenüber dem klassischen Gesetz, der Zweckgesichtspunkt gegenüber beiden.

3. Beschränkt man das Kriterium „technischen Zwecken dienend" auf Vollzugs- und Durchführungsbestimmungen, so liefern sowohl der historische wie der Zweckgesichtspunkt ein generelles und konkretisierbares Kriterium gegenüber dem Regierungsmaßnahmegesetz.

Gegenüber den beiden anderen Gruppen des klassischen Gesetzes und der Rechtsverordnung, die ja nunmehr zu einer Gruppe zusammengeronnen sind (vgl. oben Ziff. 1), versagt der Zweckgesichtspunkt wegen der dargelegten Inkommensurabilität der Gesichtspunkte „gerecht" und „technisch": Vollzugsregelungen können gerecht wie ungerecht sein; technischen Zwecken dienen sie in diesem wie in jenem Falle[33]).

---

[32]) Beispiel: Die Fürsorgepflichtverordnung erging seinerzeit, wie die Delegationsnorm (2. Ermächtigungsgesetz v. 8. 12. 1923) ausweist, als „Maßnahme der Reichsregierung".

[33]) An die unbestreitbare Feststellung, „daß im modernen Sozialstaat das Gesetz . . . in höherem oder geringerem Grade situationsbedingt" sei und „die früher der Verwaltung zur Regelung überwiesenen Modalitäten des Vollzugs vorwegnehme", knüpft E. Forsthoff die weittragende Folgerung, „daß ... das Gesetz seine festumrissene Struktur als abstrakte, generelle Norm verloren" habe (Lehrbuch des Verwaltungsrechts, Bd. 1., 6. Aufl., München 1957,

III.

Wie bereits oben (I a. E.) bemerkt, decken sich der Bereich und der Begriff des Maßnahmegesetzes nicht mit denen des nichtklassischen Gesetzes. Geht man, wie bisher, davon aus, daß ein solches Gesetz eine temporären Zwecken — der Notstandsvorbeugung und -behebung — gewidmete Regierungsmaßnahme ist, so gehören die beiden Gruppen der einstigen Rechtsverordnungen und die lediglich instruktionellen reinen Vollzugsregelungen nicht unter diesen Begriff.

Damit entfallen einige der vorgeführten Abgrenzungsschwierigkeiten; aber die entscheidenden bleiben bestehen: dem klassischen Gesetz wie dem Maßnahmegesetz ist gemeinsam, daß sie Rechts- und insbesondere Verwaltungsrechtsverhältnisse schaffen, ändern und aufheben können, ohne durch andere als Verfassungsnormen beschränkt zu sein; die in abstracto sich anbietende Unterscheidung nach Zweckkategorien ist in concreto unvollziehbar — jedenfalls solange und soweit, als eine solche Unterscheidung nicht Gegenstand eines verfassungsrechtlichen Gebotes ist. —

Der Versuch, mit Hilfe einer Kombination von historischer und teleologischer Betrachtung Kriterien für einen Begriff des Maßnahmegesetzes zu gewinnen, ist hiernach gleichfalls gescheitert.

S. 72; vgl. auch S. 57 u. S. 70). In erklärtem Gegensatz hierzu drängt nach W. Flume „die Entwicklung dazu, daß im Verhältnis von Staat und Individuum ... an die Stelle des Gewaltverhältnisses das Rechtsverhältnis tritt, indem nicht mehr nur Handlungsnormen für ein Handeln kraft eigenen Ermessens der Obrigkeit ergehen, sondern Sachentscheidungsnormen das Verhältnis bestimmen und die Entscheidung kraft Gewalt ausschließen" (Steuerwesen und Rechtsordnung, Festschrift für Rudolf Smend, S. 96). Sieht man von der verschiedenen Terminologie ab, die beide Autoren trennt, so behandeln doch beide die gleiche Entwicklung, aber eben mit entgegengesetztem Resultat: Hier eine ungeheure Inflation genereller Normen zur Bewältigung von Massenphaenomenen (Flume), dort Verwischung der „Unterscheidung von genereller Norm und individuellem Befehl, von Regel und Einzelgriff" (so E. Forsthoff aaO., S. 70). Ich vermag hier Forsthoff nicht zu folgen: die Sachentscheidungsnormen Flumes sind eben diejenigen Normen, die „durch detaillierte Festlegung der Verfahren bis in die Einzelheiten hinein" die Modalitäten des Gesetzvollzugs „vorwegnehmen" (Forsthoff aaO., S. 57 mit 72). Detaillierte Verfahrensnormen verlieren ebensowenig wie kasuistische Regelungen des materiellen Rechts ihre Eigenart als generelle Normen; sie sind keine Einzelfall- oder Einzelperson-Gesetze, sondern bleiben generelle, d. h. eine unbestimmte Vielzahl gleichartig normierter Tatbestände mit einheitlicher Rechtsfolge ausstattende Normen. Diese Entwicklung, die auf den verschiedensten Gebieten, zumal im Steuer- und Sozialversicherungswesen, mit Händen zu greifen ist (vgl. z. B. die unten in Anm. 45 erwähnte Denkschrift), verwischt also jene Unterscheidung in Wahrheit nicht.

Zweiter Abschnitt

Dieses negative Ergebnis macht weitere grundsätzliche Überlegungen erforderlich. Es gilt, Gewißheit darüber zu erhalten, ob es lediglich die Eigenart der bisher betrachteten Zwecke war, die ein positives Ergebnis verhinderte, oder ob wir hier vor grundsätzlichen Hindernissen stehen.

Der Übersichtlichkeit halber nehme ich das später sich ergebende Resultat vorweg. Es wird sich zeigen, daß es einige Möglichkeiten der Gesetzeszweckkontrolle durch die Rechtsprechung gibt, daß diese aber weit hinter den hierzu geäußerten Wünschen zurückbleiben; sie ergeben sich nur am Maßstabe einer verfassungsrechtlichen Zweckdirektive und als Folge einer lediglich systematisch wichtigen Grenzerscheinung, nämlich des verhältnisbedingten Bedeutungswandels einer Norm.

A.

Diese Erweiterung des systematischen Gesichtspunktes wird dadurch notwendig, daß uns ein apriorischer Begriff des Maßnahmegesetzes nicht zur Verfügung steht.

I.

Die Ausgangsfeststellung Ernst Forsthoffs, daß das Maßnahmegesetz sich von normalen Gesetzen durch eine besondere logische Struktur unterscheide, kann ich nicht teilen. Forsthoff erblickt diese besondere logische Struktur darin, daß das konkrete Ziel, das der Gesetzgeber mit der Norm verfolgt, die „Priorität vor den im Gesetze getroffenen Maßnahmen“[34]) „die Priorität vor den zu seiner Verwirklichung eingesetzten Mitteln“[35]) habe. Zweifellos besteht diese Priorität; aber sie ist nicht eine logische, sondern eine teleologische und darum ohne apriorischen Charakter. Sie erlaubt darum auch nicht die Bildung eines formalen Begriffs vom Maßnahmegesetz, der die Rechtsprechung in den Stand versetzte, von ihm ausgehend „die Maßnahmegesetze“ ex ante aus den übrigen Gesetzen auszusondern. Vielmehr läßt sich eine Priorität des Normenzweckes vor den eingesetzten Verwirklichungsmitteln, wie sie Forsthoff vorschwebt, nur ex post und also nur von Fall zu Fall feststellen. Die hierzu zur Verfügung stehenden allgemeinen Begriffe sind keine anderen als die sonst verwendeten, nämlich Gesetz und

---

[34]) aaO., S. 233.

[35]) aaO., S. 235. Vgl. auch E. Forsthoff, VwR I (6. Aufl. 1956) S. 139: „Nach der Logik des Maßnahmegesetzes kann es eigentlich eine Unterscheidung von Vergangenheit und Zukunft nicht geben.“

gesetzliche Geltung, Zweck und Geltungsdauer des Gesetzes. Da der Zeitfaktor im Verhältnis zum Zwecke nur eine begleitende Rolle spielt, kommt er nur in Verbindung mit ihm in der Weise zur Erörterung, ob im Hinblick auf den Widmungszweck die Geltungsdauer des Gesetzes gegen die Verfassung verstoße. Da es aber in allen denkbaren Fällen stets und nur um die Frage der Geltung oder der Nichtgeltung der wegen ihrer Zwecke angegriffenen Norm geht, spielt der Zeitfaktor, abgesehen vom Zwecke, keine Rolle.

Das wird sich des näheren zeigen, wenn man in schulmäßiger Systematik zunächst nach Verfahren, Gegenstand und Maßstab fragt, die sich bei der richterlichen Prüfung eines als Maßnahme verdächtigten Gesetzes ergeben.

Es ergeben sich dann

(1) als Prüfungs*verfahren* die verschiedenen Normenkontrollverfahren, gegebenenfalls auch das Verfassungsbeschwerdeverfahren und der echte Verfassungsstreit zwischen Gesetzgebungsorganen, sei es des Bundes oder von Bund und Ländern;

(2) als Prüfungs*maßstab* stehen demzufolge nur Verfassungsrechtssätze einschließlich solcher Grundsätze und Grundwerte zur Verfügung, die als von der Verfassung rezipiert gelten können[36]); und schließlich kann

(3) als Prüfungs*gegenstand* nur eine Norm, in unserem Falle nur eine gesetzliche Norm, in Betracht kommen.

In dem so begrenzten Feld kann der Maßnahmecharakter einer gesetzlichen Norm, wie gesagt, nur Gegenstand, nicht Ausgangspunkt der Prüfung sein. Erblickt man, wie es bisher geschehen und anders nicht möglich ist, das Charakteristikum des Maßnahmegesetzes in seiner Widmung an temporäre Zwecke, so kann innerhalb dieser Verfahren nur die Frage Berücksichtigung finden, ob die Wahl, die der Gesetzgeber hinsichtlich des Zweckes und der Dauer seiner Norm getroffen hat, mit der Verfassung vereinbar ist.

Als der Gegenstand der hier anzustellenden Untersuchung erweisen sich hiernach *Zweck und Geltung eines Gesetzes*, beide unter dem Gesichtspunkt, ob sie gegen die Verfassung verstoßen. *Nur* Zweck und Geltung bilden

[36]) Diese Formulierung meint sachlich das, was das BVerfG. im Urteil vom 1. 7. 1953 (2, 403) dahin formuliert hat, „daß das Verfassungsrecht nicht nur aus den einzelnen Sätzen der geschriebenen Verfassung besteht, sondern auch aus gewissen sie verbindenden, innerlich zusammenhaltenden allgemeinen Grundsätzen und Leitideen, die der Verfassungsgesetzgeber, weil sie das vorverfassungsmäßige Gesamtbild geprägt haben, von dem er ausgegangen ist, nicht in einem besonderen Rechtssatz konkretisiert hat."

diesen Gegenstand: auch wenn man mit Ernst Forsthoff einen justitiablen Verfassungssatz des Inhalts annimmt, daß die eingesetzten Mittel dem Zweck des Gesetzes entsprechen müssen, erweitert das den Prüfungsgegenstand nicht; dieser Satz gehört vielmehr auf die Seite der verfassungsrechtlichen Prüfungsmaßstäbe, und er ist, da er für alle Gesetze gelten soll, nicht spezifisch für unseren Fragenkreis.

II.

Wendet man sich der Frage nach dem Wesen der Geltung und dem Verhältnis von Zweck und Geltung zu, so erweist sich alsbald, daß man mit diesem Begriffspaar in das Zentrum eines Fragenkreises hineingeführt wird, von dem die grundsätzlichsten Folgerungen für unser Rechtsleben und -denken ausgehen, und der sich seit geraumer Zeit in lebhafter Bewegung befindet.

Was zunächst die Frage nach dem Wesen angeht, so ist, um in möglichster Kürze möglichste Klarheit zu schaffen, an dieser Stelle eine kurze historisch-dogmatische Bemerkung unumgänglich. In den rechtspolitischen und rechtsphilosophischen Reflexionen, die das Rechtsdenken unseres Kulturkreises geprägt haben, sind sich seit je zwei Geltungsbegriffe gegenübergestanden, die Geltung kraft Setzung und die Geltung kraft Wertteilhabe. Der letztere und ältere Geltungsbegriff kraft Wertteilhabe läuft darauf hinaus, die Geltung einer Rechtsregel danach zu bestimmen, ob und inwieweit sie Anteil an der Hierarchie der Werte hat, in der der Idealismus platonischer Herkunft den Kosmos gefügt sah. Der erste und jüngere Geltungsbegriff kraft Setzung entspringt dem Verzicht auf eine solche Einsehbarkeit des Wert- und Weltgefüges; er leitet die Würde und Autorität des Setzungsaktes, geschichtlich betrachtet, aus Analogieschlüssen zu den gesetzten Offenbarungsgeboten, insbesondere zum Jus divinum positivum, ab.

Über die praktische Durchsetzung dieser beiden kontrastierenden Geltungsbegriffe darf hier soviel gesagt werden, daß zumindest seit der Herrschaft des Christentums der Geltungsbegriff kraft Wertteilhabe nicht mehr einseitig geherrscht hat. Das hohe Mittelalter vertritt z. B. für das weltliche Recht in Thomas von Aquin[37]) ein Kompromiß aus Wertteilhabe und Setzung, während sich im Kirchenrecht der Vorrang der Setzungsgeltung anbahnt. Von hier, aus dem mittelalterlichen Kirchenrecht, übernehmen sie die weithin nominalistisch

---

[37]) Mit seiner bekannten Gesetzesdefinition S. th. 1. 2. q. 90 Art. 4: Lex est ordinatio rationis ad bonum commune (— einerseits), ab eo, qui curam habet communitatis, promulgata (— andererseits).

denkenden Juristen des Spätmittelalters und mit ihnen die neuzeitliche Staatstheorie. Ihr gegenüber wird Geltung kraft Wertteilhabe zum Gewande der modernen kritischen Gegenpositionen gegen den Staatsabsolutismus, insbesondere der Volkssouveränitäts- und der Menschenrechtslehren.

Das Verhältnis beider ist seitdem ein Verhältnis der Spannung geblieben. Der Absolutismus bedeutet unter diesem Gesichtspunkt die völlige Verwerfung einer rechtlichen Geltung kraft Wertteilhabe; die abstrakte Norm ist für ihn zunächst das gegebene Mittel zur Verwirklichung des fürstlichen Zentralismus und kann daher in ihrer Geltung nur von der Setzung abhängen.

Die gegenwärtige Lage wird man bestimmt sehen müssen, einmal durch die noch andauernde Herrschaft des Rechtspositivismus, der von der Setzungsgeltung seinen Namen hat, und zum anderen durch die Herrschaft des Rechtsstaatsgedankens, der ein neues Kompromiß geschaffen hat. Er gebietet für den Bereich der Grundrechte und ihrer Verwirklichung durch den Gesetzgeber einerseits, von einer Geltung kraft Wertteilhabe auszugehen; für den gesamten übrigen Bereich des Rechtslebens und dort, wo die Grundrechte garantiert sind, auch und gerade für den Bereich ihrer Verwirklichung hält er im Interesse der Sicherheit und Berechenbarkeit an dem Begriff der Setzungsgeltung fest.

Diese Lage ist auch bestimmend für das wechselseitige Verhältnis von Zweck und Geltung. Denn es zeigt sich nun, daß, wer den Zweck eines Gesetzes gegen seine Geltung ausspielt, von dem Begriff der Setzungsgeltung zu dem der Setzung kraft Wertteilhabe hinüberwechselt. Die Frage, wieweit das zulässig ist, muß sich zunächst der Vorfrage zuwenden, welchem von ihnen beiden heute der Primat zukommt; dies ist nach dem Gesagten der Begriff der Geltung kraft Setzung. Es ist dann weiter zu fragen, ob etwa dieses Hinüberwechseln freigegeben ist durch eines jener Wert- und Zweckwahrungsgebote der Verfassung. Deren Kreis ist für uns heute erheblich größer als in den individualistischen Anfängen des Rechtsstaatsgedankens, wie Sozialstaatlichkeit, Familien- und Jugendschutz, Direktiven für das Bildungswesen u. a. zeigen; aber sie bilden aus historischen und systematischen Gründen nach wie vor die Ausnahme von der Regel. Praktisch bedeutet dies, daß die Geltung eines Gesetzes aus Überlegungen, die sich auf seinen einstigen oder gegenwärtigen Zweck stützen, nur dann verneint oder beendigt werden kann, wenn sich diese Überlegungen als Vollzug eines verfassungsrechtlichen Zweckwahrungsgebots ausweisen können.

B.

Für unsere engere Frage steht bisher als Ausgangsbasis nur der Satz zur Verfügung, daß an die Ungültigerklärung gesetzlicher Normen durch die Rechtsprechung wegen unzulässiger oder unzulässig gewordener Zwecke nur zu denken ist, soweit diese Zwecke gegen ein verfassungsrechtliches Zweckwahrungsgebot verstoßen.

Vorschriften der Verfassung über die Zwecke von einfachen Gesetzen sind in denjenigen materiellen Weisungen zu finden, die Ernst Forsthoff als Funktionsnormen bezeichnet hat[38]); Nachweisungen erübrigen sich daher. Es erscheint dienlich, sie für unseren Zusammenhang als Zweckwahrungsgebote zu bezeichnen; daß ein großer Teil von ihnen nicht nur den Gesetzgeber, sondern auch die gesetzesgebundenen Gewalten bindet (vgl. Art. 1 Abs. 3, Art. 19 Abs. 3 GG), ist für unseren Zusammenhang unerheblich. Unerheblich ist auch die Form, in der sie ergehen.

Der Form nach kennt die Verfassung positive und negative, bedingte und unbedingte Zweckwahrungsgebote: Bald gebietet die Verfassung die Wahrung, bald verbietet sie die Vereitelung von Zwecken. Der Sache nach bedeuten sie als Zweckdirektiven an den (einfachen) Gesetzgeber beides: das Verbot etwa, Grundrechte und institutionelle Garantien in ihrem Wesensgehalt anzutasten, ist gleichbedeutend mit dem Gebot, diesen Wesensgehalt zu wahren. Lediglich für die Auswirkung dieser beiden Seiten läßt sich ein Unterschied feststellen: als Zweckvereitelungsverbote binden sie den (einfachen) Gesetzgeber unbedingt, als Zweckverwirklichungsgebote im Regelfalle bedingt — bedingt für den Fall, daß er ein den geschützten Zweck berührendes Gesetz erläßt, unbedingt indessen, wo die Verfassung mit einem Zweckwahrungsgebot ein Gesetzgebungsgebot verbindet. Diese Besonderheit bewegt sich lediglich im Bereiche der Verwirklichung: ist bei den allgemeinen Zweckwahrungsgeboten die Verwirklichung nur bedingt — für den Fall eines Gesetzesbeschlusses — geboten, so schreibt hier der Gesetzgeber die Erfüllung der Bedingung zusätzlich vor. Allen gemeinsam ist, daß sie die Wahrung von Zwecken gebieten, sei es durch gesetzgeberisches Tun, sei es durch gesetzgeberisches Unterlassen, und dies rechtfertigt die Sammelbezeichnung „Zweckwahrungsgebote"[39]).

---

38) Jellinek-Gedächtnis-Schrift S. 233.

39) Da nicht daran gedacht ist, einen neuen Begriff einzuführen, darf darauf verzichtet werden, diese Sammelbezeichnung zu an-

I.

Wichtiger ist der Hinweis, daß ein Teil von ihnen dazu verurteilt ist, eine lex imperfecta zu bleiben. Theorie und Rechtsprechung haben das Äußerste getan, um in ihnen aufzufangen, was von allgemeinen Wertideen verwertbar und notwendig ist, um das Funktionieren von Verfassung und Rechtsordnung zu sichern[40]). Indessen stößt man auch hier auf Grenzen. Da an eine erschöpfende Übersicht nicht zu denken ist, erwähne ich nur die Gewaltenteilungsmaxime.

Das Grundgesetz setzt Gewaltenteilung einerseits — in Art. 1 — voraus und gebietet andererseits ihre Wahrung, indem sie der Bundesrepublik Deutschland die „Gewährleistung" einer rechtsstaatlichen verfassungsmäßigen Ordnung in den Ländern zur Pflicht macht — Art. 28 Abs. III mit Abs. I. Daß das Gewaltenteilungsgebot den Gesetzgeber bindet, steht außer Erörterung[41]). Aber eine andere Frage ist, wieweit der Gesetzgeber durch die Rechtsprechung zu seiner Beachtung angehalten und darin überwacht werden kann. Sicherlich dann, wenn er expressis verbis die Gewaltenteilung schlechtweg aufheben oder etwa die Gesetzgebungsbefugnisse auf die Exekutivspitze oder hergebrachte Rechtsprechungsfunktionen auf weisungsgebundene Verwaltungsbehörden überführen würde; in diesen Fällen wäre eine Einzelnorm unvereinbar mit der Verfassung, und ihrer Ungültigerklärung im Normenkontrollverfahren stünde nichts im Wege. Das uns

---

deren Klassifizierungen der Verfassungsnormen in Beziehung zu setzen. Es genügt hervorzuheben:

a) potentiell kommt jeder objektiven Verfassungsnorm — eingeschlossen die „elementaren Verfassungsgrundsätze und Grundentscheidungen" des Verfassungsgebers (im Verständnis des BVerfG, Urteil vom 23. 10. 1951 — Bd. 1, S. 32 f.), ausgeschlossen lediglich „bloße Programmsätze" — die Bedeutung eines Zweckwahrungsgebotes zu;

b) darüber hinaus liegt in den Gewährleistungs- und Vorbehaltsschranken der Grundrechtsbestimmungen (hierzu Friedr. Klein, aaO., S. 120 ff.) eine Fülle verfassungsrechtlicher Zweckwahrungsgebote der einen oder anderen Art vor.

[40]) Vgl. die Übersicht Friedrich Kleins in v. Mangoldt-Klein, Das Bonner Grundgesetz, 2. Aufl., S. 78 ff., auch S. 9 ff. — Wegen des Verhältnisses von „Wert" und „Zweck" sei auf Nicolai Hartmann, Teleologisches Denken (Berlin 1951), S. 112 ff. und E. Forsthoff, VwR I (6. Aufl. 1956) S. 144 f. verwiesen; „daß die Gerechtigkeit kein Zweck" sei, ist allerdings keine „Selbstverständlichkeit" (so Forsthoff aaO., S. 145).

[41]) Ebenso, daß das Gewaltenteilungsprinzip der verschiedensten Ausgestaltung fähig ist — vgl. Werner Kägi, Zur Entstehung, Wandlung und Problematik des Gewaltenteilungsprinzips (Zürich 1937) und die dort behandelte Literatur; auch BVerfG vom 18. 12. 1953 (3, 225 ff.), S. 247 f.

vorliegende Problem sind dagegen solche Gesetze und Normen, die für sich allein weder das Gewaltenteilungsgebot noch eine sonstige Verfassungsbestimmung verletzen, sondern die lediglich insgesamt, mit ihrer Häufung, das Gewaltenteilungsgefüge durchbrechen und bedrohen. Da die Rechtsprechung die Waffe der Ungültigerklärung nur gegenüber einzelnen Normen, nicht aber gegenüber einem solchen geschichtlichen Häufungsphänomen besitzt, erweist sich das Gewaltenteilungsgebot der Maßnahmegesetzgebung gegenüber als eine lex imperfecta — in der Sprache Ernst Forsthoffs: als eine Funktionsnorm, der eine Kontrollnorm mit entsprechendem Anwendungsbereich nicht zur Seite steht.

II.

Nur kurz sei die Frage nach der Erkenntnisquelle der gesetzgeberischen Zweckwidmung berührt: Ist es die subjektive Motivierung des Gesetzgebers, die occasio legis? Ist es die ohne Rücksicht hierauf aus dem Gesetz selber und seiner Stellung in der gesamten Rechtsordnung zu entnehmenden Zweckwidmung, die ratio legis? Oder soll die erst ex post erkennbare praktische Funktion der Norm, der usus legis, entscheidend sein? — Es wird sich empfehlen, von einseitigen Festlegungen für diesen Zusammenhang abzusehen und das Prinzip der verfassungskonformen Auslegung, das Bestreben also, eine Gesetzesnorm solange zu halten, als die ihr zur Seite stehende Vermutung ihrer Vereinbarkeit mit der Verfassung nicht widerlegt wird, walten zu lassen.

III.

Die Zweckwidmung kann entweder von vornherein oder erst nachträglich gegen ein verfassungsrechtliches Zweckwahrungsgebot verstoßen. Im ersten Fall ist eine Norm ex tunc, im zweiten erst vom Eintritt der Kollision mit dem Zweckwahrungsgebot der Verfassung ab nichtig. Der erste Fall gehört in den Bereich der Gebundenheit des Gesetzgebers und scheidet daher aus unserem jetzigen Zusammenhang gleichfalls aus. Der zweite Fall dagegen wirft die für unser Problem kardinale Frage auf: Welche Voraussetzungen müssen gegeben sein, um der Rechtsprechung die Ungültigerklärung einer Norm wegen nachträglicher Verfehlung ihres Widmungszweckes im Normenkontrollverfahren zu erlauben? Und ich füge hinzu: allein unter dieser Fragestellung kann die Rechtsprechung gegen Maßnahmegesetze vorgehen.

1. Die Verhältnisse müssen sich gewandelt haben. Und zwar kommen nur außernormative, d.h. solche Verhältnisse in Betracht, die in den Tatbestandsvoraussetzungen der Norm selbst keine Erwähnung gefunden haben. Der Grund für diese Beschränkung auf außernormative Verhältnisse liegt auf der Hand: Tatbestandsmäßige Verhältnisse sind für den Richter nur nach zweierlei Seiten bedeutsam: liegen sie vor, so wendet er die Norm an, liegen sie nicht vor, so lehnt er die Anwendung ab; nie berührt das Vorliegen oder Nichtvorliegen tatbestandsmäßiger Voraussetzungen die Geltung der Normen.

   Weiter muß dieser Wandel außernormativer Verhältnisse dahin geführt haben, daß die Anwendung der Norm nach ihrem ursprünglichen Wortlaut und Inhalt allgemein gegen ein verfassungsrechtliches Zweckwahrungsgebot verstoßen würde. Das Gewicht dieser Erfordernisse im einzelnen liegt auf der Hand: Die Außergeltungsetzung einer Norm kann nur in Betracht kommen, wenn ihre Anwendung stets, nicht nur in einem Einzelfall, ihren verfassungsrechtlich zugelassenen Zweck verfehlt; und sie kann ebenso nur in Betracht kommen, wenn sie nunmehr gegen ein verfassungsrechtliches Zweckwahrungsverbot verstößt, nicht schon dann, wenn sie ohne einen solchen Verstoß lediglich ihren seinerzeitigen Ursprungszweck nicht mehr erfüllt.

   Schließlich muß dieser verhältnisbedingte Wandel des Anwendungsgehalts nach Inkrafttreten der Norm sich ergeben haben. Dies ergibt sich aus dem Gesichtswinkel unserer gegenwärtigen Fragestellung: Es handelt sich hier um die Frage der Geltungsbeendigung ex nunc solcher Gesetze, in deren Zweckwidmung der Gesetzgeber seinerzeit frei war, heute aber nicht mehr frei sein würde.

2. Wir kennen nun die Voraussetzungen, unter denen Normen wegen des Obsoletwerdens ihrer Zweckwidmung nach ihrem Inkrafttreten die Geltung abgesprochen werden kann. Damit scheint auf den ersten Blick alles erreicht, was für die an Gesetz und Recht gebundene Rechtsprechung erreichbar ist. Aber das praktische Anwendungsergebnis ist gering: nicht jeder den Zweck wandelnde Verhältniswandel genügt, nicht einmal dann, wenn er den ursprünglichen Widmungszweck der Norm völlig vereitelt; sondern er genügt nur dann, wenn damit zugleich der Anwendungsgehalt der Norm so gewandelt wurde, daß alle

ihre voraussehbaren Anwendungsfälle gegen ein verfassungsrechtliches Zweckwahrungsverbot verstoßen; nur dann ist die generelle Ungültigerklärung möglich[42]).

IV.

Dennoch empfindet man das Bedürfnis, dem Gesetzgeber stärkere Widerstände entgegensetzen zu können; denn selbst unter den seltenen obigen Voraussetzungen kann ja die Rechtsprechung nichts von den Einrichtungen und Rechtslagen beseitigen, die unter der Geltungsdauer des maßnahmeverdächtigen Gesetzes eingetreten sind; was sie erreicht, wird für den Regelfall auf eine neue verwickelte Abwicklungsgesetzgebung hinauslaufen. Eine wirksame Warnung des Gesetzgebers vor weiterer Maßnahmegesetzgebung geht von diesen Möglichkeiten schwerlich aus. Die Ausgangssorge um die Entstörung der rechtsstaatlichen Verwaltung läßt uns Ausschau halten, ob nicht die Rechtsprechung zu Möglichkeiten der Ungültigerklärung von Maßnahmegesetzen ex tunc gelangen kann.

Diese Möglichkeit besteht nur für den Fall, daß ein Wandel außernormativer Verhältnisse die Bedeutung nicht einer einfachen Gesetzesnorm, sondern die einer Verfassungsnorm gewandelt hat.

Auch hier kann Verhältniswandel Möglichkeiten schaffen, die zur Zeit des Inkrafttretens der maßnahmeverdächtigen

---

[42]) „Daß Normen nur für normale Situationen gelten, und die vorausgesetzte Normalität der Situation ein positiv-rechtlicher Bestandteil ihres ‚Geltens'" sei, glaubte Carl Schmitt als „einfache, rechtswissenschaftliche Wahrheit" vertreten zu können (Legalität und Legitimität, 1932, S. 71 f.); indessen verkannte Carl Schmitt nicht, daß die Zulassung eines solchen Geltungsverständnisses („ratione temporis ac situationis") „das Legalitätssystem des parlamentarischen Gesetzgebungsstaates zerstören" würde (aaO. S. 72), und h i e r i n dürfte die entscheidende rechtswissenschaftliche Wahrheit seiner Aussagen zu finden sein — der Geltungsbegriff unserer Rechtstheorie würde durch diese Voraussetzung aufgelöst werden. Die Entwicklung, die Carl Schmitts Auffassungen später genommen haben, ist nur geeignet, dies zu bestätigen: In den „drei Arten des rechtswissenschaftlichen Denkens" (1934) ist es nicht nur die „als normal unterstellte Lage", sondern außerdem auch „ein als normal unterstellter Menschentypus", durch dessen Vorliegen die Geltung der Norm bedingt und begrenzt wird (aaO. S. 10; dazu S. 23: „Die Normalität der ... Lage und des ... konkreten Typus ist also ... ein inneres juristisches Wesensmerkmal der Normgeltung, eine normative Bestimmung der Norm selbst"). Über die auflösende Wirkung, die dieser doppelte Vorbehalt auf das Legalitätssystem jedes — keineswegs nur das des parlamentarischen — Gesetzgebungsstaates ausüben muß, findet sich in dieser späteren Äußerung kein Hinweis mehr; Carl Schmitt beschränkt sich hier darauf, „die situationslose und typenlose Norm" als ein „juristisches Unding" zu erklären (S. 23).

Norm noch nicht bestanden; in diesem Falle erhält die Rechtsprechung Gelegenheit, eine Gesetzesnorm ihres Zweckes wegen ex tunc zu vernichten.

Dieser Fall führt uns, wie auf der Hand liegt, zurück in den Bereich der gebundenen Gesetzgebung: Es ist eindeutig ein Fall der Unvereinbarkeit einer einfachen Gesetzesnorm mit einer Verfassungsnorm. Aber der Fall wird modifiziert dadurch, daß erst die Rechtsprechung den an einer Verfassungsnorm eingetretenen Bedeutungswandel freilegt, während sich der Gesetzgeber — aus welchen Gründen auch immer — an den Wortlaut und den Ursprungssinn hält. Es ist also ein Dissensus über den Zweckwandel einer Verfassungsnorm, der zwischen Justiz und Legislative auftritt. In dem Rahmen, in dem die Verfassungauslegung der Justiz zusteht, hat sie auch das letzte Wort über die Beurteilung eines solchen Wandels[43]). Für diese Beurteilung gelten die Erfordernisse, die vorhin aufgestellt wurden; es bedarf keiner Darlegung, daß sie sich hinsichtlich einer Verfassungsnorm noch seltener und nur in längeren Zeiträumen[44]) erfüllen werden; nichtdestoweniger gehören sie in diesen Zusammenhang hinein. Als Beispiel kann die Schrumpfung der rechtsgeschäftlichen Privatautonomie von der liberalen Vertragsfreiheit zur Eingehungsfreiheit gegenüber den Versorgungsbetrieben der öffentlichen Hand dienen.

Schluß

Die Möglichkeiten, die die Rechtsprechung hat, sind damit wenigstens skizziert; auf Einzelheiten und Vorbehalte einzugehen, verbot der Zeitmangel.

Umschrieben wurde, was sich der Rechtsprechung an effektiven Möglichkeiten bietet, um gegen die Maßnahmegesetzgebung vorzugehen. Unter diese effektiven Möglichkeiten wurden nur die der allgemeinverbindlichen Außergeltungsetzung einbezogen; nur diese reduzieren den Bestand an geltenden Normen, und nur von ihnen geht eine Warnung an den Gesetzgeber aus.

---

[43]) Vgl. BVerfG im Urteil vom 1. 7. 1953 (2, 401): „Allerdings kann eine Verfassungsbestimmung einen Bedeutungswandel erfahren, wenn in ihrem Bereich nicht vorausgesehene Tatbestände auftauchen oder bekannte Tatbestände durch ihre Einordnung in den Gesamtablauf einer Entwicklung in neuer Beziehung oder Bedeutung erscheinen." Bedenken gegen diese Formulierung, die auch mir zu dehnbar erscheint, macht Klein aaO., S. 5 (zu Anm. 3), geltend.

[44]) Klein spricht aaO., S. 6 der „Verfassungswandlung" „gewohnheitsrechtlichen Charakter" zu — sicherlich nur, um das Erfordernis der längeren Zeitspanne zu unterstreichen.

Zu fragen bleibt, was von seiten der Verwaltung und des Gesetzgebers selbst geschehen kann. Der Verwaltung steht die Möglichkeit einer Außergeltungsetzung nicht zu Gebote; aber sie kann aufgreifen, was sich der Erörterung und Heilung durch die Rechtsprechung entzieht, nämlich das Häufungsphänomen der Maßnahmegesetzgebung; sie kann sich der gesetzgebungspolitischen Seite annehmen, von der her allein das Problem wirksam behandelt werden kann; sie kann damit dasjenige Zweckwahrungsgebot geltend machen, das die Rechtsprechung gegenüber der Maßnahmegesetzgebung nicht durchsetzen kann, das Gewaltenteilungsgebot; und sie kann darüber hinaus ganz allgemein darlegen, daß und inwiefern der Ablauf der exekutiven Staatsfunktion gestört und damit die Verwirklichung des gesetzgeberischen Willens selbst gehindert wird[45]).

Dies ist in erster Linie freilich Sache der Exekutivspitze, die als Regierung in dieser Frage Rücken an Rücken mit dem Gesetzgeber steht. Für sie beide gilt, daß sie nicht nur mehr tun können, sondern auch müssen; sie unterliegen den verfassungsrechtlichen Funktionsnormen oder Zweckwahrungsgeboten auch, wo sie dem Zwange ergänzender Kontrollnormen nicht mehr ausgesetzt sind; aber das bedeutet, daß in diesem Bereich nur an ihre Verfassungstreue und Selbstdisziplin appelliert werden kann. Ob sie dem nachkommen wollen und können, ist beides fragwürdig und entzieht sich der Würdigung in einem auf die Rechtsfrage begrenzten Referat. Was das Wollen und die Selbstdisziplin angeht, so genügt es, daran zu erinnern, welches Gewicht in unserem Zusammenhang den Wahlversprechungen der Parteien zukommt; was im Wahlkampf verheißen wird, will nach errungenem Wahlsieg eingelöst sein[46]). Und was das Können angeht, so bleibt es inmitten einer fluktuierenden Weltlage und einer labilen Innenlage begrenzt.

I.

Hier bleibt noch zusammenzufassen, was das für den Begriff des Maßnahmegesetzes bedeutet. Er wurde hier ein-

[45]) Vorbildlich und instruktiv in dieser Beziehung die an den Bundestag gerichtete Denkschrift des Bundes Deutscher Steuerbeamten (Paderborn, Michaelstr. 7) vom Juni 1956; dazu Frankfurter Allg. Ztg. Nr. 166 v. 19. 7. 1956, S. 2 u. 9.

[46]) Montesquieu aaO., VIII 11: Lorsque les principes du gouvernement sont une fois corrompus, les meilleurs lois deviennent mauvaises et se tournent contre l'Etat; lorsque les principes en sont sains, les mauvaises ont l'effet des bonnes: la force du principe entraine tout ... Il y a peu de lois qui ne soient bonnes lorsque l'Etat n'a point perdu ses principes; et, comme disait Epicure en parlant des richesses: Ce n'est point la liqueur qui est corrompu, c'est le vase.

geführt als ein heuristischer, d. h. auf Hypothesen beruhender Begriff; und die Aufgabe des Referats war insoweit darzulegen, ob etwas diesen Hypothesen an Wirklichkeitsgehalten im Lichte einer wissenschaftlich gesicherten Begrifflichkeit entspricht. Es ist nicht zu leugnen, daß dem hypothetischen Axiom: der Gesetzgeber greift in wachsendem Maße temporäre Zwecke auf, die es nahelegen, die Geltung einer Anzahl seiner Gesetze von ihrer Zweckerreichung abhängig zu machen — es läßt sich nicht leugnen, daß diesem hypothetischen Axiom eine Realität entspricht. Aber es ist eine Realität, die sich nur einer deskriptiven Wissenschaft erschließt. Die Rechtswissenschaft dagegen besitzt, zumindest vorerst, nicht die Begriffe und Axiome, um dieser Realität „Maßnahmegesetzgebung" Aufnahme unter ihre Grundbegriffe zu gewähren; sie kennt die Begriffe Zweck und Geltung, aber sie unterscheidet temporären Zweck und temporäre Geltung nur empirisch, nicht axiomatisch: alle gesetzlichen Normen sind Zwecken gewidmet, und alle gesetzlichen Normen gelten bis zu ihrem Außerkrafttreten durch actus contrarius, desuetudo, Ereignisse mit abgeleiteter Rechtssatzwirkung etc.; innerhalb dieser Begrifflichkeit sondern zu wollen, ist vergeblich, weil es eine qualifizierte Geltung für Normen mit qualifizierten Zwecken bislang nicht gibt. Deskriptiv also bleibt, was an Kriterien für das Maßnahmegesetz zusammengetragen wurde; und so kann der Begriff des Maßnahmegesetzes in den soziologischen Disziplinen unseres Fachs, also in der Rechtssoziologie und in der von Jellinek so benannten Soziallehre des Staates einen Platz erhalten; ein juristischer Begriff ist er bis heute nicht[47]).

II.

In der naheliegenden Verlockung, mich über die herkömmliche Schranke zwischen den deskriptiven und den normativen Disziplinen unseres Faches hinwegzusetzen, habe ich eine Versuchung erblickt und demzufolge gemeint, ihr widerstehen zu müssen. Die Gründe habe ich in dem Exkurs über die beiden Geltungsbegriffe angedeutet. Das Auswechseln der Setzungsgeltung gegen die Geltung kraft Wertteilhabe ist auf dem Papier leicht vollzogen; geschichtliche Entwicklungsergebnisse macht man damit nicht rückgängig, zumal dann nicht, wenn

[47]) Die Rechtspflege sei — im Gegensatz zur Morallehre — beherrscht von dem Grundsatz „Finis praecepti non cadit sub praeceptum", schreibt Fr. X. Linsenmann, Lehrbuch der Moraltheologie (Freiburg 1878), S. 81. Der diesem Satze zu entnehmende Fingerzeig würde, auf eine allgemeine Formel gebracht, dahin gehen, daß ein Judizieren secundum finem praecepti Intelligibilität des Normzweckes durch den Normadressaten voraussetze, daß dies aber in foro externo nicht vorausgesetzt werden könne.

sie sich in so großen Zeiträumen vollzogen haben wie die Verankerung des Rechtsdenkens des deutschsprachigen Kulturbereichs auf dem Begriff der Setzungsgeltung.

Und selbst, wenn man meinte, mit diesem Schritt die aktuelle Problematik einer Lösung entgegenführen zu können, so würde man sich denkgesetzlichen, geschichtlichen und rechtspolitischen Einwänden gegenübersehen, die alle miteinander abzutun zumindest solange unratsam ist, als es nur um die Klärung einer Einzelfrage geht. In denkgesetzlicher Hinsicht war es die Warnung, die Nicolai Hartmann in seiner nachgelassenen Schrift über „Teleologisches Denken"[48]) aufgerichtet hat: „Die Finalität", sagt er hier, „ist im Bewußtsein eine hybride Kategorie. Sie hat die Tendenz, sich überall einzudrängen, wo das Denken auf Determinationsformen stößt, die es einstweilen nicht zu durchschauen vermag." Unser Rechtsdenken ist zwar weithin teleologisches Denken geworden, bedarf aber eben darum des Gegengewichtes in Instituten und Institutionen und, nicht zuletzt, in einer theoretischen Tradition, die der totalen Finalisierung entzogen bleiben müssen[49]). — Geschichtlich war zu beachten, daß

[48]) Nicolai Hartmann, Teleologisches Denken (Berlin 1951), passim. Der zitierte Satz findet sich S. 7. Zu vergleichen sind jedoch insbesondere S. 79 ff., auch S. 20: „... wenn keine Richtung der Dependenz eindeutig gegeben ist, so läßt jede Ursache sich auch als Mittel, jede Wirkung auch als Zweck auffassen."

[49]) Daß diese Überlegung auch Folgerungen hinsichtlich der Verwendung der sog. teleologischen Interpretation bei der Auslegung der Verfassung nach sich zieht, sei angedeutet: Allgemein anerkannt ist, daß teleologische Auslegung Gesetzeslücken zum Verschwinden bringt (vgl. A. Meier-Hayoz in dem unten zitierten Werk); teleologische Auslegung verfassungsrechtlicher Zweckwahrungsgebote bedeutet mithin regelmäßig Erweiterung der verfassungsrechtlichen Gebundenheit des Gesetzgebers. Unter diesem Gesichtspunkt erscheint mir die einschränkungslose Zulassung der — der gemeinrechtlichen Tradition als solcher unbekannten — teleologischen Methode zur Verfassungsauslegung (vgl. Fr. Klein, aaO., S. 9: „... als letztlich entscheidendes, weil eigentlich wertendes Auslegungsmittel") nicht unbedenklich. Auch hier sind die Grenzen noch nicht geklärt — einerseits zu den gemeinrechtlichen Auslegungsweisen, andererseits zu den jüngeren Auslegungsweisen (hierzu wären zu zählen die „historische Interpretation" neueren Verständnisses — vgl. Fr. Klein aaO., S. 9, 117 und 119 — andererseits zur „Interpretation im Sinne des vorrechtlichen Gesamtbildes oder der tragenden vorrechtlichen Gesamtidee" — vgl. H. Nawiasky, Allg. Rechtslehre, Einsiedeln-Zürich-Köln 1948, S. 137 f., auch BVerfG oben Anm. 36) sowie schließlich zu den Methoden der Lückenergänzung. Zum Ganzen der teleologischen Methode vgl. A. Meier-Hayoz, Der Richter als Gesetzgeber (Zürich 1951), S. 56—59, 68 f., 88 ff., 140 ff. (insb. 142, Anm. 9), 146 f., 176 f., 272 f.; auch H. Nawiasky, aaO., S. 135 ff. und E. Forsthoff, VwR I (6. Aufl. 1956), S. 143 ff.

die Setzungsgeltung in unserer Geschichte zwar durch das Stat pro ratione voluntas des Absolutismus zur Herrschaft gelangt ist, aber seine ethische Weihe empfangen hat, indem es der Selbstvernichtung der europäischen Gesellschaft im Zeitalter der Glaubenskriege ein Ende setzte. Diese ethische Würde ist ihr geblieben; denn — so darf ich hinzufügen — Teleologie würde sich heute wiederum als Ideologie erweisen; sie einem kategorialen Institut wie der Gesetzesgeltung im Verständnis unserer theoretischen Tradition vorzuordnen, würde heißen, diese — und damit Gesetz und Recht in ihrem Fundament — der ideologischen Zersplitterung auszuliefern, die wir allenthalben, auch in den Sozialwissenschaften, am Werke sehen[50]). — Politisch schließlich steht man vor der Frage „Wozu"? Es hat sich gezeigt, daß selbst unsere so weit schon gegen den Gesetzgeber vorgeschobenen Justizkontrollen nur zur Korrektur von Randphänomenen der Maßnahmegesetzgebung ausreichen, daß aber das Schwergewicht der Verantwortung selbst dort noch bei ihm bleibt, wo er verfassungsrechtlichen Zweckwahrungsgeboten unterliegt[51]). Alles in allem genommen, stand nur zur Wahl, diese Verantwortung durch einen axiomatisch unhaltbaren und in seinen Folgerungen ergebnislosen Schritt zu verschleiern oder sie, im Lichte von Gesetz und Recht, klarzustellen.

---

[50]) Treffend E. Forsthoff, VwR I (6. Aufl. 1956): „Nur was zweckhaft gestaltet ist, kann auch nach Zweckgesichtspunkten begriffen werden" (S. 145). Jedoch begründet im Verwaltungsrecht „das stark im Vordergrunde stehende . . . Zweckmäßigkeitsmoment der Rechtsanwendung . . . die Gefahr, daß sich ihre Erwägungen in allgemeinen, ungegenständlichen, vielfach in das bloß Weltanschauliche abgleitenden Räsonnements verlaufen. Dem gilt es zu begegnen . . ., um zu verhindern, daß die Weltanschauung zur Ausflucht eines juristischen Unvermögens wird" (S. 147). Eben dieses Bedenken bringt Nicolai Hartmann gegen das teleologische Denken insgesamt vor: Ihm „erscheint die Finalisierung im erkennenden Bewußtsein nicht nur als hybride Kategorie, sondern als ein wahres asylum ignorantiae" (S. 83).

[51]) Für Fälle der administrativen Durchbrechung der gesetzlichen Behördenorganisation hat E. Forsthoff folgenden Satz aufgestellt: „Das ganze System rechtsstaatlicher Mäßigung der Hoheitsfunktionen kommt ins Wanken, wenn die im Behördenorganisationsrecht geregelte Verteilung der Staatsfunktionen auf die zuständigen Behörden dadurch verändert wird, daß gesetzlich nicht vorgesehene Verbindungen solcher Funktionen hergestellt werden, was eine Potenzierung der Staatlichkeit zur Folge haben muß" (a. a. O., S. 86). Es bestehen keine Bedenken, für die verfassungsrechtliche Verteilung der Staatsfunktionen und ihre Durchbrechung im Gesetzgebungswege das gleiche Prinzip anzunehmen. Quis autem iudicabit?

Leitsätze des Mitberichterstatters über: Das Gesetz als Norm und Maßnahme

I.

1. a) *Als Maßnahmegesetz wird eine abstrakte Norm bezeichnet, die temporären Zwecken derart gewidmet ist, daß diese Zwecke den Vorrang vor den in der Norm eingesetzen Verwirklichungsmitteln haben (Forsthoff).*

   b) *Der Unterscheidung von Maßnahmegesetzen in diesem Sinne von anderen Gesetzen liegt die Voraussetzung zugrunde, daß die Geltung einer gesetzlichen Norm durch den Zweck, dem sie gewidmet ist, bedingt oder beschränkt werden kann.*

2. a) *Die Frage der Verwendbarkeit dieses Begriffes durch die Rechtsprechung hängt von der Frage ab, ob und inwieweit die an Gesetz und Recht gebundene Rechtsprechung einer Norm um ihrer gegenwärtigen oder einstigen Zwecke willen die Geltung versagen kann.*

   b) *Der so verstandene Maßnahmecharakter einer Norm kann nur Gegenstand, nicht Ausgangspunkt einer Prüfung durch die Rechtsprechung sein.*

II.

3. a) *In Rechtsdenken und Rechtsordnung stehen sich zwei Geltungsbegriffe gegenüber: Geltung kraft Setzung und Geltung kraft Wertteilhabe.*

   b) *Die Rechtsordnung des neuzeitlichen Staates beruht auf dem Vorrang der Geltung kraft Setzung.*

4. a) *In der Vorordnung des Zweckes vor der (Setzungs-) Geltung einer Norm ist der Übergang vom Boden der Geltung kraft Setzung auf den der Geltung kraft Wertteilhabe zu erblicken.*

   b) *Wegen des Vorranges der Setzungsgeltung ist dieser Übergang nur zulässig, wenn und soweit ihn die Verfassung gebietet (verfassungsrechtliche Zweckwahrungsgebote = Funktionsnormen i. S. Forsthoffs).*

III.

5. a) *Im Hinblick auf ihren Zweck kann einer gesetzlichen Norm die Geltung nur versagt werden, wenn sie gegen ein verfassungsrechtliches Zweckwahrungsgebot verstößt.*

b) *Außerhalb des Herrschaftsbereiches verfassungsrechtlicher Zweckwahrungsgebote ist der Gesetzgeber in der Zweckwidmung seiner Normen frei und nicht überprüfbar.*

6. *Ein Verstoß gegen verfassungsrechtliche Zweckwahrungsgebote kann bereits bei Inkrafttreten der Norm vorliegen, kann sich aber auch als Produkt eines späteren Verhältniswandels ergeben. In diesem Falle unterliegt die Norm der Ungültigerklärung (vorzugsweise im Normenkontrollverfahren), wenn*

a) *außernormative — d. h. im gesetzlichen Tatbestand nicht berücksichtigte — Verhältnisse*

b) *sich derart gewandelt haben, daß die Anwendung der Norm nach Wortlaut und ursprünglichem Inhalt*

c) *stets — nicht nur in Einzelfällen —*

d) *gegen ein verfassungsrechtliches Zweckwahrungsgebot verstoßen würde.*

3. Aussprache über:

Das Gesetz als Norm und Maßnahme

Klein-Münster:

Meine sehr verehrten Herren Kollegen! Der Herr Erstberichter hat an einer Stelle seines erfreulichen Referates den Artikel 19 Absatz 1 unseres Grundgesetzes angesprochen.

Ich möchte mir erlauben, von dieser Verfassungsbestimmung her einen Diskussionsbeitrag zum Verhandlungsthema zu liefern, weil ich der Meinung bin, daß diese Vorschrift geeignet ist, sachlich zum Thema noch etwas wesentliches beizusteuern.

Der Artikel 19 Absatz 1 Satz 1 verlangt ein „allgemein und nicht nur für den Einzelfall geltendes" Gesetz. Er fordert also ein allgemein geltendes, nicht dagegen ein allgemeines Gesetz, wie die Verfassung an mehreren Stellen, im Grundrechtsabschnitt im besonderen, bei den von mir sogenannten verfassungsmittelbaren Vorbehaltsschranken formuliert. Der Unterschied zwischen diesen beiden Arten von Gesetzen, von allgemeinen Gesetzen und allgemein geltenden Gesetzen — den, nebenbei bemerkt, Hildegard Krüger in ihrem Beitrag zur Verfassungswidrigkeit der lex Schörner im Deutschen Verwaltungsblatt 1955 meines Erachtens übersehen oder nicht beachtet hat — ist der zwischen Geltung und Inhalt. Stellt das allgemeine Gesetz auf den Inhalt und nur auf den Inhalt eines Gesetzes ab, so bestimmt sich der Charakter des allgemein geltenden Gesetzes, wie schon der Ausdruck besagt, nach der Geltung des Gesetzes für alle. Daraus ergibt sich, daß die Formulierung von dem allgemeinen Gelten der Eingriffsgesetze nach Satz 1 des Artikels 19 Absatz 1 bezüglich der allgemeinen Gesetze im Sinne der Formulierung bei verschiedenen verfassungsmittelbaren Vorbehaltsschranken nicht, wie vielfach behauptet worden ist, eine Tautologie darstellt. Vielmehr müssen diese allgemeinen Gesetze genau so wie die den Gegensatz dazu bildenden besonderen Gesetze allgemein gelten.

Ein allgemein geltendes Gesetz ist ein solches, das auf alle Adressaten in gleicher Weise anwendbar ist, soweit diese überhaupt den gesetzlichen Tatbestand erfüllen. Insoweit ist der Satz 1 des Artikels 19 Absatz 1 nur Ausdruck des Gleichheitsgedankens in Artikel 3 Absatz 1. Das ist beispielsweise von Herrn Giese und von Herrn Ipsen hervorgehoben worden.

Das allgemein geltende Gesetz muß also generell sein. Dabei ist aber zu beachten, daß sich die allgemeine Geltung des allgemein geltenden Gesetzes nur auf den angesprochenen Adressatenkreis, nicht dagegen auf den zu regelnden Sachverhalt bezieht. Das bedeutet, daß dieser Satz 1 nur Einzelpersongesetze, das heißt also Individualgesetze, nicht aber Einzelfallgesetze, das heißt also Spezialgesetze, schlechthin verbietet. Demgemäß muß das allgemein geltende Gesetz generell sein. Entgegen Hildegard Krüger bin ich aber der Meinung, daß es nicht abstrakt zu sein braucht. Einzelfallgesetze sind meines Erachtens nach Satz 1 des Artikels 19 Absatz 1 nur dann unzulässig, wenn sich der gesetzlich zu regelnde „Fall" nur in einer Person oder in nur so wenigen Personen konkretisiert, daß eine Verletzung des Gleichheitssatzes anzunehmen ist, wenn also — anders ausgedrückt — das Einzelfallgesetz auch und zugleich ein Einzelpersongesetz ist. Die Mehrzahl aller Gesetze, die nach der Kodifikation der großen Rechtsgebiete erlassen werden, sind in dem Sinne Einzelfallgesetze, daß sie zwar nicht der für die Dauer bestimmten, langfristigen Regelung der Rechtsbeziehungen der Einzelnen untereinander und zum Staate dienen, wohl aber für eine größere Zahl von Personen vorübergehend Erscheinungen des täglichen Lebens ordnen, die in mehr oder weniger kurzer Zeit entweder überhaupt nicht mehr der Regelung oder aber einer erneuten anderen Regelung bedürfen, weil sich die tatsächlichen Verhältnisse inzwischen gewandelt haben. In diesem Sinne ist meines Erachtens der größte Teil der von Forsthoff in seinem Beitrag zur Gedächtnisschrift für Walter Jellinek untersuchten sogenannten „Maßnahmegesetze" als auch nach Satz 1 des Artikels 19 Absatz 1 zulässige Einzelfallgesetze anzusehen. Der Satz 1 verbietet nach alledem nicht grundrechtseinschränkende Maßnahmegesetze schlechthin, sondern nur dann, wenn sie Einzelpersongesetze sind.

Darf ich das nun an einigen Beispielen illustrieren. In dem von mir ausgeführten Sinne wäre etwa als zulässiges Einzelfallgesetz ein die Versammlungsfreiheit des Artikels 8 nach dessen Absatz 2 einschränkendes Gesetz denkbar, durch das wegen dauernder schwerster Tumulte Demonstrations- und Propogandazüge am Tage einer Bundestagswahl verboten und die Teilnahme an ihnen unter Strafe gestellt werden würden. Noch konkreter, aber gleichwohl zulässig wäre nach meiner Meinung das folgende Einzelfallgesetz: Die Bundesregierung erwartet, sagen wir, den Staatsbesuch des Ministerpräsidenten der Sowjetunion und des Parteisekretärs der KPdSU. Weil sie einerseits auf Grund anonymer Drohungen tumultartige Demonstrationen befürchtet, vielleicht sogar mit Attentaten zu rechnen hat, weil sie anderseits auf Grund der politischen Einstellung derjenigen, die in den zuständigen Behörden der Länder und Gemeinden für die entsprechenden Verwaltungsmaßnahmen zuständig sind, solche Verwaltungsmaßnahmen nicht erreichen kann, wird auf ihre Initiative hin ad hoc ein Bundesgesetz erlassen, das alle Menschenansammlungen unter freiem Himmel am Aufenthaltsort der sowjetischen Gäste verbietet und die Teilnahme an solchen Ansammlungen unter Strafe stellt. Ich würde dies für ein zulässiges Einzelfallgesetz halten. Konkretere Einzelfallgesetze lassen sich wohl kaum denken, es sei denn, daß in den von mir angeführten Beispielsfällen nicht Demonstrationen überhaupt, sondern solche bestimmter bekannter Personen oder politischer Gruppen verboten werden. Dann aber handelt es sich nicht mehr nur um Einzelfallgesetze schlechthin, sondern bereits um Einzelpersongesetze.

Dasselbe dürfte gelten, wenn das Verbot zwar durch die Art und Weise seiner Formulierung den Anschein eines Verbots von Demonstrationen überhaupt erweckt, in Wahrheit aber nur Demonstrationen ganz bestimmter bekannter Personen oder politischer Gruppen treffen will; in den angeführten Beispielsfällen also insbesondere dann, wenn überhaupt nur die Demonstration einer bestimmten politischen Gruppe zu befürchten ist.

Das Gesetz im Sinne des Artikels 19 Absatz 1 Satz 1 muß nicht nur nach seiner Formulierung, sondern auch nach seinen tatsächlichen und gerade beabsichtigten Rechtswirkungen allgemeine Geltung haben. Demgemäß muß es nicht nur seinem Wortlaut nach — weil es hinsichtlich des Adressatenkreises generell gefaßt ist — formal für alle gelten, sondern auch seinem Inhalt nach darauf angelegt sein, daß es nicht von vornherein auf einen bestimmten Personenkreis, bestimmte Personen oder gar nur eine bestimmte Person zugeschnitten ist. Der Satz 1 verbietet außerdem — was bereits in den Referaten angeklungen ist — nicht nur das „offene", sondern auch das von Hildegard Krüger sogenannte „getarnte" Einzelpersongesetz. Das kann garnicht anders und darf nicht anders sein, weil der Gesetzgeber kraft seiner Technik so weit ist, daß jedes Gesetz in der Form eines für alle geltenden Gesetzes ergehen kann, auch wenn es sich ganz bewußt auf die Regelung von Einzelfragen und Einzelfällen beschränken will. Wenn nur eine Person getroffen werden soll, ist die Frage der Zulässigkeit eines einschränkenden Gesetzes einfach — im Sinne der Richtigkeit des Gesetzes — zu entscheiden. Wenn dagegen eine Gruppe von Personen getroffen werden soll, erfordert die Entscheidung offenbar sehr viel Takt von dem, der mit der Entscheidung befaßt ist.

Mir möchte es fast so scheinen, als ob sich die Frage in das Gebiet rational nicht mehr recht greifbarer Gerechtigkeitsvorstellungen verflüchtigt. Wenn etwa in Abwandlung meines Beispiels von vorhin — des Beispiels des sowjetischen Staatsbesuches — eine bestimmte Gruppe von anonymen oder auch bekannten Attentätern und Marodeuren, denen auf Grund ihrer ganzen Haltung — ausgewiesen durch Drohbriefe und ähnliches — jedes Mittel recht zu sein scheint, losschlagen will, ist das Gesetz zulässig, weil das entsprechende Handeln der Demonstranten schon nach der sogenannten verfassungsunmittelbaren Vorbehaltsschranke des Artikels 2 Absatz 1 Halbsatz 2 unzulässig ist. Wie aber, wenn irgendeine, wenn auch extreme Gruppe, sagen wir nur demonstrieren will? Ich muß offen bekennen, daß ich in dieser Stunde noch keine rechte Antwort auf diese Frage weiß. Ich meine nur eines mit Sicherheit sagen zu können: So wie Hildegard Krüger diese ganze Problematik zu lösen versucht hat, nämlich mit Hilfe der „Lehre von der Vertauschung von Staatsakten", geht es meines Erachtens nicht.

Scheuner-Bonn:

Die beiden Referate, die wir heute früh gehört haben, haben uns in einer sowohl sorgfältig absteckenden als auch auf die tieferen Hintergründe eingehenden Weise die Problematik klargemacht, die wir von dem gestellten Thema aus nur gewissermaßen in einem Teilaspekt in unsere Betrachtung einbezogen haben. Es geht heute um die Frage, ob es Möglichkeiten des Maßstabes vom Gesetzbegriff her gibt, um gewisse Gesetze mit vorbeugendem oder sonst allzu konkretisiertem Inhalt, die sich in der neueren Gesetzgebung häufen, entweder als eine Entartungserscheinung der Gesetzgebung oder sogar als eine verfassungswidrige Gegebenheit zu kritisieren. Die Erscheinung, die unter dem Namen Maßnahmengesetze ins Auge gefaßt wird, scheint zwei Erscheinungsbereiche zu umfassen. Auf der einen Seite Gesetze, wie sie Herr Klein soeben im Auge gehabt hat, die man früher als Individualgesetze bezeichnete und heute mit einer moderneren und interessanteren Bezeichnung als Maßnahmengesetze benennt. Zum anderen aber richtet sich die Kritik dagegen, daß der heutige Gesetzgeber in wachsendem Umfange temporär kurzfristige Gesetze oder fortlaufende Gesetzesänderungen erläßt, so daß das Erscheinungsbild des Gesetzes sich von jener Vorstellung der Dauer und Beständigkeit entfernt, die noch unser bürgerliches Recht in dem Gedanken kodifikatorischer Zusammenfassungen von Gesetzen vor Augen hält. Das sind aber zwei ganz verschiedene Erscheinungen. Wenn wir die letztere Erscheinung betrachten, so meint — wie Herr Wehrhahn ganz mit Recht gesagt hat — die Kategorie des Maßnahmengesetzes eine soziologische Beobachtung. Sie kann aber in dieser Anwendung keinerlei juristischen Inhalt haben. Ich würde ganz ausdrücklich feststellen, daß es unmöglich wäre, dem Gesetzgeber bei seiner heutigen etwas lockeren Praxis rasch sich wandelnder Gesetze etwa verfassungsrechtliche Schranken auf Grund des geltenden Verfassungsrechts aufzuerlegen. Umgekehrt ist die Frage der Unzulässigkeit des Individualgesetzes oder des Maßnahmengesetzes in jenem technischen Sinne des Einzelpersonen- oder Einzelfallgesetzes, wie es uns Herr Menger klärend vor Augen geführt hat, in der Tat eine verfassungsrechtliche Frage, wobei dann nur das Problem entsteht, woher wir die verfassungsrechtlichen Gesichtspunkte gewinnen, um solche Gesetze verfassungsrechtlich angreifen zu können.

Wenn ich zunächst ein wenig noch auf die Frage des weiteren Hintergrundes eingehe, so scheint mir, daß Herr Wehrhahn uns hier entscheidende Beiträge dadurch geliefert hat, daß er uns darauf aufmerksam machte, der moderne Gesetzesbegriff könne eine inhaltliche Begrenzung vom materiellen Gehalt her kaum mehr ertragen. In der Tat ist die Entwicklung des modernen Gesetzesbegriffes zu einer völligen Verschleißung seiner inhaltlichen Qualitäten vorwärts gegangen. Was wir heute vom Rechtssatz fordern, ist nur die Generalität, die Allgemeinheit. Daß sich dahinter freilich viel tiefere Probleme verbergen, wird jeder, dem die Geschichte des Gesetzesbegriffes bekannt ist, ohne weiteres erkennen. Daß lange Jahrhunderte hindurch der Gesetzesbegriff eine inhaltliche Qualität aufwies, brauche ich nicht besonders zu betonen. Das ist für das Mittelalter selbstverständlich gewesen. Es ist das sogar — wie ich vielleicht gegenüber Herrn Wehrhahn betonen möchte — auch für die Zeit des Absolutismus noch gegeben. Man darf nicht Hobbes als einen Normalfall des Absolutismus betrachten, sondern muß sich darüber klar sein, daß auch der absolute Fürst die inhaltliche Bindung seiner Gesetze an das natürliche und göttliche Gesetz bis zur französischen Revolution außer allem Zweifel anerkannt hat. Die Lösung des Gesetzes von göttlichen und natürlichen Gesetzen ist ein Schritt, die vielleicht schon bei Hobbes vorgezeichnet ist, den aber im eigentlichen Sinne erst der Positivismus des 19. Jahrhunderts, vielleicht in der Anlage schon die Idee der Volkssouveränität von Rousseau vollzogen hat. Es darf dabei betont werden, daß der moderne Gesetzesbegriff ein voluntaristischer ist, das heißt also mindestens ein gemischter ist in dem Sinne, wie Sie es hier, Herr Wehrhahn, gekennzeichnet haben, daß er also von vornherein als entscheidendes Merkmal den Erlaß durch den Träger der Souveränität enthält, in einer Wendung, die zugleich eine Entscheidung für die nominalistische Gesetzessicht darstellt. Es ist hochinteressant, daß die beiden Autoren, die die Formung des Gesetzesbegriffes für die Moderne stark beeinflußt haben, Locke — wenn wir zurückgehen auf die vor wenigen Jahren veröffentlichte, von ihm selbst zu Lebzeiten nicht veröffentlichte Naturrechtsstudie, die jetzt in England herausgegeben worden ist — und ebenso Pufendorf diesen voluntaristischen Gesetzesbegriff vertreten haben. Mit anderen Morten: In der Entwicklung der Rechtstheorie ist nichts anderes übrig geblieben von den inhaltlichen Qualitäten des Gesetzes als eine abstrakte durch den Kantianismus schließlich zu einem reinen Formalismus abgeschliffene Forderung innerer Gerechtigkeit. Diese Forderung innerer Gerechtigkeit hat auch der Positivismus des 19. Jahrhunderts noch als selbstverständlich empfunden und festgehalten, wenn er freilich infolge seines Formalismus nicht mehr in der Lage gewesen ist, noch eine wirkliche Qualitätsforderung inhaltlicher Art daran zu knüpfen. Heute versucht man diese inhaltliche Forderung durch eine Rückwendung zum Naturrecht wieder einzuführen, über die wir indes hier nicht zu sprechen haben.

Es darf andererseits festgestellt werden, daß entscheidende Merkmale des Gesetzes aus verfassungsrechtlichen Zusammenhängen entnommen werden. Der Gesetzesbegriff des 19. Jahrhunderts ist geprägt worden vom Kampfe des Parlamentes um einen möglichst weitreichenden Anteil an der obersten Staatsleitung. Es ist mit Recht hervorgehoben worden, daß das Gesetz einen Doppelcharakter trägt. Es ist sowohl Rechtsetzung wie staatlich-politische Gestaltung. Es ist niemals etwas anderes gewesen, jedenfalls seit dem späteren Mittelalter nicht. Der Staat ist im Gesetze den konkreten Lebensverhältnissen sehr nahe. Ich würde vielleicht Herrn Menger zu bedenken geben, daß seine Forderung, der Gesetzgeber dürfe nicht zu nahe an die konkreten Lebensverhältnisse kommen, diese Notwendigkeit nicht hinreichend berücksichtigt. Sollte der Gesetzgeber etwa bei der Gestaltung des Familienrechtes den Lebensverhältnissen fernstehen? Oder sollte er nicht gerade die

Lebensverhältnisse unmittelbar in ihrer gegenwärtigen konkreten Bezogenheit im Auge haben? Sollte er nicht dabei auch einen erzieherischen und pädagogischen Zweck verfolgen, um dieses Gesetz nicht nur als Aufzeichnung einer möglicherweise vorliegenden Entartung der tatsächlichen Lebensformen, sondern als eine Wieder-Hebung und Besserung der Lebensverhältnisse durchzusetzen? Mit anderen Worten: Politische, rechtspolitische und rechtliche Festsetzung gehen bei unseren heutigen Gesetzen eine unlösbare Verbindung ein. Der Versuch, diese beiden Dinge auseinander zu lösen und das eine gegen das andere auszuspielen, ist meiner Ansicht nach unzulässig. Er ist auch philosophisch — das brauche ich eigentlich hier nicht mehr auszuführen — nicht möglich.

Das bedeutet aber ein weiteres. Die Abgrenzung des Gesetzesbereiches ist im 19. Jahrhundert zunächst — jedenfalls in der deutschen und kontinentalen Theorie — an der Formel „Eingriffe in Eigentum und Freiheit" erfolgt. Das ist eine sachliche Umschreibung, die die Zuständigkeit des Parlamentes abgrenzte. Im frühen 19. Jahrhundert fiel alles das, was heute als Maßnahmegesetze bezeichnet wird, in den Bereich der Verordnung, trat also als Problem des Gesetzgebers zum großen Teil gar nicht in Erscheinung. Denn das frühe 19. Jahrhundert kannte noch den barocken, heute noch im angelsächsischen Bereich lebendigen Gesetzesbegriff, der in sich auch den Gedanken der lex specialis, des Privilegiums für einen Einzelfall, enthielt. Denken wir als Beispiel an die im frühen 19. Jahrhundert vorkommenden Gesetze über Änderung der Thronfolge oder über die Rechte einzelner Standesherren. Der monarchische Staat mußte solche Gesetze kennen, weil die Thronfolge nur geändert oder gestaltet werden kann ad personam. Wenn man die Theorie des früheren 19. Jahrhunderts befragt, so kennt sie das Privileg noch immer als einen zugelassenen Bestandteil der Gesetzgebung. Geändert hat sich das erst, als die Formel des Rechtssatzes vom späteren Positivismus ausgestaltet wurde zu dem uns heute beschäftigenden Satze, daß alle generellen Rechtsanordnungen grundsätzlich durch Gesetz erlassen werden müssen. Diese — fast unbegrenzte — Erweiterung des Gesetzes oder Rechtssatzbegriffes hat notwendig auch eine ebenso große Erweiterung der Zuständigkeit des Parlaments gebracht. Sie hat das Parlament überhaupt erst genötigt, für viele vorübergehende Fragen Gesetze zu erlassen, weil man nunmehr nicht mit administrativen Maßnahmen und den bisherigen Verordnungen auskam. Ähnliche Probleme ergeben sich beim Gewaltverhältnis in seiner Beziehung zu diesem weiten Rechtssatzbegriff. Solange man dem Bereich der Gewaltverhältnisse einen weiten Umfang gab, konnte man zahlreiche Fragen, etwa des Schulrechtes oder Beamtenrechtes, intern ohne Rechtssatz regeln. Je weiter der Rechtssatzbegriff ausgedehnt wurde, desto mehr flüchtige und vorübergehende Regelungen fielen dem Parlamente zu.

Wir haben uns also an diesem Punkte die Frage vorzulegen: Aus welchem Gesichtspunkt soll eigentlich ein temporäres oder ein singuläres Gesetz des Parlamentes unzulässig sein? Ich stimme ganz mit den beiden Vortragenden überein, daß man hier den Grundsatz der Gewaltenteilung nur mit großer Vorsicht anführen kann, ganz abgesehen davon, daß dieser Grundsatz in den verschiedenen Ländern der Welt einen sehr verschiedenen Inhalt hat. Beispielsweise hindert der Grundsatz der Gewaltenteilung die angelsächsischen Staaten nicht daran, das Einzelgesetz ohne weiteres anzuerkennen. So ist wohl der Grundsatz der Gewaltenteilung in diesem Zusammenhang nur dort anzuführen, wo das Gesetz des Parlaments in die Rechtssphäre einer anderen Gewalt unter Verfassungsverletzung eingreift. Daß das — wie Herr Menger mit Recht hervorgehoben hat — vor allen Dingen bei der Justiz gilt, ist unstreitig. Im Gebiet der Rechtspflege ist es unzulässig, daß das Parlament sich an die Stelle des Richters setzt. Auch hier ging bekanntlich das angelsächsische Recht in älterer Zeit andere Wege, was damit zusammenhängt, daß das englische Parlament ein High Court of Parliament ist, also selbst als oberster Gerichtshof fungieren konnte. Es ist bekannt, daß die Supremacy of Parliament in England nicht die Übertragung der Herrschaft des Königtums auf das Parlament oder eine Eigenschaft des Parlaments als Legislative ist, sondern Supremacy of Parliament folgt im englischen Recht aus der Eigenschaft des Parlaments als oberstes Gericht. Es ist ein Court, dessen Ausspruch kein anderer Court in Frage stellen kann, weil es der höchste Court des Landes ist. Auf dem Kontinent ist hingegen entscheidend: das Parlament darf nicht judizieren. Ein Gesetz, das ein Urteil vorwegnimmt oder ein erlassenes Urteil aufhebt, ist unzulässig. Das können wir aus der Verfassung entnehmen. Dazu brauchen wir gar keine Theorie des Maßnahmengesetzes. Es steht in Artikel 102, daß Ausnahmegerichte unzulässig sind und niemand seinem gesetzlichen Richter entzogen werden kann. Das sind alte Sätze des grundrechtlichen Teils.

Schwieriger ist es bei Übergriffen des Parlamentes in die Exekutive. Hier berührt sich die Problematik, vor der wir stehen, mit gegenwärtigen politischen Entwicklungen. Die modernen Parlamente werden infolge der schwindenden Gewaltenteilung mehr und mehr die eigentlichen Leiter der Verwaltung.

Das Parlament leitet die Verwaltung heute folglich weniger durch Einzeleingriffe als durch eine fortlaufende Änderung der Gesetze. Wir sind auf dem Gebiete des Wirtschaftsrechtes daran gewöhnt, daß das Parlament immer von neuem die Gesetze ändert. Das ist in Wahrheit eine mehr administrative als legislatorische Tätigkeit. Dagegen können wir aber nicht von einem Begriff des Gesetzes aus vorgehen. Hier liegt ein Mangel vor, der aus der Verfassungsstruktur heraus berichtigt werden müßte, ein Ziel, das durch eine Selbständigerstellung der Exekutive und durch eine Begrenzung der legislatorischen Tätigkeit erreicht werden müßte. Wenn so die Gewaltenteilung nicht als Maßstab dienen kann, so ist das eigentlich entscheidende Prinzip der egalitäre Zug der Demokratie. Die Demokratie gestattet keine Individualgesetze. Hier ist der eine Ansatz des Verbotes von Individualgesetzen. Der zweite liegt im Rechtsstaatgedanken. Der Rechtsstaatgedanke schließt ebenfalls die Gleichheit ein, freilich eine Rechtsgleichheit, nicht so sehr eine soziale Gleichheit. Auch er verbietet Individualgesetze. Der Erlaß der Steuer für ein großes Industrieunternehmen erscheint sowohl der Demokratie wie dem Rechtsstaat als unzulässig. Ich würde — den Ausführungen des Herrn Kollegen Klein im wesentlichen zustimmend — sagen: der alte Begriff des Individualgesetzes deckte nur den Fall des sogenannten Personengesetzes, nicht des Einzelfallgesetzes, oder jedenfalls dieses nur dann, wenn es ein verhülltes Personengesetz war. Das temporäre Gesetz ist in der Regel überhaupt rechtlich zulässig, wenn es für einen echten vorübergehenden Bedarf erlassen wird. Man sollte sich hüten, durch eine Erweiterung des Begriffes des verfassungsrechtlich unzulässigen Individualgesetzes zu weit zu gehen. Ich würde davor warnen, aus der Kritik an der aktuellen Gesetzespraxis heraus zu einer neuen weiteren Kategorie des verfassungsrechtlich unstatthaften Gesetzes, zum Maßnahmengesetz zu kommen. Man mag das Investionshilfegesetz nicht sehr schätzen. Aber die Auffassung, daß es deshalb ungültig sei, weil es ein Gesetz für kurze Zeit war, das in einem besonderen Fall einen Ausgleich zwischen dem einen und anderen Teil der Industrie herbeigeführt hat, das scheint mir aus dem Grundgesetz nicht herauszulesen sein.

Lassen Sie mich nur noch einen Gedanken aussprechen. Der zweite Zusammenhang, über den wir hier gesprochen haben, daß allzu viele vorübergehende und oft geänderte Gesetze erlassen werden, ist eine Krankheit aller Länder. Ich habe gerade vor mir hier eine Vortragsreihe, die im letzten Winter in Brüssel über die belgischen Verhältnisse gehalten wurde. Dort ist in einer Zusammenstellung erwähnt worden, daß im Jahre 1852 38 Gesetze, 53 königliche und 5 ministerielle Verordnungen ergingen, im Jahre 1952 — ein Jahrhundert später — 148 Gesetze, 489 königliche Verordnungen und 217 ministerielle Verordnungen. Das ist der Tatbestand des heutigen Verwaltungsstaates, der diese Rechtsflut erzeugt, unter der sowohl die Parlamente wie die Verwaltung seufzen. Hiergegen Abhilfe zu treffen, ist keineswegs durch den Gesetzesbegriff möglich. Die Abhilfe liegt hier ausschließlich im Parlamentsverfahren, nicht in der Struktur des Verhältnisses von Exekutive und Legislative. Da das über unser Thema hinausführt, will ich nur ganz kurz die Gesichtspunkte andeuten: Muß wirklich das Parlament so viele Einzelheiten regeln? Da diese Einzelheiten notwendig kurzfristig sind und daher immerfort neue Gesetzesänderungen verlangen, sollte man nicht mehr der Exekutive delegieren? Sollte man nicht Formen schaffen, in denen Exekutivverordnungen die Genehmigung des Parlaments erfordern, aber nicht vom Parlament selbst erlassen werden? Es ist bekannt, daß eine Erweiterung des Verordnungsrechts durch das Grundgesetz (Artikel 80) beschränkt ist und daß die offizielle Auffassung sich sogar noch bemüht hat, den Artikel 80 möglichst starr auszulegen, so daß die Verordnungsgewalt der Exekutive allzusehr beschränkt wurde. In anderen Ländern erwägt man schon den Gedanken, den Erlaß mancher Verordnungen dem Parlament beigeordneten Ausschüssen oder Beiräten zu übertragen — wie das auch in den erwähnten belgischen Vorschlägen anklang —, ein Verfahren, gegen das man sehr viele Bedenken anmelden könnte.

Endlich darf in diesem Zusammenhang die Frage aufgeworfen werden, ob nicht überhaupt die Vielgesetzgeberei unserer heutigen Zeit durch eine größere Sammlung des Gesetzesstoffes — also durch eine größere Beschränkung in der gesetzgeberischen Tätigkeit — aufgehalten werden könnte. Das hängt freilich mit Erscheinungen des modernen Wohlfahrtsstaates zusammen, dessen Ruf nach sozialem Ausgleich eine sehr detaillierte Gesetzgebung und häufige Anpassung deren Regeln nötig macht. Weiter darf ich in diesem Zusammenhang noch darauf hinweisen, daß gewisse formelle Maßnahmen des Parlamentes, wie den Haushaltserlaß oder die Zustimmung zu Verträgen, durch Beschluß statt durch Gesetz erlassen werden könnten, wobei man sich freilich darüber klar werden muß, daß sowohl das parlamentarische Verfahren identisch sein muß wie auch die Verkündung im Gesetzesblatt notwendig werden wird. Wir kommen hier auf die Frage, ob nicht ein Souverän, der sehr viele Rechtsätze erläßt, zweckmäßig handelt, wenn er diese Rechtsätze nach ihrer Bedeutung durch die Bezeichnung differenziert. Die Monarchie hat das immer getan. Sie hat gewisse wichtige Erlasse hervorgehoben. Das ist unseren Parlamenten fremd. Nachdem sie aber der Hauptträger der Gesetzgebung geworden sind, ließen sich solche Gedanken vielleicht auch auf sie übertragen.

Abschließend möchte ich feststellen, daß es mir bedenklich erscheint, durch die Verwendung einer so vagen Vorstellung wie der des Maßnahmegesetzes eine Kontrolle der Verfassung und der Art der Gesetzgebung unter Appell an eine Ausdehnung der Rechtssprechung zu suchen. Die Verfassungsrechtssprechung hat ihren guten begründeten Platz. Aber man darf sie nicht überfordern. Ihr Maßstäbe an die Hand zu geben, die mehr oder weniger auf unbestimmte Werturteile hinausliefen, würde ich nicht für einen Gewinn des Verfassungsrechts halten. Kurz und gut: Im ganzen scheint mir der Begriff des Maßnahmegesetzes kaum einen wesentlichen Fortschritt zu bedeuten.

M e r k - Tübingen:

Ich möchte nur zu 4 Punkten das Wort ergreifen. — Zunächst habe ich Bedenken dagegen, daß die Grenzen zwischen sog. „Normgesetzen" mit an der Gerechtigkeit ausgerichteten Rechtsätzen und sog. „Maßnahmegesetzen" mit aus Anlaß einer bestimmt gegebenen Sachlage erlassenen, rein zweckbestimmten, Rechtsätzen so scharf gezogen werden, wie es im 1. Vortrage geschehen ist. Mir scheinen die Grenzen in gewissem Grade flüssig zu sein. Einerseits ist das Zweckmerkmal auch bei den sog. Normgesetzen nicht zu übersehen. Denken wir an Zweckmäßigkeitsbestimmungen, wie sie sich vielfach in Verfahrensgesetzen, z. B. hinsichtlich der Rechtsmittelfristen, aber auch im sachlichen Recht, wie z. B. bei den Verjährungsfristen, finden; soll man an diesen Gesetzen eine Aufspaltung vornehmen, je nachdem der Zweckgedanke oder der Gerechtigkeitsgedanke bei den einzelnen Rechtsätzen überwiegt? Freilich stehen doch auch diese Zweckmäßigkeitsbestimmungen im letzten Grunde im Dienste der Gerechtigkeit. Auf der anderen Seite wird nicht in Abrede zu stellen sein, daß auch die sog. Maßnahmegesetze unter dem Gebote der Gerechtigkeit, dem Gleichheitsgrundsatze usw., stehen; daß sie lediglich zweckbestimmt seien, wie gesagt worden ist, möchte ich nicht annehmen, weil es sich auch hier nach den Ausführungen des Herrn 1. Redners um Rechtsätze handelt. Im übrigen werden doch auch die sog. Normgesetze regelmäßig durch einen bestimmten Anlaß ausgelöst und aus ganz bestimmten Gründen und zu bestimmten Zwecken erlassen; man denke z. B. an die Sozialversicherungsgesetze, Arbeitsschutzgesetze, Kriegsopferversorgungsgesetze, das KraftwagenfallenG. Sie stehen also auch nicht nur unter dem Gerechtigkeitsgedanken; insofern sind die sog. Normgesetze auch Maßnahmegesetze, wie umgekehrt nach dem vorhin Bemerkten die Maßnahmegesetze auch Normgesetze. Wenn im übrigen bei den Maßnahmegesetzen noch auf die Regelung eines zeitlich oder zahlenmäßig begrenzten Kreises von Sachverhalten als ein weiteres Merkmal abgehoben wurde, so dürfte dies zwar, wie insbesondere der vorübergehende Zweck, für manche Fälle eine gewisse Berechtigung haben, im ganzen aber doch eine willkürliche Einengung des Begriffs der Maßnahme sein, die eine klare Abgrenzung nicht ergibt; auch die in Art. 48, Abs. 2 Weim.RV vorgesehenen „Maßnahmen“, deren Begriff dort auftaucht, wiesen eine derartige Beschränkung nicht auf, wie auch die auf Grund dieser Bestimmung erlassenen gesetzvertretenden Verordnungen z. T. Jahre und Jahrzehnte lang bestanden haben.

Weiter kann man m. E. nicht sagen, wie es der Herr 1. Redner getan hat, daß die sog. Maßnahmegesetze schlechtweg nur als Fälle gestaltender Regierung und Verwaltung zulässig seien (Ziff. III, 2 d. Leits.) oder „dem Bereiche der Regierung und Verwaltung angehören“. Das ist mir nicht ganz verständlich, da ja nach Ziff. I, 1 der Leitsätze als Gesetz jeder Rechtsatz gelten soll, der in der verfassungsmäßig für Gesetze vorgeschriebenen Weise zustandegekommen ist, d. h. also doch wohl Gesetz im sachlichen und im förmlichen Sinne ist. Läßt sich das wirklich sagen mit Bezug auf die Rechtsätze — nur von ihnen ist ja die Rede —, die durch solche Maßnahmegesetze erlassen werden, im Hinblick darauf, daß nach dem Grundsatz der Gewaltentrennung (Art. 20, Abs. 2 GG) der Erlaß von Rechtsätzen grundsätzlich dem Träger der gesetzgebenden Gewalt, d. h. der Volksvertretung, vorbehalten, die Regierung und Verwaltung aber ihm grundsätzlich, soweit nichts Besonderes bestimmt ist, entzogen ist? Es scheint doch, als ob hier vor allem, und zwar zu sehr, an die — nicht ausdrücklich erwähnten — gesetzvertretenden Verordnungen der vollziehenden Gewalt gedacht ist, wie sie insb. in der Weimarer Zeit auf Grund der außerordentlichen Gewalt (sog. Diktaturgewalt) vom Reichspräsidenten nach Art. 48, Abs. 2 RV erlassen worden sind. Es ist doch dem Träger der ordentlichen gesetzgebenden Gewalt grundsätzlich nicht verwehrt, auch aus besonderem Anlaß oder für vorübergehende Zwecke Gesetze zu erlassen; man denke an Soforthilfegesetze, Wohnungsbaugesetze, das InvestitionshilfeG usw. Daß infolge des vorwiegenden Zweckgedankens, wenn wir ihn bei gewissen Gesetzen feststellen können, eine gewisse Verwandtschaft mit der weitgehend nach freiem pflichtmäßigen Ermessen erfolgenden Tätigkeit der Regierung und Verwaltung besteht, soll damit nicht in Abrede gestellt werden; aber deshalb von „Fällen gestaltender Regierung und Verwaltung" zu sprechen, erscheint nicht angängig.

Daß durch sog. Maßnahmegesetze bestehendes Recht nicht soll abgeändert werden können, wie unter Ziff. III, 3 der Leitsätze des Herrn 1. Redners schlechthin gesagt ist, möchte ich in dieser Allgemeinheit bezweifeln. Wohl gilt dies ja grundsätzlich für Handlungen der Regierung und Verwaltung, an die wohl hier wieder gedacht ist. Aber es galt nicht für Art. 48 Weim.RV und gilt z. B. auch nicht für die Notstandsgesetze des Art. 81 GG, die nur eine Schranke in den Bestimmungen der Verfassung finden, die nicht geändert noch auch ganz oder teilweise außer Kraft oder außer Anwendung gesetzt werden können. Wie soll das im übrigen mit dem Grundsatze, daß das spätere Gesetz das frühere aufhebt und aufheben kann, in Einklang zu bringen sein? Die unter Ziff. III, 1 der Leitsätze erwähnten Schranken für Maßnahmegesetze, die sich aus dem sachlich-rechtlichen Gefüge des GG ergeben und die Unzulässigkeit von Eingriffen in den grundrechtlich gesicherten Freiheitsbereich oder in die Zuständigkeit des gesetzlichen Richters enthalten, gilt — unbeschadet des Vorbehalts des Gesetzes — m. E. für Gesetze aller Art. Daß weiter die Anwendbarkeit der Maßnahmegesetze unter dem aus dem Völkerrecht bekannten Grundsatze der veränderten Verhältnisse stehe, wird in dieser Weise auch nicht anzuerkennen sein; es wird vielmehr wohl in erster Reihe in Frage kommen, ob sich noch Sachverhalte der bestimmten Art ereignen können, und im übrigen gegebenenfalls sich die Gegenstandslosigkeit wegen Zweckerledigung ergeben oder zur Aufhebung geschritten werden können. Sodann ist unter Ziff. III, 4 der Leitsätze gesagt, daß Maßnahmegesetze dem Grundsatze der Verhältnismäßigkeit von Zweck und Mitteln genügen müßten; aber welche rechtliche Bedeutung das haben soll, insbesondere, welche Rechtsfolgen sich an die Nichtbeachtung knüpfen, ist nicht gesagt — etwa, daß, abgesehen von der gerichtlichen Rechtsatzüberprüfung durch das BVerfG bei Verstößen gegen verfassungsrechtliche Bestimmungen, wegen Ermessensmißbrauchs oder Ermessensüberschreitung die Verfassungsbeschwerde nach § 93 BVerfGG in Betracht kommt.

Nach alledem scheint mir die ganze Unterscheidung zwischen sog. Normgesetzen und Maßnahmegesetzen, wie sie hier vorgenommen worden ist, rechtlich der genügenden Klarheit und Bestimmtheit zu entbehren; es ist doch fraglich, ob sie fruchtbar ist, zumal sie sich auf Gesetze im sachlichen Sinne, Rechtsatzgesetze, beschränkt: es handelt sich allenfalls um Gradesunterschiede, aber nicht um Wesensunterschiede. Demgegenüber erscheint mir bedeutsam einmal bei den Gesetzen im sachlichen Sinne die Unterscheidung zwischen allgemeinen Gesetzen und Einzelfallgesetzen. Darauf ist hier nicht näher einzugehen; es sei nur bemerkt, daß auch die Einzelfallgesetze, die für einen einzelnen bestimmten Sachverhalt bestimmt sind und in deren Regelung sich ihre Geltungskraft erschöpfen soll, nach unserem Recht nicht schlechtweg ausgeschlossen sind, soweit nicht besondere Verfassungsbestimmungen entgegenstehen, wie Art. 19, Abs. 2 GG bezüglich des Vorbehalts des Gesetzes bei Grundrechten oder der Gleichheitsgrundsatz nach Art. 3. Gerade das InvestitionshilfeG ist z. B. ein solches Einzelfallgesetz, wie es auch sonst für einmalige Maßnahmen in Betracht kommen kann. Im übrigen dürfen doch auch in diesem Zusammenhang Gesetze im bloß förmlichen Sinne nicht außer Acht gelassen werden. So z. B. sog. Vollzugsgesetze, wo es sich nicht um den Erlaß von Rechtsätzen handelt, sondern um einen bloßen Vollzug von bestehenden Rechtsätzen, d. h. um Verwaltungsverfügungen im sachlichen Sinne, aber in Gesetzesform, die einzelne bestimmte, gegebene, Sachverhalte gestalten, wie z. B. eine Enteignung, wenn sie nach Art. 14, Abs. 3 GG durch Gesetz vorgenommen wird. Ferner sind hier anzuführen Haushaltsgesetze, die Finanzbeihilfen, wie insbesondere verlorene Zuschüsse, für bestimmte Zwecke vorsehen, sowie Gesetze über die Gewährung von Darlehen — wie z. B. für den Wiederaufbau der deutschen Handelsflotte — oder über die Übernahme von Bürgschaften oder sonstigen Sicherheitsleistungen, die der Form des Gesetzes bedürfen. Warum alle diese Erscheinungen aus dem Begriffe der sog. Maßnahmegesetze ausgeschieden sind (Leitsatz II, 1), ist nicht einzusehen. — Abschließend möchte ich zu diesem Punkte sagen: Maßnahmen des Staates sind m. E. staatliche Willenshandlungen — insbesondere Willenserklärungen — zur Erreichung eines bestimmten Erfolges außerhalb der Rechtsprechung der Gerichte; sie können ergehen als Rechtsatz — allgemeiner Art oder im Einzelfalle — oder als rechtliche oder tatsächliche Gestaltung einzelner bestimmter gegebener Sachverhalte; durch die gesetzgebende Gewalt — als Gesetz im sachlichen oder im bloß förmlichen Sinne — oder durch die vollziehende Gewalt — als Verordnung (insbesondere gesetzvertretende VO), Satzung oder Vereinbarung auf gesetzlicher Grundlage, als Verwaltungsverfügung oder sonstige Verwaltungshandlung, z. B. auch tatsächlicher Art —.

Nun der zweite Punkt. Ich bin der Auffassung, daß an der Unterscheidung zwischen Gesetz im sachlichen und im förmlichen Sinne festgehalten werden sollte, nämlich, ob es sich handelt um den verbindlichen Erlaß von Rechtsätzen, wie dies durch Verfassung, Gesetz, Verordnung, Satzung oder Vereinbarung erfolgen kann, oder aber um eine staatliche Willenserklärung, die im Wege der Gesetzgebung durch den Träger der gesetzgebenden Gewalt erfolgt. So sind Rechtsätze, die durch den Träger der gesetzgebenden Gewalt im Wege der Gesetzgebung erlassen werden, Gesetze im sachlichen und im förmlichen Sinne, während z. B. Haushaltsgesetze, Gesetze über die Aufnahme von Darlehen oder die Übernahme von Bürgschaften oder sonstigen Sicherheitsleistungen, wie schon bemerkt, Gesetze im bloß förmlichen Sinne sind, weil sie keine Rechtsätze enthalten. Ich sehe nicht ein, warum wir diese Unterscheidung aufgeben sollen.

Der dritte Punkt betrifft den Leitsatz Ziff. II, 3 des 2. Herrn Berichterstatters, daß in Rechtsdenken und Rechtsordnung sich zwei Geltungsbegriffe gegenüberstehen, die „Geltung kraft Setzung“ und die „Geltung kraft Wertteilhabe“ und die Rechtsordnung des neuzeitlichen Staates auf dem Vorrang der Geltung kraft Setzung beruhe. Dem vermag ich nicht so einfach zuzustimmen. Es sei dazu zunächst daran erinnert, daß schon Platon in seinen „Gesetzen“ den Gedanken ausgesprochen hat, daß die Gesetze, die nicht um des allgemeinen Besten willen gegeben werden, sondern den Belangen einer Partei dienen, nicht Staatssache, sondern Parteisache seien und dem durch sie bestimmten sog. Recht jeder Anspruch auf diesen Namen abzusprechen sei. Auch im deutschen Mittelalter bestand durchaus der Gedanke, daß das Recht auf der Rechtsüberzeugung des Volkes beruhe. Es sei hingewiesen auf den Krönungseid des deutschen Königs, der nach dem Sachsenspiegel nach seiner Wahl zu schwören hatte, daß er das Recht stärken, das Unrecht kränken und das Reich in seinen Rechten vertreten werde, so gut er könne und möge. Es lag dem die Auffassung zugrunde, daß das Recht nicht künstlich oder gar willkürlich gemacht werden könne, also lediglich auf einem Setzungswillen beruhe, etwa des „Fürsten Wille Gesetz“ sei, sondern daß es als eine Ordnung von Natur aus bestehe und gegebenenfalls im Gewissen gefunden werde; nach der Annahme des Christentums wurde es auf Gott zurückgeführt, wie wir denn im Vorwort des Sachsenspiegels lesen können: „Gott ist selber Recht.“ Demgemäß stand auch der Staat und die Staatsgewalt des Herrschers unter, und nicht über, dem Recht. Noch in der Zeit des unbeschränkten Fürstenstaates hat man bei uns in der Aufklärungsphilosophie, insbesondere bei Christian Wolff und Pütter, daran festgehalten, daß die unbeschränkte Gewalt dem Herrscher nur zum allgemeinen Besten durch den Staatsvertrag eingeräumt und eine Abweichung davon rechtswidriger Mißbrauch sei; es konnte deswegen, wie auch wegen Verletzung wohlerworbener Rechte, der Landesherr von den Untertanen bei den obersten Reichsgerichten verklagt werden, solange er nicht ein unbeschränktes Vorrecht des Berufungsausschlusses vom Reiche erlangt hatte. Und wenn auch einzelne Herrscher im unbeschränkten Fürstenstaat betont haben, daß sie Träger unbeschränkter höchster Gewalt seien, so haben sie doch auch z.T. bei uns ausgesprochen, wie z. B. König Friedrich Wilhelm I. von Preußen, daß sie ein Amt von Gott haben, und — wenn auch nicht gegenüber anderen Menschen, so doch — vor ihm und dem eigenen Gewissen hierfür verantwortlich seien; Friedrich der Große hat sich dann bekanntlich nur als den ersten Diener des Staates bezeichnet: das öffentliche Wohl blieb hier als Maßstab für die Herrschertätigkeit anerkannt. Im übrigen kann man doch wohl sagen, daß wir vollends nach der nationalsozialistischen Zeit von der Gegebenheitslehre (dem sog. Positivismus) losgekommen sind. Der Gedanke der Rechtssicherheit hat sicherlich seine Bedeutung; aber er darf nicht einseitig gegenüber dem Rechtsgedanken in den Vordergrund gerückt werden. So bestimmt denn auch das GG in Art. 1 die Unantastbarkeit der Menschenwürde und die Bindung auch der Gesetzgebung an die Grundrechte sowie in Art. 20, daß die vollziehende Gewalt und die Rechtsprechung an Gesetz „und Recht" gebunden sind. Das ist — so kann man doch wohl sagen — in gewisser Hinsicht eine Erneuerung des altdeutschen Rechtsgedankens, daß eben nicht der bloße Wille und die bloße Setzung auch des obersten Machtträgers im Staate „Recht" ist, sondern die Setzung inhaltlich mit Bezug auf die Grundrechte unter dem Rechte steht und im übrigen durch den Rechtsgedanken getragen sein muß, wenn es als Recht im vollen Sinne des Wortes soll angesprochen werden können im Gegensatz zur Willkür eines Gesetzgebers. Danach sollte man m. E. nicht einfach von der Geltung kraft Setzung sprechen und ihr die Geltung „kraft Wertteilhabe" als etwas davon Verschiedenes gegenüberstellen; vielmehr sollte man daran festhalten, daß im Gesetz grundsätzlich die sittliche Vernunft des Volkes zum Ausdruck kommen soll, und nicht der durch eigensüchtige Belange bestimmte Wille eines Einzelnen oder einer Gruppe von Menschen.

Endlich ein letzter Punkt. Wenn im Leitsatz Ziff. II, 4 des 2. Herrn Berichterstatters gesagt wird, daß in der Vorordnung des Zweckes vor der Setzungsgeltung eines Rechtssatzes der Übergang vom Boden der Geltung kraft Setzung auf den der Geltung kraft Wertteilhabe zu erblicken sei, so möchte ich doch Bedenken dagegen erheben, daß man in dieser Weise Zweck und Wert — diesen im gegenständlichen Sinne verstanden — einfach einander gleichstellt. Ein willkürliches „Gesetz" eines unbeschränkten Machthabers mag wohl einen bestimmten Zweck verfolgen; aber ob ihm Rechtswert zukommt, ist damit noch gar nicht gesagt, vielmehr erst noch und gerade die Frage.

Kaiser-Freiburg:

Die Begriffsbestimmung der Maßnahme durch den Herrn Erstreferenten enthält ein Element, dem ich nicht voll zustimmen kann. Bedenken habe ich gegen die Auffassung, die die Orientierung an der Idee der Gerechtigkeit als ein Merkmal der Unterscheidung zwischen Maßnahmegesetz und einem Gesetz, das nicht Maßnahme ist, einführt. Es ist zu diesem Element in dem vorausgehenden Diskussionsbeitrag schon einiges gesagt worden. Ich darf mir erlauben, ergänzend dazu noch kurz folgendes zu bemerken.

Ich hoffe, ich habe Herrn Kollegen Menger richtig verstanden. Eine Bestätigung für die Bedeutung, die er der Orientierung an der Gerechtigkeitsidee als Unterscheidungsmerkmal beimißt, finde ich in dem Leitsatz II 3:

> „Wenn in einem Maßnahmegesetz der Keim für die Aufrichtung einer gerechten Ordnung schlummert und sich dieser Keim so kräftig entwickelt, daß die Zweckhaftigkeit zurücktritt, kann von einem Maßnahmegesetz nicht mehr gesprochen werden."

Eine noch deutlichere Bestätigung für die Bedeutung jenes Kriteriums im Erstbericht zeigte sich in der mündlichen Begründung des Leitsatzes III 5 letzter Teil: Strafen sollten, wenn ich mich recht erinnere, deshalb nicht angedroht werden, weil Maßnahmegesetze nach der Auffassung des Herrn Erstberichterstatters nicht auf der Rechtsidee gründen.

Demgegenüber bin ich der Meinung, daß die Idee des Rechts oder die Idee der Gerechtigkeit kein Unterscheidungsmerkmal sein kann und auch nicht sein darf. Wie immer man das Verhältnis zwischen Gesetz, Recht und Gerechtigkeit bestimmen mag, für das Maßnahmegesetz gilt nichts besonderes. Es scheint mir auch, daß die Regelung eines konkreten Sachverhalts durch ein Maßnahmegesetz geradezu eine Forderung der Gerechtigkeit, etwa des Postulats „suum cuique“ sein kann. Ich habe gern den Ausführungen von Herrn Wehrhahn, wenn ich sie richtig verstanden habe, eine gewisse Kritik an der von mir angegriffenen These von Herrn Menger entnommen.

Wenn es erlaubt ist, noch gegen einen zweiten Punkt des Herrn Erstberichterstatters Bedenken vorzutragen, dann gegen die Auffassung, daß eine konkrete Situation, wie sie durch ein Maßnahmegesetz geregelt wird, logisch nicht unbegrenzt andauern könne. Gestatten Sie ein Beispiel: Herr Menger hat in einem anderen Zusammenhang die Subventionierung der Eiererzeugung genannt. Nun ist es doch, wie mir scheint, leicht vorstellbar, daß in einem hochindustrialisierten Staat die Lage der Landwirtschaft andauernd derart ist, daß solchen Maßnahmegesetzen wie anderen Gesetzen Dauer zukommt. Ich glaube, daß die These von der logischen Unmöglichkeit eines unbegrenzt andauernden durch Maßnahmegesetze zu regelnden Zustandes nicht leicht in Übereinstimmung gebracht werden kann mit dem Leitsatz I 4, in dem von einem zeitlich oder zahlenmäßig begrenzten Kreis von Sachverhalten gesprochen wird.

Forsthoff-Heidelberg:

Ich habe mich erst im Laufe der Diskussion zum Wort gemeldet, weil das Wort — ich will nicht sagen der Begriff — Maßnahmegesetz durch meinen Beitrag zur Gedächtnisschrift für Walter Jellinek mit meinem Namen in gewisser Weise verbunden ist.

Ich möchte zu den Anzweiflungen der begrifflichen Fixierbarkeit des Maßnahmegesetzes bemerken, daß ich den Begriff jederzeit preiszugeben bereit bin, daß ich es aber unter keinen Umständen für zulässig erachte, an dem sachlichen Problem vorbeizugehen oder es auch nur zu bagatellisieren, das mit dem Wort Maßnahmegesetz getroffen werden soll. Damit meine ich folgendes:

Unser Rechtsstaat leistet die Gewähr der gesetzlichen Freiheit in ganz bestimmten Formen und durch deren Beobachtung. Dazu gehört auch die Gewaltenteilung. In Abweichung von dem, was hier mehrfach vorgetragen wurde, wie von Herrn Wehrhahn und Herrn Scheuner, bin ich der Meinung, daß die Gewaltenteilung für die Sache, von der hier die Rede ist — ich lasse das Wort Maßnahmegesetz beiseite — sehr erhebliche Bedeutung hat. Die Gewährleistung der gesetzlichen Freiheit beruht nach dem Grundgesetz (Art. 20) auf der Voraussetzung, daß Normsetzung und Normvollziehung in verschiedenen Händen liegen. Die Gewaltenteilung ist nicht eine gewöhnliche Kompetenzverteilungsnorm. Sie beruht auf der Einsicht, daß die drei Gewalten qualitativ verschieden sind, daß also auch Normsetzung und Normvollzug qualitativ geschieden werden müssen.

Diese qualitative Unterscheidung beherrscht das rechtsstaatliche System des Rechtsschutzes. Wenn die Gesetze Rechtsmittel grundsätzlich nur gegen Verwaltungsakte zulassen, dann gehen sie davon aus, daß nicht die Gesetze, sondern die Akte der Verwaltung in Freiheit und Eigentum des Einzelnen eingreifen und daß diese Akte in einer gewissen Selbständigkeit von der Verwaltung erlassen werden; denn nur unter dieser Voraussetzung hat es einen Sinn, daß die Verwaltung im Rechtsmittelverfahren für ihre Akte einstehen muß.

Es gehört zu den wesentlichen Merkmalen des Maßnahmegesetzes, daß mit ihm die gesetzgebende Gewalt in den Vollzug übergreift, indem sie selbst zur Aktion schreitet. Das kann in solchem Umfange geschehen, daß der Verwaltung die Möglichkeit selbständiger Entscheidungen nicht mehr verbleibt, da alle Entscheidungen bereits im Gesetz vorweggenommen sind.

Ich habe meine Bedenken gegen eine solche Art von Gesetzgebung, die man sehr wohl aus Art. 20 GG herleiten kann, in der erwähnten Abhandlung angemeldet. Anschaulich und zutreffend hat, wenn ich nicht irre, Herr Wehrhahn ausgeführt, daß auf diese Weise das Gewaltenteilungsprinzip, also immerhin ein unabänderbares Kernstück des Grundgesetzes, unterwandert wird. Kein verantwortungsbewußter Jurist wird diese Bedenken gegen den Übergriff der Gesetzgebung in die Verwaltung bagatellisieren können. Wenn man sich überhaupt entschließen will, diese Bedenken angesichts der Realitäten des modernen Staatslebens zurückzustellen, und das habe ich getan, dann halte ich das nur für vertretbar, falls dem besonderen Charakter solcher Gesetze, die in den Bereich der Verwaltung übergreifen, unter dem Gesichtspunkt des Rechtsschutzes Rechnung getragen wird.

Der Rechtsstaat würde zweifach preisgegeben, wenn der Einzelne durch einen Staatshoheitsakt, der zwar als Gesetz firmiert, aber im einzelnen genau festlegt, was für diesen Einzelnen rechtens ist (um an Otto Mayers Definition des Verwaltungsakts zu erinnern) auch noch des Rechtsschutzes beraubt würde, den er gegenüber einem Vollzugsakt der Verwaltung haben würde.

Will man diese zweifache Verleugnung des Rechtsstaats vermeiden, so sieht man sich zu der Annahme genötigt, daß der Gesetzgeber, wenn er schon verwaltet, auch der Rechtskontrolle unterworfen sein muß wie ihr die Verwaltung unterworfen ist.

Ich verkenne die schwierigen Fragen nicht, die damit aufgeworfen sind. Ich erwähne nur den Begriff des gesetzgeberischen Ermessens, der damit in das Blickfeld tritt und bisher noch nicht im einzelnen untersucht worden ist. Doch will ich dem beileibe nicht weiter nachgehen. Nur dies möchte ich mit aller Schärfe hervorheben: ob man den Begriff des Maßnahmegesetzes anerkennt oder ablehnt, ist von sekundärer Bedeutung. Nicht ausweichen kann man aber der Situation, die entsteht, wenn der Gesetzgeber in den Formen der Gesetzgebung verwaltet. Mit dieser Situation muß man sich unter dem Gesichtspunkt des Rechtsschutzes auseinandersetzen. Darin schlüsselt sich das Thema, das wir behandeln; hier geht es um die praktischen Konsequenzen seiner Problematik.

Ich bin prinzipiell anderer Meinung als Herr Scheuner, der meint, man habe es mit einer allgemeinen Verfassungswandlung zu tun, auf deren Boden man sich stellen müßte. Ich muß ihm auch widersprechen, wenn er meinen Erwägungen zum Rechtsschutz gegenüber Maßnahmegesetzen entgegenhält, man dürfe das Bundesverfassungsgericht und die sonstigen Gerichte nicht überfordern. Von dieser Überforderung wird seit Jahren viel gesprochen. Ich halte sehr wenig davon, denn ich habe unter den Entscheidungen der Gerichte seit dem Inkrafttreten des Grundgesetzes bisher keine gefunden, die an den Richter Anforderungen gestellt hätte, denen ein qualifizierter Jurist nicht hätte genügen können. Offenbar soll vielfach mit der Feststellung der Überforderung ein Zweifel daran geäußert werden, ob man gut daran getan hat, die Kompetenz der Gerichte, vor allem des Bundesverfassungsgerichts wie geschehen zu bemessen. Aber das ist eine Frage für sich, die uns hier nichts angeht.

Das Bundesverfassungsgericht hat in dem Urteil zum Investitionshilfegesetz eine weitergehende Prüfung verweigert, allerdings nur mit dem Satz, es wäre nicht einzusehen, warum solche Gesetze mit anderen Maßstäben gemessen werden sollten als normale Gesetze, die generelle Normen enthalten. Ich halte das nicht für ein Argument, mindestens nicht für ein befriedigendes.

Zum Schlusse möchte ich allgemein noch folgendes sagen: mir scheinen diese Fragen aus folgendem Grunde vordringlich. Wir haben — die Erfahrungen unserer Tage bestätigen es wieder — nach den Jahrzehnten verschiedenartigster Staatsumbrüche kein Staatsbewußtsein mehr. Wir leben insofern in einer gefährdeten Wirklichkeit. In dieser Wirklichkeit sind uns die entscheidenden Hilfen die Formalhilfen, die technischen Hilfen, die sozusagen das technische Gerüst das Handelns sind, die das Grundgesetz enthält. Darum habe ich seinerzeit in Bonn die Formel vom sozialen Rechtsstaat aus dem Verfassungsbereich ausklammern wollen, weil sie mir die Fungibilität der Verfassungstechnik der Freiheitsverbürgung zu gefährden scheint. Darum bin ich beunruhigt über die Maßnahmegesetze oder das, was sachlich darinsteckt, weil ich die Befürchtung habe, daß diese institutionellen Formen der Freiheitsverbürgung, auf denen unsere Ordnung und Freiheit beruhen, ins Gleiten kommen, und wir möglicherweise diesem Prozeß tatenlos und mit leeren Händen zusehen.

Herrfahrdt-Marburg:

Zunächst eine Bemerkung zu Herrn Wehrhahns Gegenüberstellung „Geltung kraft Setzung" — „Geltung kraft Wertteilhabe". Setzung allein erzeugt doch niemals eine Verbindlicheit, sondern nur insofern, als man in der Setzung einen Wert sieht, nämlich den Wert der Ordnung (vgl. Radbruchs Unterscheidung: Rechtssicherheit als Nahziel, Gerechtigkeit als Fernziel). Setzung einer inhaltlich unvollkommenen Ordnung, durch eine Autorität, die die Macht hat, sie durchzuführen, ist besser als gar keine Ordnung. Geltung kraft Setzung ist also eine besondere Form der Geltung kraft Wertteilhabe.

Zu II 4b) der Thesen von Herrn Wehrhahn, daß der Übergang vom Boden der Geltung kraft Setzung auf den der Geltung kraft Wertteilhabe nur zulässig sei, wo die Verfassung ihn gebiete, habe ich zu bemerken: Diese Ansicht setzt die Verfassung als die feste Grundlage unserer Staatsordnung voraus. Aber gilt das auch für unsere heutigen Verfassungen? Sind sie nicht gerade extreme Beispiele für das, was hier als „Maßnahmegesetze" bezeichnet worden ist? In der Psychose des Zusammenbruches konnten sie sich kein anderes Ziel setzen, als eine vorläufige Ordnung zu schaffen, in einer Situation, wo man nicht voraussehen konnte, was die nächsten Jahre bringen würden. Wir müssen also die Verfassungen selbst daraufhin nachprüfen, inwieweit sie imstande sind, durch die bloße Tatsache der Setzung Ordnung zu verbürgen. Das gilt für alle rein formalen Vorschriften, z. B. daß eine Gesetz nur in Kraft tritt, wenn es vom Bundespräsidenten verkündet ist. Anders z. B. bei den Grundrechten. Hier finden wir meist verschiedene, einander widersprechende Wertungen vor und können mit juristischen oder scheinjuristischen Gründen verschiedene Antworten aus dem Verfassungstext herausholen.

Der Jurist hat eine verständliche Scheu davor, die vermeintlich feste Grundlage der Verfassung in Frage zu stellen und sie an etwas Höherem zu überprüfen. Kelsen würde sagen:

wir sägen uns den Ast ab, auf dem wir als Juristen sitzen. Ich würde lieber sagen: wir müssen uns klar darüber werden, daß wir keinen Boden unter den Füßen haben und daß deshalb unsere überlieferten juristischen Methoden hier nicht passen. Wir stehen vor einem sehr ernsten Problem, wenn wir darangehen, unsere Verfassungen als bloße „Maßnahmegesetze" zu überprüfen. Wir haben zu unserem Glück das Bundesverfassungsgericht. Aber dieses müßte dazu etwas anderes sein, als es nach dem Grundgesetz sein soll: nicht ein „echtes Gericht", das nur nach festen Rechtsnormen richtet, sondern ein höchstes politisches Schiedsgericht.

Gegen die Ausweitung der Zuständigkeit des Bundesverfassungsgerichts hat Herr Scheuner mit guten Gründen das Bedenken der Überforderung geäußert. Aber wenn das Bundesverfassungsgericht vorsichtig, schrittweise seine Zuständigkeit ausdehnt, wäre das doch wohl das kleinere Übel gegenüber dem, was wir sonst im Falle einer schweren Krise befürchten müßten, eine diktatorische oberste Gewalt. Das Bundesverfassungsgericht ist nach seiner Zusammensetzung die relativ beste Einrichtung, um letzte Fragen, die nicht mehr positivrechtlich beantwortet werden können, zu entscheiden. Wir brauchen einen Hüter der Verfassung, nicht im Sinne einer geschriebenen Verfassung, sondern als Hüter der Ordnung.

Münch-Berlin:

Meine sehr verehrten Herren! Wenn vom Maßnahmegesetz die Rede ist, dann denkt man zuerst an den allgemeinen Begriff der Maßnahme und kommt damit auf das Gebiet der freien Verwaltung.

Da möchte ich sagen, daß der Gesetzgeber dieselbe Aufgabe hat wie die Exekutive, nämlich zum größten Wohl aller zu handeln. Ich glaube, der Unterschied zwischen dem Gesetzgeber und der Exekutive in ihrem freien Bereich ist eben nur der: Der Gesetzgeber legt in logisch verfaßten und logisch anzuwendenden Normen fest, was zum Besten aller ist, während der Verwalter in seinem freien Bereich das von Fall zu Fall feststellen muß, ohne an Normen gebunden zu sein in dem Sinn, daß er seine Handlung auf diese Normen begründen oder aus ihnen herleiten müßte. Das Maßnahmegesetz würde dann entsprechen einer generellen Verwaltungsentscheidung. Wir brauchen das Gesetz eben nur deswegen, weil wir in unseren modernen Verfassungen von dem Grundsatz ausgehen: Der Bürger kann nur durch ein Gesetz verpflichtet werden, das heißt durch einen Akt, der von der Legislative erlassen wird.

Die Exekutive kann das nur, wenn sie von der Legislative die Ermächtigung hat.

Die Rechtsgeschichte hilft uns, glaube ich, hier auch nicht weiter. Es hat das, was wir hier als Maßnahmegesetz bezeichnen, schon im byzantinischen Reich gegeben. Es gibt Novellen, die Devisengesetzgebung und ähnliche Dinge enthalten. Die Satzungen der Städte im Mittelalter enthalten dasselbe. Ich glaube nicht, daß wir aus der Rechtsgeschichte einen idealen Begriff des Gesetzes im Sinne der allgemeinen Norm und des guten alten Rechts herleiten können.

Was wir hier jetzt zu dem Thema hören, ist eigentlich eine Revolte gegen die gegenwärtige Gesetzgebungspraxis. Ich bin durchaus bereit, mich dieser Revolte anzuschließen. Sie zielt auf die Erweiterung der Kompetenz der Verwaltung zum freien Handeln hin, eine Zurückdrängung der Legislative. Allerdings soll die Verwaltung kontrolliert werden können. Weiter dahinter steht auch ein Angriff auf die konkrete Planung durch den Staat; der Staat soll höchstens ein allgemeines Wirtschaftssystem in Normen erlassen können. So verstehe ich diese Diskussion und soweit bin ich damit einverstanden.

Wie verfolgen wir nun diese Linie angesichts des Grundgesetzes? Mit Artikel 19 kommen wir nicht weiter. Wir sind uns darüber klar, daß die Maßnahmegesetze etwas anderes sind und einen größeren Bereich umfassen als die klar verbotenen Individualgesetze. Mit der Gewaltenteilung kommen wir auch nicht weiter. Darüber sind sich bisher alle Redner klar gewesen. Wo wir eigentlich nur anknüpfen können, das ist, daß wir wieder einen neuen — er hat seine Geschichte — Normbegriff hervorholen, daß wir das echte Gesetz unterscheiden von der Verwaltungsmaßnahme in der Form eines Gesetzes, also wieder einen ausgesprochenen Wertakzent auf die echte Norm legen.

Verhältnismäßig wenig ist hier gesprochen worden von dem Gleichheitsgrundsatz. Wir sollten doch vielleicht versuchen, das, was wir suchen, am Gleichheitsgrundsatz aufzuhängen. Wenn wir ihn einmal sehr radikal nehmen, dann können wir vielleicht sagen: das Spezialgesetz verstößt gegen den Gleichheitsgrundsatz. Denn ein Gesetz, welches nur für die Apotheker, Viehhändler oder Heilpraktiker gilt, ist eigentlich kein gleiches Gesetz mehr. Es sieht natürlich gleich aus, weil jeder Apotheker und Heilpraktiker darunter fällt, aber es gilt nicht für jeden Bürger. Hier ist eben die Frage, ob man nicht etwa derartige Berufsordnungen, die in Form eines Gesetzes ergehen, einem anderen Schema unterwerfen und als Verordnungen erlassen sollte. Sehr viel schärfer tritt der Konflikt mit dem Gleichheitssatz hervor in dem berühmten Platowparagraphen des Amnestiegesetzes. Es ist also tatsächlich zu fragen, ob wir nicht auf die Dauer — nicht von heute auf morgen — durch eine Verfeinerung und Entwicklung des Gleichheitssatzes dahin kommen, wohin wir kommen wollen. Dann lösen sich vielleicht auch so schwierige Fragen, wie der Fortfall von temporären Gesetzen, die nicht unter die Kategorie des verbotenen Individualgesetzes gebracht werden können.

Jetzt möchte ich noch einen etwas banalen Punkt anbringen, nämlich die Frage stellen: Wie kommt es denn in der Praxis zu so vielen Maßnahmegesetzen und bloßen Organisationsakten? Warum findet man in vielen Gesetzen die Einrichtung von Behörden? Einesteils liegt es natürlich an den föderalistischen Einschlägen unserer Verfassung. Nicht der Bund soll alle möglichen Behörden einrichten, sondern die Länder sollen überwiegen. Aber liegt es nicht zum anderen Teil daran, daß die Bürokratie eine Grundlage für die Etatgestaltung haben will? Ist es nicht so — ich bitte mich darüber zu belehren —, daß, wenn eine Behörde durch Gesetz eingerichtet wird, ihre Ausgaben gesetzlich sind, die vom Parlament bewilligt werden müssen?

Ich denke an einen Fall, den ich selbst erlebt habe. Es wurde ein Entwurf fertiggestellt zur Reinhaltung der Wasserstraßen — ich weiß nicht, ob die Vorlage inzwischen Gesetz geworden ist. Da hieß es zunächst, daß jede Hafenverwaltung verpflichtet ist, jeden Morgen um 7½ Uhr eine Wasserprobe aus dem Fluß zu entnehmen, sie auf Verschmutzung zu untersuchen und den Verschmutzungsgrad festzustellen. In der Besprechung habe ich erklärt, daß so etwas in ein Gesetz nicht gehöre. Selbst wenn wir heute den Begriff der Heiligkeit des Gesetzes nicht mehr kennen, so komme mir das sehr seltsam vor. Es genüge vollkommen, wenn der Minister eine Verwaltungsanweisung an die Behörden schickt, damit sie diese Maßnahme vornehmen. Man hat mich in dieser Besprechung absolut nicht verstanden und nicht begriffen, worauf ich hinaus wollte. Wenn also dergleichen in ein Gesetz hereingeschrieben wird, liegt es etwa daran, daß die Bürokratie sich sichern will, daß die Kosten für diese Maßnahmen ein für allemal als notwendige gesetzliche Ausgaben in den Etat hereinkommen müssen?

Hans Schneider-Heidelberg:

Ich ziehe es vor, nicht von Maßnahmegesetzen zu sprechen, sondern von Einzelfallgesetzen und zwar deswegen, weil ich einmal das Wort „Maßnahme" schon vorbelastet finde durch den Streit um die Auslegung des Artikels 48 der Weimarer Verfassung. „Einzelfallgesetz" scheint mir auch deswegen glücklicher zu sein, weil es die Einzigartigkeit des Falles bezeichnet, der hier gelöst werden soll, die Unwiederholbarkeit des Tatbestandes, den der Gesetzgeber aufgreift. Gerade weil das Einzelfallgesetz einen unwiederholbaren Tatbestand betrifft, scheinen mir die Erörterungen über die Frage seiner Geltung und dem Vorbehalt der clausula rebus sic stantibus gegenstandslos, weil das Einzelfallgesetz sich erschöpft mit dem Eintritt des einen konkreten Tatbestandes, an den das Gesetz eine Rechtsfolge knüpft.

Einzelfallgesetze betreffen eine bestimmte Person oder Personengruppe oder einen bestimmten, vorgegebenen Sachverhalt. Inhaltlich sind die Fälle, die sich in der Praxis ereignet haben, von zweierlei Art. Einmal handelt es sich um Anordnungen, die getroffen werden innerhalb eines Bereiches, der bis dahin nicht gesetzlich geregelt ist. Dahin gehören Organisationsgesetze, Gesetzesbeschlüsse über eine Schenkung an einen verdienten Staatsmann, eine Ehrung usw. Das sind Fälle von Privilegierungen. Zum anderen sind es inhaltlich Fälle, in denen innerhalb eines gesetzlich schon geordneten Bereiches ein Dispens erteilt wird. Zum Beispiel: die Altersgrenze für gewisse amtierende Richter wird verlängert; eine Wahlperiode des Landtages oder des Reichspräsidenten wird verlängert, ein anhängiges Strafverfahren wird niedergeschlagen; oder der Artikel 142 a GG, der, wie wir jetzt in der Rückschau wohl deutlicher sehen, doch den Einzelfallcharakter (hier sogar ein Einzelfall-Verfassungsartikel!) deutlich auf die Stirn geschrieben trägt. Ich möchte also sagen, daß man inhaltlich einerseits Privilegierungen und andererseits Dispense in den Einzelfallgesetzen erkennt.

Daß man Schranken gegenüber dieser Erscheinung ziehen muß, dürfte sicher sein. In dem Anliegen, welches Herr Forsthoff hier so wirkungsvoll vorgetragen hat, also in dem Bestreben, daß man die Möglichkeit der richterlichen Kontrolle erhalten muß, sind wir uns einig. Es fragt sich nur, von welcher Ecke her man gegen die Erscheinung angehen kann.

Sicher ist es der Artikel 19 Abs. 1, der einem etwas hilft. Der Gleichheitsgrundsatz — von dem Herr Münch eben sprach — wird einem dagegen wenig weiterhelfen, weil erfahrungsgemäß immer die Einzigartigkeit und Unvergleichbarkeit des Falles, der getroffen werden soll, gegenüber allen anderen Lagen hervorgehoben wird. Dann wird im Strafrecht der Artikel

„nulla poena sine lege" Schutz bieten. Daß „lex" nur eine generelle Regel sein darf, ist ja unzweifelhaft. Dann wird es der Anspruch auf den gesetzlichen Richter sein, der die Zulässigkeit von Einzelfallgesetzen einschränkt. Dann wird es sein die verfassungsmäßig festgelegte Zuständigkeitsverteilung, die es verbietet, daß der Gesetzgeber eine Zuständigkeit in Anspruch nimmt, die einem anderen Organ vorbehalten ist — zum Beispiel dem Bundespräsidenten das Begnadigungsrecht für den Bund.

Schließlich werden noch weitere Fälle übrigbleiben, bei denen es sich um die Alternative handelt, daß entweder überhaupt nichts geschieht oder daß, weil keine andere Stelle etwas tun kann und die Regierung und Verwaltung auf Grund der vorhandenen Gesetze nichts unternehmen dürfen, dann eben der Gesetzgeber im Wege eines Einzelfallgesetzes eine Entscheidung trifft, zum Beispiel bei der Verlängerung der Wahlperiode eines Parlamentes, oder Amtszeit von Beamten oder des Präsidenten. In diesen Fällen — ich kann die Grenze noch nicht näher beschreiben — empfinde ich doch eine Unausweichlichkeit, daß einer solchen anomalen Lage auch mit einem atypischen Mittel begegnet wird.

Ich habe bedauert, daß der Erstreferent, indem er von dem förmlichen Gesetzesbegriff ausgegangen ist, sich den Weg verbaut hat, noch eine Erscheinung in sein Blickfeld einzubeziehen, nämlich die Einzelfallverordnung. Die Einzelfallverordnung weist ja ganz entsprechende Probleme auf. Gerade im Bereich der Landesgesetzgebung gibt es eine ganze Reihe von Einzelfallverordnungen: Enteignungsverordnung, Polizeiverordnung für einen bestimmten Fall, auch die Frage des Bauplanes, der nur ein bestimmtes Grundstück betrifft. Der letzte Punkt, den das Bundesverwaltungsgericht entschieden hat, betrifft ja eine recht problematische Angelegenheit. Sicher wird man nur sagen können, daß die Delegation zum Erlaß von Verordnungen die Ermächtigung zum Erlaß von Einzelfallverordnungen nicht in sich begreift.

Schließlich — das hat die Zeit für den Herrn Erstreferenten verboten und für den zweiten Referenten die Art, wie er das Thema bewältigt hat — bleibt es doch bedauerlich, daß wir die Frage der private laws und private bills in den Vereinigten Staaten und England nicht näher behandeln konnten. Auch in Frankreich sind eine Reihe von Gesetzen und Dekreten ergangen, die ohne Zweifel Einzelfallcharakter haben. Vielleicht könnte man in einer späteren Untersuchung diese Punkte nachholen.

Rumpf-Heidelberg:

Die Aussprache hat sich auf die interessante Frage zugespitzt, ob der Begriff der Maßnahmegesetze eine juristisch greifbare und rechtsbegrifflich gesicherte Kategorie ist oder werden kann. Schon das Korreferat hat in seinen wesentliche Punkte treffenden Einwendungen diese Frage aufgeworfen und negativ beantwortet. Trotzdem will mir scheinen, daß in diesen Phänomenen, die mit dem Begriff des Maßnahmegesetzes hier erfaßt werden sollen, Erscheinungen der modernen Gesetzgebungspraxis vorliegen, die auch für den Juristen beachtlich sind.

Obwohl man zweifellos im bisherigen Stand der Diskussion sagen muß, es handele sich hier nur um „soziologische Beobachtungen" und es bedürfe eines „Sprunges über das Gehege" zwischen juristisch-normativer und teleologisch-soziologischer Betrachtung, um diese Erscheinungen zu erfassen, sollte man trotzdem versuchen, in Weiterführung etwa der Gedanken von Forsthoff und Menger diese Phänomene auch für den Juristen greifbar und nutzbar zu machen. Nicht nur aus dem Rechtsschutzbedürfnis heraus, das Herr Forsthoff in den Vordergrund stellte, sondern auch im rein akademischen, theoretischen und wissenschaftlichen Interesse der systematischen Klärung.

Allerdings scheint auch mir — insofern stimme ich den kritischen Stimmen weitgehend zu — die bisherige Abgrenzung des Begriffs der Maßnahmegesetze noch nicht ganz überzeugend zu sein. Wenn Forsthoff vorhin in seinem Diskussionsbeitrag darauf abgestellt hat, daß es sich hier um Akte der Verwaltung im Kleide des Gesetzes und von der Urheberschaft des Gesetzgebers handele, so glaube ich, wenn ich seinen Beitrag in der Jellinek-Festschrift recht in Erinnerung habe, darin eine gewisse Fortentwicklung oder auch Änderung seiner Unterscheidung in diesem Beitrag zu sehen, die auch im wesentlichen wieder bei Menger in seinem Referat zu finden ist. In der bisherigen Unterscheidung Mengers und auch Forsthoffs wurde abgestellt auf die Gerechtigkeitsvorstellung einerseits und die bloße Zweckhaftigkeit auf der anderen Seite. Es tauchte also im Hintergrund der Unterscheidung zwischen Rechtsnormen im engeren Sinne und Maßnahmegesetzen eine rechtspilosophische Vorstellung auf, die zwischen einem Gerechtigkeitsdenken und Gerechtigkeitsstreben und einem bloßen Zweckmäßigkeitsdenken und Zweckstreben unterscheidet.

In seinem Diskussionsbeitrag hier hat Forsthoff diese Linie, ich will nicht sagen verlassen, er hat sie nicht erwähnt und hat jedenfalls eine andere Stütze für seine Begrifflichkeit gebaut, die mir eigentlich weniger tragfähig erscheint als die Gedanken, die hier zunächst angeklungen sind, wenn diese auch noch keineswegs, wie das bei dem jungen Lebensalter dieses Problemstandes nicht anders sein kann, zu Ende durchgedacht sind. Wenn wir das Maßnahmegesetz nur auf den Eingriff in die Verwaltungsfunktionen abstellen, dann verengen wir den Kreis der Gesetze, die überhaupt noch als Maßnahmegesetz anzusprechen sind, in starker Weise. Denn die meisten, der, wie Herr Schneider es vorzieht zu sagen, Einzelfallgesetze bedürfen ja doch immer noch einiger Verwaltungsakte, um sie für die Einzelnen und für den Einzelfall anwendbar zu machen, um eben hier dem Einzelnen zu sagen, was für ihn „rechtens ist".

Das scheint mir eine Verschiebung der Argumentation zu sein gegenüber der Argumentation, die in dem Menger'schen Referat und auch in dem Forsthoff'schen Beitrag zur Jellinek-Gedächtnisschrift angewandt wird. Nun zu dieser Argumentation, die ich für sehr interessant halte. Man könnte mit ihr in der Tat versuchen, hier eine auch für den Juristen — wenn er, das muß man dazu sagen, sich nicht auf formal-rechtliches, positivistisches Denken beschränkt, — interessante und maßgebliche Unterscheidung zu finden. Diese Unterscheidung jedoch darf nicht dabei stehenbleiben, daß man Rechtsnormen als solche bezeichnet, die am Maßstabe der Gerechtigkeit orientiert sind, und ferner feststellt, es könne Normen geben, bei denen noch nicht ganz sicher ist, ob in ihnen nicht der „Keim zur Aufrichtung einer gerechten Ordnung schlummert", und ähnliche Dinge.

Dabei handelt es sich um so abstrakte und unverbindliche Begriffe und Vorstellungen, daß wir damit die Abgrenzung nicht erfolgreich bewältigen können. Mir scheint es vielmehr so, daß man nur dann zu einer gültigen Einteilung in Maßnahmegesetze und Rechtsnormgesetze kommen kann, wenn man voraussetzt, daß es eine materiale Wertordnung gibt, die eben diesen Begriff der Gerechtigkeit ausfüllt. Dann kann man allerdings behaupten, daß Rechtsnormen, die diese materiale Wertordnung — man hat sie früher mit dem Begriff des Naturrechts bezeichnet, der nach dem Kriege eine etwas überhitzte Konjunktur erlebte und heute wieder im Begriff ist, der Skepsis allmählich zum Opfer zu fallen — aufnehmen und verwirklichen, sich von bloßen Maßnahme- oder Zweckgesetzen unterscheiden. Das ist dann allerdings eine ganz andere Unterscheidung als die zwischen allgemein-abstrakten Normen oder Gesetzen und Einzelfallgesetzen. Die Unterscheidung der Normen in allgemeine und individuelle, abstrakte und konkrete ist eine andere als die zwischen an der Wertordnung orientierten und reinen Zweckgesetzen.

Es ist ja die große Frage, ob wir heute noch übergeordnete Maßstäbe haben und anerkennen. Ich bekenne mich zu solchen übergeordneten Maßstäben. In der einen oder anderen Form tut es heute jeder Rechtspraktiker und Rechtsgelehrte. Aber wenn man dann an die konkreten Anwendungen, ja auch nur an die Bestimmung der Postulate und einzelne Werte herantritt, dann beginnt die große Wertdiskussion, dann beginnt der Streit.

Hinter dieser Unterscheidung von Rechtsnormen und Maßnahmegesetzen öffnet sich das ganze Kampffeld der weltanschaulich-politischen Ideologien, hier wird der Marxist andere Maßstäbe und Vorstellungen haben als etwa der auf dem Boden eines liberalen oder christlichen Naturrechts stehende Rechtsdenker. Das sind die metajuristischen Probleme, die sich hier auftun, und ohne sie in irgendeiner Weise zu beantworten, werden wir meines Erachtens auch das Problem der Maßnahmegesetze nicht vollgültig beantworten können.

Forsthoff-Heidelberg:

Ich erbitte das Wort zu einer kurzen Bemerkung, die lediglich der Klarstellung dienen soll. Wenn auf Grund meiner Ausführungen der Eindruck entstanden sein sollte, daß ich die grundsätzlichen Positionen meines Beitrages zur Jellinek-Gedächtnisschrift aufgegeben hätte, so wäre das ein Mißverständnis. Ich habe mich heute auf einen bestimmten Aspekt des Themas beschränkt und deshalb den Begriff des Maßnahmegesetzes, an dem ich festhalte, keineswegs erschöpfend kennzeichnen wollen.

Schätzel-Bonn:

Meine Herren! Wenn das Thema auf die heutige Tagesordnung gestellt ist und wenn wir die Referate und die in der Diskussion geäußerten Meinungen überblicken, dann werden wir allgemein das Empfinden haben: hier ist irgend etwas Neues aufgetreten, was uns nicht so ganz paßt und von dem wir irgendwelche Gefahren für den Rechtsstaat fürchten.

Wir haben die theoretischen Grundlagen von den verschiedensten Seiten erörtert und gesehen, daß das außerordentlich schwer faßbar ist. Ich möchte zu diesen Fragen nichts mehr beitragen, sondern Sie werden es mir gestatten, daß ich als ein Mann, der ein Menschenalter Richter gewesen ist, versuche, ein Fazit zu ziehen: Kommen wir schon zu irgendwelchen Ergebnissen, und können wir irgend etwas praktisch machen?

Ich glaube, die Einteilung der Maßnahmegesetze — bleiben wir bei diesem Ausdruck — als Personen-, Einzelfall- und als Zeitgesetze gibt uns einen gewissen Anhaltspunkt. Wir sind uns meines Erachtens darüber einig, daß die Personengesetze unzulässig sind. Das kann man aus unserer Verfassung herauslesen. Ebenso besteht wohl kein Zweifel darüber, daß Zeitgesetze notwendig sind. Nehmen Sie an, die Banken zahlten nicht mehr. Dann wird der Gesetzgeber etwa die Verjährungsfristen ausdehnen müssen. Was zweifelhaft bleibt, das sind die Einzelfallgesetze. Gerade diese beschäftigen uns, weil sie zunehmen. Ich habe das Empfinden, daß die Mehrzahl meiner Kollegen das mißbilligt. Man sucht nach irgendwelchen Grenzen und fragt sich, ob man vielleicht einen Teil dieser Maßnahme — also der Einzelfallgesetze — mit verfassungsrechtlichen Gründen zu Fall bringen könnte. Ich glaube, daß dieses ganze Bestreben nicht allzuviel Erfolg haben wird. Wir stehen hier vor einem Phänomen, das aus verschiedenen Gründen wahrscheinlich noch seinen Fortgang nehmen muß. Den einen Grund sehe ich in folgendem: in der internationalen Verknüpfung. Eine ganze Reihe von diesen Einzelfallgesetzen beruht darauf, daß internationale Verpflichtungen, Konjunkturlagen oder etwas ähnliches entstanden sind. Dann bleibt dem Gesetzgeber nichts anderes übrig, als irgendwie einzugreifen. Dann muß er sogar einzeln eingreifen. Da spielt der nationale Gesetzgeber gewissermaßen die Rolle, die im Staat selbst die Verwaltung spielt. Im Staat gibt der Gesetzgeber normalerweise eine allgemeine Norm, und die Verwaltung führt aus. Jetzt tritt häufig der Fall ein, daß international irgend etwas bestimmt wird, oder daß eine gewisse weltpolitische Lage etwas erfordert. Dann müssen wir das entsprechend ausführen. Wenn jetzt der Gesetzgeber sich damit begnügte, eine allgemeine Norm zu erlassen und er der Verwaltung die Ausführung überließe, dann könnte er fürchten, daß die Verwaltung dies vielleicht nicht so macht, wie er will, und er internationale Schwierigkeiten bekommt. Infolgedessen setzt sich in diesen Fällen der nationale Gesetzgeber einfach in die Rolle der Verwaltung. Ich glaube, das ist eine Entwicklung, die nun einmal in der zunehmenden internationalen Verknüpfung liegt und gegen die überhaupt nichts zu machen ist.

Der zweite Grund, warum der Gesetzgeber dazu neigt, um — wie wir empfinden — etwas zu sehr in die Verwaltung einzugreifen, liegt vielleicht am parlamentarischen Staat. Wenn der Gesetzgeber ein allgemeines Gesetz macht und die Ausführung der Verwaltung überläßt, dann ist er natürlich nicht ganz sicher, in welchem Sinne die Verwaltung das machen wird. Die Verwaltung bemüht sich im parlamentarischen Staat eine gewisse neutrale Haltung einzunehmen. Das paßt aber nicht unbedingt der parlamentarischen Mehrheit. Gerade einer parlamentarischen Mehrheit, die fürchten muß, daß etwa bei den nächsten Wahlen eine anders geartete Mehrheit mit anderen wirtschaftlichen und politischen Zielen kommt, wird daran liegen, ihren Willen möglichst rasch und bestimmt durchzusetzen, damit die Verwaltung nicht lawieren kann und kostbare Zeit nicht vergeht. Denn wartet man ab, bis die Verwaltung in sämtlichen Instanzen tätig geworden ist, dann können die 4 Jahre der Legislaturperiode vergehen. Käme dann eine andere Parlamentsmehrheit, so wäre die Sache verpaßt.

Mir scheinen diese beiden Gründe, die internationale Verknüpfung, die den Gesetzgeber dazu zwingt, die Sache so auszuführen, wie es international nötig ist, und die parlamentarische Lage, dazu beizutragen, daß die Maßnahmegesetze beliebt sind und daß sie wahrscheinlich noch zunehmen werden. Wenn wir das als ein gegebenes Faktum hinnehmen — Sie mögen es lieben oder nicht —, dann werden wir uns natürlich fragen müssen: Wie schützen wir den Einzelnen dagegen? Unsere ganze Verwaltung ist darauf aufgebaut, daß wir ihm einen möglichst weitgehenden Gerichtsschutz mit vielen Instanzen geben. Wenn einer enteignet werden soll, dann kann er normalerweise bei einem Verwaltungsakt die ganzen Verwaltungsgerichtsinstanzen durchlaufen. Er hat nachher noch die Möglichkeit der Einreichung einer Entschädigungsklage usw. Das wird ihm evtl. abgeschnitten, wenn die Sache durch einen Gesetzgebungsakt gemacht wird. Daher wurde die Frage aufgeworfen: Was kann man nun machen? Herr Forsthoff hat ganz richtig die Frage gestellt, ob man ihm dann irgendeinen gleichwertigen Gerichtsschutz geben muß. Es wurde darauf hingewiesen, daß wir bei uns eine sehr ausgeprägte Verfassungsgerichtsbarkeit haben. Der eine hat das gelobt. Kollege Scheuner war bedenklicher und meinte, dann könnte man die Verfassungsgerichtsbarkeit überfordern. Das eine scheint mir allerdings sicher: Wenn es zunimmt, daß man alle möglichen wirtschaftlichen Maßnahmen, Enteignungen usw., durch Einzelgesetze macht und wenn man regelmäßig nur auf die Verfassungsgerichtsbarkeit verweist, dann bekommen wir eine ganz neue Art der Gerichtsbarkeit. Wir können aus dem Verfassungsgericht kein falsches Amtsgericht machen. Das liegt nicht in den Zielen der Verfassungsgerichtsbarkeit. Wenn wir hier einen gleichwertigen Gerichtsschutz geben wollen, müßten wir ernstlich daran denken, ob wir diese Maßnahmegesetze nicht wie die einzelnen Verwaltungsmaßnahmen unter die

Verwaltungsgerichtsbarkeit stellen müssen. Ich weiß, das geht augenblicklich nicht. Das ist aber ein Problem, das wir allen Ernstes erörtern müssen. Wollen wir den anderen Weg gehen und etwa sagen, es könne die Normenkontrollklage oder die Verfassungsbeschwerde erhoben werden, dann besteht noch folgende Schwierigkeit:

Es gibt keine gemeinsame oberste Instanz zwischen dem Bundesverfassungsgericht und den anderen obersten Bundesgerichten. Ich habe es als Spezialist für Staatsangehörigkeitsfragen gesehen, daß die streitigen Fragen vielfach verschieden entschieden sind und diametral entgegengesetzte Entscheidungen in konkreten Staatsangehörigkeitsfragen vom Bundesverfassungsgericht und anderen Gerichten erlassen sind. Verfahren wir nun so, daß wir den ganzen Rechtsschutz gegenüber den Maßnahmegesetzen auf das Bundesverfassungsgericht abschieben, dann werden wir vielfach Parallelfälle bekommen: der eine geht vor das Bundesverfassungsgericht, ein anderes Mal ist ein ganz ähnlicher Tatbestand durch eine Verwaltungsmaßnahme ergriffen worden, und die Sache läuft den Instanzenweg hinauf bis zum Bundesverwaltungsgericht. Dann sitzen wir eines Tages wieder da mit widersprechenden Entscheidungen des Bundesverfassungsgerichtes und des Bundesverwaltungsgerichts.

Wir müssen das Problem und die Aufgabe, die vor uns auftaucht, deutlich sehen. Es ist meiner Ansicht nach unsere Aufgabe als Juristen, daß wir rechtzeitig uns überlegen, was gegenüber diesen zu erwartenden Schwierigkeiten geschehen kann.

Merkl-Wien:

Ich gestatte mir, von meinem heutigen engsten Interessenbereich aus an den zweiten Leitsatz des Herrn Menzel anzuknüpfen. Er lautet: „Rechtsnorm ist das aus einer festgefügten, am Maßstabe der Gerechtigkeit orientierten Ordnung fließende Verhaltensgebot."

Durch diesen Leitsatz wird unser Thema mit einem weiteren Problem belastet, nämlich mit dem Verhältnis von Recht und Gerechtigkeit, und damit der nicht nur möglichen, sondern allzu oft auch wirklichen Spannung zwischen Recht und Gerechtigkeit, die nicht wegzureden, ja vielleicht nicht einmal aus der Welt der Tatsachen wegzudenken ist. Wir stehen meines Erachtens vor der Unmöglichkeit, das Recht etwa im Sinne einer sanktionierten Verhaltensregel von Menschen mit der Gerechtigkeit gleichzusetzen. In dieser Hinsicht gibt es meines Erachtens keinen Unterschied zwischen Gesetz im engeren Sinne des Wortes und einer „Maßnahme".

Gewiß erhebt der Gesetzgeber meistens — nicht ausnahmslos — den Anspruch für seine Gesetze und auch für die heute sogenannten Maßnahmen und sonstigen Staatshandlungen, die Gerechtigkeit zu verwirklichen. Aber er kümmert sich in der Regel nicht um den Nachweis dieser Übereinstimmung, sondern behauptet ohne Prüfung und oft auch ohne Zulassung einer Kritik eine solche Übereinstimmung von Recht und Gerechtigkeit.

Der grundsätzliche Unterschied von Recht und Gerechtigkeit zeigt sich namentlich bei der Beurteilung der Rechtmäßigkeit und Gerechtigkeit eines Krieges. Mein augenblickliches besonderes schriftstellerisches Anliegen ist die Nutzanwendung der Idee der Gerechtigkeit, im besonderen des gerechten Krieges, auf die Kriegsgründe und Kriegsziele des ersten und des zweiten Weltkrieges. Beide Kriegsparteien haben bekanntlich für sich den Anspruch erhoben, einen gerechten Krieg zu führen, mindestens eine Kriegspartei offensichtlich zu Unrecht. Ich möchte auch auf das umfangreiche Buch von Johannes Höffner „Christentum und Menschenwürde. Das Anliegen der spanischen Kolonialethik" hinweisen. Dieser katholische Theologe ist so ehrlich und um die Wahrheit beflissen gewesen, einen weitgehenden Widerspruch zwischen dem Gerechtigkeitsanspruch der spanischen Staatspraxis, namentlich des 16. Jahrhunderts, der Konquista, und der tatsächlichen Handlungsweise dieser Pioniere und Eroberer aufzuweisen.

Für die Willensäußerungen des Staates kann man also bestenfalls den Anspruch der Gerechtigkeit behaupten. Doch allzu oft verzichtet der ethisch skrupellose Staat auch auf diesen Anspruch, wie aus der Erfahrung der totalitären Staaten der jüngsten Zeit und wohl auch der Gegenwart genügend bekannt ist. Also wollen auch wir darauf verzichten, den Begriff des Gesetzes oder irgendeiner Maßnahme und Handlung des Staates mit einer solchen psychologischen Vorfrage, etwa mit der Frage nach dem Willen zur Gerechtigkeit, zu belasten.

Es ist aber hiermit erwiesen, daß Recht im Sinne des durch den staatlichen Erfüllungsstab gestützten Willens mit Gerechtigkeit wesenhaft nicht übereinstimmt. Halten wir daran fest, daß die Gerechtigkeit — oder auch nur der gewollte Versuch der Gerechtigkeit — nicht Bedingung, sondern eine unendliche ethische Aufgabe des Rechtes ist, die bloß vom moralgebundenen Staat erfüllt, aber von anderen Staaten leider nur zu oft nicht erfüllt, ja nicht einmal angestrebt wird.

B a c h o f - Tübingen:

Meine Herren Kollegen! Aus Herrn Forsthoffs Ausführungen ist sehr deutlich geworden, daß das Problem der Maßnahmegesetze für die Rechtspraxis vor allem ein Problem des Rechtsschutzes ist; oder, wie Herr Schneider es ausgedrückt hat: es dreht sich darum, in welcher Weise man an die Maßnahme- oder Einzelfallgesetze „herankommt". Herr Schätzel schließlich hat die Frage aufgeworfen, ob man nicht die Einzelfallgesetze der Verwaltungsgerichtsbarkeit unterstellen müsse.

Wenn ich Sie nach dem Höhenflug rechtsgrundsätzlicher Erörterungen einmal in die Niederungen der Praxis führen darf, so möchte ich Sie auf eine Entscheidung aufmerksam machen, die jene Rechtsschutzfragen betrifft und in die von Herrn Schätzel aufgezeigte Richtung weist; es handelt sich dabei um den Rechtsschutz gegenüber einer Organisationsmaßnahme, die zwar nicht in Form eines Gesetzes, wohl aber einer Rechtsverordnung ergangen war. Im bayerischen Recht besteht eine merkwürdige Regelung für das Verfahren bei Umgemeindungen. Sie erfolgen entweder durch Verwaltungsakt; oder aber durch Rechtsverordnung, die wieder in gewissen Fällen der Zustimmung des Landtages bedarf, in anderen Fällen einer solchen Zustimmung nicht bedarf; oder schließlich durch formelles Gesetz. Welche Form Anwendung findet, hängt davon ab, ob mit der Umgemeindung eine Auflösung oder Neubildung von Gemeinden verbunden ist, ob gleichzeitig Kreis- oder Regierungsbezirksgrenzen geändert werden usw.; im einzelnen ist das teils in der Gemeindeordnung, teils in der Verfassung festgelegt. Der Bayer. VGH hatte nun über einen Fall zu entscheiden, in dem eine Umgemeindung durch Verordnung der Staatsregierung mit Zustimmung des Landtags erfolgt war. Er hat sich auf den Standpunkt gestellt, daß es sich, unbeschadet der Form, der Sache nach um eine Einzelmaßnahme, einen Verwaltungsakt, handele und daß deshalb das Anfechtungsverfahren und nicht etwa das Normenprüfungsverfahren Anwendung zu finden habe (Beschluß vom 31. 3. 1953, Nr. 76 IV 52 und 77 IV 52; Urteil vom 20. 1. 1956, Bayer. VBl. 1956 S. 121 ff.); auch der Bayer. VerfGH ist dieser Auffassung beigetreten (Bayer. VGH Band 7 II 113 ff., 120).

Ich bekenne, daß ich Bedenken gegen diese Entscheidungen habe. Ich habe mir die Frage vorgelegt, wie der VGH wohl entscheiden würde, wenn einmal ein förmliches Umgemeindungs*gesetz* angefochten würde. Der VGH würde ja, wenn er an der Logik seiner Entscheidung festhält, gar nicht anders können, als nun auch dieses formelle Gesetz als Verwaltungsakt zu behandeln und möglicherweise aufheben! Das wäre in der Tat ein Novum. Aber es war ja schon ein Novum, daß eine Rechtsverordnung nicht etwa im Normenkontrollverfahren, sondern im Anfechtungsverfahren überprüft wurde. Ich habe Bedenken gegen diese Rechtsprechung, weil ich meine: wenn der Gesetzgeber — und gar erst der Verfassungsgesetzgeber — sich ausdrücklich für eine bestimmte Form entscheidet, dann ist darin wohl auch die Entscheidung mit enthalten, daß alle üblicherweise aus dieser Form folgenden Konsequenzen gezogen werden sollen, und zwar auch im Hinblick auf den Rechtsschutz. Ich glaube, daß man allenfalls im Falle eines eklatanten und offenbaren Formenmißbrauchs in der Weise, wie der Verwaltungsgerichtshof das getan hat, die Form außer acht lassen und allein auf den Inhalt abstellen könnte.

Aber ich will diese Frage hier nicht vertiefen. Mir lag nur daran, darauf hinzuweisen, daß es in der Praxis schon ein Beispiel dafür gibt, daß die Verwaltungsrechtsprechung sich über die Form einer Maßnahme hinwegsetzt und allein auf deren materiellen Gehalt abstellt. Sollte dieser Weg weiter beschritten werden, so könnte die Entwicklung möglicherweise in der von Herrn Schätzel aufgezeigten Richtung verlaufen, Maßnahmegesetze der Überprüfung der Verwaltungsgerichte zu unterstellen. Persönlich stehe ich einer solchen Möglichkeit skeptisch gegenüber.

Ule-Speyer:

Ich möchte nur insofern in die Diskussion eingreifen, als ich durch einige Fragen den Versuch machen will, die beiden Herren Referenten noch in gewissen Punkten zu einer Konkretisierung ihres Standpunktes zu veranlassen.

Ich habe es heute nach den beiden Referaten bedauert, daß in manchen Dingen nicht konkreter gesprochen worden ist. Ich begebe mich jetzt vielleicht mit Herrn Bachof in gewisse Niederungen der Verwaltungspraxis. Aber mir scheint, daß wir hier über diese Dinge doch nicht sprechen können wie die Blinden von der Farbe.

Manchmal ist es mir heute nachmittag, offen gestanden, so vorgekommen. Ich habe mir, als ich vor einem Jahr den Beitrag von Herrn Kollegen Forsthoff in der Jellinek-Gedächtnisschrift gelesen habe, die Frage vorgelegt, wie es wohl mit diesen Maßnahmegesetzen im Laufe der geschichtlichen Entwicklung gewesen sei. Ich habe bei der Gelegenheit einmal die alten Gesetzblätter aus dem 19. Jahrhundert durchgesehen. Ich weiß nicht, ob wir darüber einig sind, daß das

Problem des Maßnahmegesetzes ein Problem des Verwaltungsrechts ist. Ich möchte das annehmen. Denn es wird doch gerade die Behauptung aufgestellt — und ich glaube mit Recht —, hier greife der Gesetzgeber unmittelbar in die Verwaltung ein. Das Bürgerliche Gesetzbuch z. B. wäre doch wohl der typische Fall eines Gesetzes als Inbegriff von Rechtsnormen im strengen Sinne. Wenn man sich nun die Entwicklung der Verwaltungsgesetzgebung im letzten Jahrhundert ansieht, dann kann man feststellen, daß die Zahl der Gesetze, in der der Gesetzgeber irgendwie in die Verwaltung eingreift, zunimmt. Man kann das mit einem sehr äußerlichen Beispiel belegen. Wenn Sie etwa die Entwicklung des Werkes von M. von Brauchitsch „Verwaltungsgesetze in Preußen" durch die Jahrzehnte hin beobachten, dann finden Sie, daß dieses Werk zunächst im wesentlichen nichts anderes enthielt als Organisations-, Zuständigkeits- und Verfahrensgesetze. Damit fing es an. Das ist die pr. Gesetzgebung von 1872, 1875, 1883 usw. Dann war es im Grunde schon zu Ende. Dazu kam noch die Gewerbeordnung. Mit diesem Band über die Gewerbeordnung schloß das Werk im wesentlichen ab. Da war also von irgendwelchen Maßnahmegesetzen ganz gewiß nicht die Rede. Denn diese Gesetze, also Organisations-, Zuständigkeits- und Verfahrensgesetze, haben wohl mit dem Begriff der Maßnahmegesetze nichts zu tun.

Wenn man nun in der geschichtlichen Betrachtung weiter fortschreitet, dann möchte ich Ihnen ein sehr prägnantes Beispiel vorführen: das preußische Wohnungsgesetz vom 28. März 1918, überhaupt die ganze Wohnungsmangelgesetzgebung der Zeit nach dem ersten Weltkriege. Diese Gesetze (Reichsmietengesetz, Mieterschutzgesetz, Wohnungsmangelgesetz) sind doch sicher in einem soziologischen Sinne Maßnahmegesetze, hervorgerufen durch die Wohnungsnot jener Zeit. Diese Gesetze hatten aber einen sehr langen Bestand, sie gelten teilweise, wenn auch in geänderter Fassung, noch heute. Nach 1933 entstand im Zuge der Rüstungswirtschaft eine umfangreiche Wirtschaftsverwaltungsgesetzgebung. Es ist heute schon der Name von Otto Haussleiter gefallen, der sich kürzlich gerade mit „Maßnahmerecht und Dauerrecht auf dem Gebiet der wirtschaftspolitischen Verordnungs- und Gesetzgebung" beschäftigt hat (DÖV 1956 S. 143 ff.). Was ist etwa die ganze Preisgesetzgebung seit 1936? Sie ist nichts anderes als eine Maßnahmegesetzgebung, bei der neuerdings die interessante Lage eingetreten ist, daß die Rechtsprechung gesagt hat: Die Verwaltung hat hier überhaupt nichts mehr mitzureden; die Preise werden unmittelbar durch das Gesetz oder die Verordnung für die Parteien festgesetzt; wenn sie sich darüber streiten, können sie sich an die ordentlichen Gerichte wenden. Ich darf an die bekannten Entscheidungen des Bundesverwaltungsgerichts zur Untermietpreisanordnung erinnern (v. 27. 9. 1955 Amtl. Samml. Bd. 2 S. 208 ff. u. v. 15. 11. 1955 DÖV 1956 S. 507).

Das sind doch wohl alles in diesem weiten Sinne Maßnahmegesetze. Ich glaube nicht, daß man an ihrer verfassungsrechtlichen Zulässigkeit irgendwelche Zweifel hegen wollte oder könnte. Hier liegt auch nicht das Problem; so habe ich das jedenfalls in der Aussprache empfunden. Andererseits liegt das Problem wohl auch nicht bei den Individualgesetzen, auf die ja erst im Laufe der Debatte hingewiesen worden ist. Das ist eine Frage, die im Grunde genommen außerhalb des heutigen Themas liegt.

Das für mich Unbefriedigende — und darum bin ich eigentlich nur im letzten Augenblick hierher gekommen — ist die Frage, die ich gern stellen möchte, und, wenn es möglich ist, auch gern beantwortet hätte: Wo sind denn nun eigentlich die Maßnahmegesetze, von denen Herr Forsthoff heute — ich will mich jetzt nicht zum Interpreten seiner Abhandlung und seiner eigenen Auffassung machen — gesprochen hat und die offenbar auch Herrn Schätzel in seinem Diskussionsbeitrag vorgeschwebt haben, also die Gesetze, die der Erfüllung völkerrechtlicher Verpflichtungen usw. dienen sollen, und die Gesetze, die — ich kann die Formulierung von Herrn Schätzel nicht wörtlich wiedergeben — irgendwie unmittelbare Verwaltungsmaßnahmen in Gesetzesform darstellen. Ich muß ganz offen gestehen: Mir fehlt die Anschauung, denn ich weiß nicht, was für Gesetze damit gemeint sind. Ich wäre dankbar, wenn gesagt würde, an welche konkreten Fälle man hier denkt. Wenn ich es richtig in der Erinnerung habe, hat Herr Forsthoff in seinem Beitrag in der Gedächtnisschrift für Walter Jellinek im wesentlichen drei Fälle herausgegriffen, von denen das Investitionshilfegesetz wohl der wichtigste war; die beiden anderen (Art. 142a GG und die lex Platow) sind von geringerer Bedeutung. Ich glaube, ein sehr breites Erfahrungsbild ist da auch nicht gezeigt worden. Über das Investitionshilfegesetz kann man übrigens auch noch verschiedener Meinung sein. Ich bezweifle sehr, ob es sich bei ihm um den Standardfall eines solchen Maßnahmegesetzes in diesem strengen Sinne handelt, daß durch das Gesetz unmittelbar verwaltet würde, so daß also für einen Gesetzesvollzug durch Verwaltungsbehörden überhaupt kein Raum mehr bliebe.

Art. 41 der hessischen Verfassung kann hier vielleicht noch als Paradepferd dienen. Der heute von Herrn Forsthoff herausgestellte Gesichtspunkt ist ja auch bei dem Streit um die hessische Sozialisierung herangezogen worden. Wenn ich mich recht erinnere, hat Carl Schmitt gerade sein Gutachten im wesentlichen auf diesen eben erörterten Gesichtspunkt gestützt.

Am Schluß meines Diskussionsbeitrages — wenn Sie ihn so nennen wollen — möchte ich nochmals die Bitte aussprechen, daß die beiden Herren Referenten das, was sie in sehr eindringlicher Weise heute morgen theoretisch und abstrakt dargelegt haben, in ihrem Schlußwort etwas konkretisieren möchten, damit für diejenigen, die, wie ich, weniger abstrakten Überlegungen, sondern mehr konkreten Anschauungen zugänglich sind, die Problematik ein etwas anschaulicheres Bild gewinnt, als sie es bisher gehabt hat.

Wehrhahn-Tübingen (Schlußwort):

Meine Herren!

Ich habe den Eindruck, daß ich in erster Linie zu danken habe, und ich bin mir darüber klar, daß ich nicht allen Hoffnungen auf mein Schlußwort gerecht werden kann.

Dies gilt vor allem für den Beitrag von Herrn Ule! Ich verstehe, daß der Wunsch nach Anschauungsmaterial unbefriedigt geblieben ist — ich habe im Referat selber einem Gefühl des Unbefriedigtseins Ausdruck gegeben —; aber Herr Forsthoff hat genau mein Anliegen getroffen: daß wir nämlich in einer Entwicklung stehen, die entweder die Legislative zum Leiter der Administration macht, oder die uns nur die Hoffnung auf den Juristen läßt, „der mit allem fertig wird" — auch mit dem Gesetz — und der die Legislative aller ihrer Funktionen entsetzt. Beides sind generelle Phänomene, so generell, daß man sie, ohne ihnen Gewalt anzutun, generalisierend und also in allgemeinen Begriffen ansprechen darf.

Beides ist bedrückend. Der Legislative als Leiterin der Exekutive würden keine Grenzen gesetzt sein; sie unterwürfe sich die Exekutive zu jedem Zwecke mit dem Instrument des Gesetzes, das ihr die Regierungsjuristen darbieten. Führen wir die Justiz als Kontrollinstanz gegen die entfesselte Legislative vor, so können wir zwar sicher sein, daß dem fixen Juristen zu jedem Legislativakt etwas Kritisches einfallen wird — zu welchem Ende aber? M. E. mit dem Ende eines Katze- und Maus-Spieles zwischen den die Legislative steuernden Regierungsjuristen und den Justizjuristen, zu einem Zustande also, den wir im Frankreich des 17. und 18. Jahrhunderts vorgebildet finden, in dem einem durch nichts beschränkten Gesetzgeber eine durch nichts beschränkte Justiz gegenübersteht. Die Lage einer Justiz, die eine so umfassende Kontrolle über die Legislative üben soll, wie sie die richterliche Kontrolle der Maßnahmegesetzgebung bedingt und erfordert, ist eine grundsätzlich andere als die einer Justiz, die exekutive Funktionen zu überprüfen hat: Der Gesetzgeber ist nicht nur vom Gesetze frei, sondern auch von der theoretischen Tradition; er kann — und wird — nach Belieben neue Grundvorstellungen und Begriffe kreieren. Die Justiz mag dem entgegentreten wollen. Aber dazu muß sie ihr überkommenes Vorstellungs- und Begriffsgefüge erweitern, ergänzen, auswechseln, muß — nolens volens — neue Begriffe und Vorstellungen rezipieren. So zieht die Entfesselung des Gesetzgebers eine Auflösung des axiomatischen Gefüges zumindest der praktischen Jurisprudenz nach sich — abyssus abyssum clamat — und zahlreiche Urteile, die wir lesen, zeigen uns, daß diese Entwicklung in vollem Gange ist. Hält sie an, so wird sich auch eine traditionsgefestigte theoretische Jurisprudenz ihr gegenüber nicht behaupten können — ich weiß m. a. W. nicht, wie alsdann Jura als Handwerk noch methodisch studiert und dargestellt werden sollen —. Dies war einer der Gründe, um deretwillen ich mir soviel begriffliche Abstinenz in meinem Referat auferlegt und — als ersten Vollzug eines allgemeinen Grundsatzes — anempfohlen habe, dem Begriff „Maßnahmegesetz" die Aufnahme in die exakte Jurisprudenz zu verweigern: ich fürchte, daß mit der Einsetzung der Justiz als Kontrolleurin der zur Administrationsleitung denaturierten Legislative das juristische Denken und die juristische Begrifflichkeit ihre Handwerksmäßigkeit, Elernbarkeit und damit ihre Sicherheit und Präzision einbüßen.

Ich habe zunächst dem Bedürfnis nachgegeben, die Identität der düsteren Aspekte klarzustellen, die ich mit Herrn Forsthoff teile. Ich sehe mich auch einig mit ihm hinsichtlich der Aushilfen. Ich habe mir Ihren Satz gemerkt: Die Zuversicht muß man auf formale Aushilfen setzen.

Dies ist nun — ich darf damit zugleich zu dem Beitrag Scheuner überleiten — ein Grundgesetz neuzeitlichen Rechtsdenkens. Es gibt nicht mehr — wie im mittelalterlichen und noch im absoluten Staate — die Bindung der Souveränitätsakte an Natur- und göttliches Recht als Prinzip; wir haben an seiner Stelle die — wie Herr Forsthoff sagte und wie ich bekräftigen möchte — die Teilung von Normsetzung und Normanwendung. Eben dies aber droht — und jegliches sonstige Minimum an formaler Axiomatik dazu — verloren zu gehen, droht uns in einen vorneuzeitlichen und nun aber völlig bindungslosen Gewaltenmonismus zurückzustürzen, wenn wir die Justiz mit der umfassenden Gesetzgebungskontrolle überfordern und sie damit des Haltes in Theorie und Tradition berauben. Gerade weil ich die Zuversicht allein noch in formalen Aushilfen und allein noch in der Verwendung solcher formaler Aushilfen durch die Justiz sehen kann, spreche ich mich gegen ihre Maßnahmekontrollkompetenz gegenüber dem Gesetzgeber aus.

Daß man vor anderen Fragen steht, wenn man den Fall setzt, daß eine Norm der Verfassung sich als Maßnahmenorm erweist, versteht sich. Ich neige dazu, daran festzuhalten, daß die verfassunggebende Gewalt die Natura naturans der Staatsordnung ist, und daß darum ihre Maßnahmekompetenz jedenfalls anders zu beurteilen ist als die des einfachen Gesetzgebers. Aber ich gestehe zu, daß hier so viele allgemeine rechts- und ideengeschichtliche und auch ideologische Faktoren zu erörtern wären, daß ich diese Ihre Frage, Herr Professor Herrfahrdt, hier nur flüchtig berühren kann.

Einzuräumen habe ich Herrn Professor Merk, daß zwischen Wert und Zweck unterschieden werden müsse. Nicht jeder Zweck ist „Wert" im Verständnis unserer Wertabwägung. Indessen: was hülfe es dem Wert, kein Zweck zu sein? Unter dem Gesichtspunkt und für die Phase seiner Verwirklichung muß er Zweck werden — innerhalb dieser Begrenzung dürften diese beiden Begriffe auswechselbar sein. —

Hiermit bitte ich schließen zu dürfen; ich danke sehr herzlich für alle Anregung.

Menger-Speyer (Schlußwort):

Meine sehr verehrten Herren Kollegen, die Diskussion hat eine solche Fülle von Anregungen gebracht, daß ich nun das Gefühl habe, als Berichterstatter der Beschenkte zu sein. Aber eben wegen der großen Zahl der dabei hervorgetretenen Gesichtspunkte wird es mir in einem kurzen Schlußwort nicht möglich sein, auf alles Gesagte einzugehen.

Erlauben Sie mir, zunächst einige Mißverständnisse aufzuklären, die wahrscheinlich auf mein zu leises Sprechen zurückzuführen sind. Ich glaube, Herr Kollege Scheuner hat mich mißverstanden, als er meinte, ich mißbilligte die Forderung, Sachverhalt und Tatbestand eng zu verknüpfen. Ich wollte lediglich als reine Beschreibung eines Phänomens feststellen, daß speziell das Individualgesetz, in eingeschränktem Maße auch das Zeitgesetz ihren Tatbestand aus einem relativ eng begrenzten Kreis von Fällen bzw. aus einem zeitlich begrenzten Bereich entnehmen; mit dieser Feststellung wollte ich eine Abgrenzung vom normalen Gesetz erreichen, dessen Tatbestand regelmäßig viel weiter gespannt ist. Ebenso hat mich auch Herr Kollege Merk mißverstanden. Ich habe nicht die Absicht, die Unterscheidung: Gesetz im formellen und Gesetz im materiellen Sinne aufzugeben; das, was ich in meinem Bericht anregen wollte, war lediglich, das sogenannte rein formelle Gesetz — also eine Maßnahme des Legislativorgans in der äußeren Form des Gesetzes, die kein anwendbares Recht schafft — des Namens „Gesetz" zu entkleiden, weil ich glaube, daß die überkommene Terminologie insoweit irreführend ist.

Eine grundsätzliche Frage ist, ob Abhängigkeit von einem konkreten Zweck und Orientiertheit an der Idee der Gerechtigkeit brauchbare Kriterien für die Unterscheidung zwischen Maßnahmegesetz und Norm abzugeben vermögen. Dabei darf ich in Paranthese hinzufügen, daß gegen den Terminus „Maßnahmegesetz" gewiß Bedenken geltend gemacht werden können, daß ich aber doch glaube, daß damit ein politisches Phänomen unserer Zeit in etwa deutlich gemacht wird, so daß ich es nicht für richtig hielt, von diesem mir in der Themenstellung vorgezeichneten Wort abzugehen. Ich verkenne nicht — das habe ich, glaube ich, auch mehrfach gesagt —, daß jedes heutige Gesetz einen gewollten Zweck verfolgt. Gleichwohl glaube ich nicht, daß jene Unterscheidungsmerkmale ganz unbrauchbar sind. Die Erfüllung bestimmter Zwecke durch ein Gesetz kann ausgerichtet sein auf eine höhere Vorstellung, die Vorstellung nämlich, durch die Verwirklichung der angestrebten Ziele ein nach dem Maßstabe der Gerechtigkeit geordnetes, friedliches Zusammenleben der Bürger im Geltungsbereich des Gesetzes herbeizuführen oder zu erhalten. In einem solchen Falle spreche ich von Rechtsnorm. Nur dann, wenn es sich um eine rein „technische" Regelung handelt — technisch im Sinne der Bewältigung einer konkreten Schwierigkeit mit rein situationsgebundenen Mitteln — spreche ich von Maßnahmegesetz. Schon daraus folgt, daß ich den Umfang der Maßnahmegesetzgebung rein faktisch für wesentlich geringer halte, als das in der Diskussion zum Teil angenommen worden ist. Die Wohnraumbewirtschaftung der zwanziger Jahre z. B. würde ich nicht als Maßnahmegesetzgebung ansehen. Hier stand der Gesetzgeber vor einer ungerechten Lage, gegen die er angehen mußte. Ob die einzelnen Akte dieses Gesetzgebungswerks nun durchweg dem Maßstabe der Gerechtigkeit genügen können, das mag hier dahingestellt bleiben. Ich glaube aber, daß die Gesamtkonzeption der Wohnraumbewirtschaftung nicht nur darin gesehen werden darf, nach Art der Obdachlosenpolizei einer konkreten Notlage Herr zu werden, die entstanden war, weil infolge des Stilliegens der Bautätigkeit während des ersten Weltkrieges Wohnraummangel bestand, der durch das Einströmen zahlreicher Menschen aus den abgetretenen Provinzen in das Reichsgebiet noch verschärft wurde. Ich bin vielmehr der Ansicht, daß dabei der höhere Gesichtspunkt obwaltete, nach einem gerechten Ausgleich zwischen den Opfern jener Entwicklung und den unbeeinträchtigt Gebliebenen zu suchen. Deshalb kann man, glaube ich, von mindestens dem Versuch des gerechten Ordnens eines Lebensbereiches sprechen und demgemäß der Wohnraumbewirtschaftungsgesetzgebung die Anerkennung als Rechtsnorm nicht versagen. Andererseits dürfen wir, wie ich meine, nicht verkennen, daß der Gesetzgeber — damals wie heute — Verwaltungsmaßnahmen in Gesetzesform traf und trifft; ich erinnere nochmals an § 8 des Straffreiheitsgesetzes 1954 und an das Bundesgesetz über die Getreidepreise von 1951. In solchen Fällen kann von einem Streben des Gesetzgebers, eine gerechte Ordnung aufzurichten, wohl kaum die Rede sein.

Herr Kollege Merkl hat es für verfehlt angesehen, wenn man im Zusammenhange mit der staatlichen Gesetzgebung überhaupt den Maßstab der Gerechtigkeitsidee anlegt. Ich darf dazu nochmals unterstreichen, daß ich in meinem Referat bewußt nur auf die Rechtslage in der Bundesrepublik Deutschland abgestellt habe, schon weil ich sonst mit der Zeit nicht hätte auskommen können. Der Überzeugung bin ich allerdings, daß unsere Rechtsordnung, speziell das Grundgesetz, davon ausgeht, daß Unrecht in Gesetzesform nicht gelten kann. Der alte Streit aus dem Anfang dieses Jahrhunderts, ob ein formal gültig zustande gekommenes Gesetz Geltung haben kann, obwohl es inhaltlich ungerecht ist, ist vom Grundgesetz entschieden und die Frage für den Geltungsbereich unserer Verfassung verneint worden. Dem Grundgesetz selbst liegt eine — sicherlich nicht ganz leicht greifbare — Gerechtigkeitsvorstellung zugrunde, die sich etwa aus dem Grundrechtskatalog und dem Bekenntnis zum sozialen Rechtsstaat erschließen läßt. Daran ist auch unsere Gesetzgebung zu messen, und deshalb kann ich auf das Kriterium der Gerechtigkeit für den Zusammenhang des heutigen Themas nicht verzichten.

Ich habe mich — wenn ich das zum Abschluß sagen darf — in meinem, bewußt sehr nüchtern formulierten, Referat bemüht, den Begriff der Maßnahmegesetzgebung nicht ausufern zu lassen. Ich habe nicht jedes Individualgesetz und schon gar nicht jedes Zeitgesetz für ein Maßnahmegesetz erklärt, sondern lediglich gesagt, daß in diesen Fällen eine gewisse Vermutung dafür besteht, daß der Gesetzgeber damit einen Akt gestaltender Regierung bzw. Verwaltung vollzieht. Ich bin durchaus der Meinung, daß die „inhaltlich a-typischen" Gesetze — vielleicht sogar Einzelpersonengesetze — Rechtsnorm sein können. Ich bin aber andererseits der Meinung, daß wir nun auch nicht in uferlosem Skeptizismus die rechtsstaatliche Konzeption, innerhalb deren das Maßnahmegesetz immer ein Fremdkörper bleiben wird, überhaupt aufgeben dürfen. Denn der Rechtsstaat ist einer der Werte, auf denen unser Leben in der Bundesrepublik heute maßgeblich basiert.

Zweiter Beratungsgegenstand:

Das besondere Gewaltverhältnis

1. Bericht von Professor Dr. Herbert Krüger, Hamburg

Angestoßen wohl durch die Einführung der Generalklausel für den Verwaltungsrechtschutz entdeckte man vor einigen Jahren überrascht, daß es in Gestalt der „Besonderen Gewaltverhältnisse" eine Art von vorrechtsstaatlichem Urwald gibt, der sich als „Relikt des Obrigkeitsstaates"[1]) erhalten hat. Inzwischen sind die Pioniere des Rechtsstaates in diesen Urwald eingedrungen und haben ihn unter die Kultur des Rechts genommen: Das besondere Gewaltverhältnis ist als Rechtsverhältnis qualifiziert[2]), die Grundrechte sind auch hier angesiedelt worden und es wird wenigstens nicht mehr grundsätzlich bestritten, daß aus diesem Boden auch Rechtsakte erwachsen können. Nur mit dem Grundsatz der Gesetzmäßigkeit der Verwaltung scheint es auf diesem Neuland noch schlecht bestellt zu sein[3]). Man behilft sich einstweilen damit, ihn durch die Einwilligung des Bürgers da zu ersetzen, wo Einwilligung in Betracht kommt, während die kraft staatlichen Zwanges begründeten besonderen Gewaltverhältnisse insoweit eine offene Frage bleiben. Soviel hier überall noch zu tun bleibt, soll doch dieses Referat das besondere Gewaltverhältnis nicht unter dem Blickwinkel des Rechtsstaates behandeln. Es soll vielmehr versucht werden, das besondere Gewaltverhältnis in das Bild des Modernen Staates einzuordnen, es also staatstheoretisch zu würdigen, — in der Erwartung, daß ein solcher Versuch auch für die rechtsstaatlichen Probleme nicht ohne Gewinn auslaufen wird. In diesem Sinne soll als erstes gefragt werden:

---

1) E. Becker in VVDStL 14. (1956) S. 96.

2) Vgl. BVerwG vom 10. 12. 1954 in: BVerwG E 1. 264: b. G. — schließt nicht aus, daß zugleich ein Rechtsverhältnis besteht.

3) Vgl. hierzu W. Thieme, Die Besonderen Gewaltverhältnisse in: DÖV 56. 521 ff., 523 f. — G. Köhl, Das besondere Gewaltverhältnis im Öffentlichen Recht, Bern 1955. — O. Mayer, Deutsches Verwaltungsrecht 3. Aufl. 1924, I 98; II 253. — Vgl. aber RG vom 2. 7. 1929 in RGZ 125. 227/228: Ein nicht erfolgter staatlicher Hoheitsakt kann niemals durch das Anerkenntnis des Bürgers ersetzt werden.

I. Worin besteht die Besonderheit des besonderen Gewaltverhältnisses?

Dieses Besondere besteht nicht in der Befreiung — Exemtion — von dem allgemeinen Gewaltverhältnis, so daß man insoweit das besondere Gewaltverhältnis nicht mit den Immunitäten der deutschen Verfassungsgeschichte vergleichen kann. Dem Besonderen geht es hier vielmehr um Bindung. Was den Umfang dieser Bindung angeht, so kann Besonderheit nicht meinen, daß es sich statistisch um einen Sonderfall handele. Denn der Mensch beginnt sein Leben im besonderen Gewaltverhältnis der Entbindungsanstalt, er beschließt es im besonderen Gewaltverhältnis des Friedhofs[4]), und zwischen diesen äußersten Punkten tritt er in besondere Gewaltverhältnisse als Beamter, als Anstaltsnutzer oder -insasse, als Mitglied Öffentlicher Körperschaften[5]), als Nutzer Öffentlicher Sachen[6]), als Adressat der Steueraufsicht[7]) als Empfänger von Subventionen[8]) usw. usw.[9]), um von dem Verhältnis zu den Interessenverbänden oder der „Unterwerfung" unter die Allgemeinen Geschäftsbedingungen[10]) ganz zu schweigen. Das Besondere kann daher nicht in der Zahl, es muß im Maß bestehen. Dies ist in der Tat die Meinung: Im besonderen Gewaltverhältnis soll es sich um eine „zusätzliche", um eine „verschärfte"[11]) Unterworfenheit im Vergleich zu dem handeln, was man das „allgemeine Gewaltverhältnis" nennt.

Hier ist der erste Anlaß, stutzig zu werden. Die Gewalt, die das allgemeine Gewaltverhältnis bestimmt, ist die Staats-

---

[4]) Der Friedhof als Anstalt des öffentlichen Rechts: BGH vom 18. 11. 1955 in: BGHZ 19. 133 = DVBl. 56. 236.

[5]) E. Forsthoff, Lehrbuch des Verwaltungsrechts, 6. Aufl. 1956, S. 128. — D. Haas, ArchÖffR 80 (1955) 98. — Für Mitglieder der Rechtsanwaltskammern: Bayer. VerfGH vom 13. 5. 1954 in: VerwRspr. VII, 387. — Ein b. G. zwischen Gemeinde und Bürger wird von A. Köttgen, DVBl. 55. 447 f., wohl verneint

[6]) Th. Maunz, Hauptprobleme des Öffentlichen Sachenrechts 1933, S. 238. — R. Thoma, Der Polizeibefehl im Badischen Recht 1906, S. 373. — Vgl. auch PrOVG vom 18. 4. 1901 in: OVG 39, 257 und vom 14. 3. 1940 in: OVG 105 179, in dem die Öffentlichen Wege als Anstalten bezeichnet werden

[7]) O. Mayer, I³ 351, 355. — Nach O. Mayer II³ 257 wird insbesondere durch Verleihungen ein b. G. begründet.

[8]) Hiergegen H. P. Ipsen, Öffentliche Subventionierung Privater, in DVBl. 56. 602 ff. 606 bei Anm. 108.

[9]) Nach OVG Koblenz vom 9. 9. 1954 in DÖV 55. 256 soll sogar zwischen Staat und Gemeinde ein besonderes Gewaltverhältnis bestehen.

[10]) Hermann Krause in: Der Betriebs-Berater 55. 265. — BHG vom 8. 3. 1955 in: BGHZ 17. 2. und 8. 7. 1955 in: BGHZ 18. 99 = NJW 55. 1513.

[11]) O. Mayer, aaO. I. 101.

gewalt. Sie ist eine mindestens ebenso erstaunliche Hervorbringung der Neuzeit wie etwa Wirtschaft und Technik, mit denen sie insofern in innerem Zusammenhang steht als sich Wirtschaft und Technik ohne modernen Staat und vor allem seine Staatsgewalt nicht im entferntesten so hätten entwickeln können wie sie es getan haben. Die Staatsgewalt, entstanden als Reaktion auf die „Herausforderung" der außerordentlichen außen- und innenpolitischen Situationen des 16. und 17. Jahrhunderts, erweist sich in der Sache als die Blankovollmacht, alles das tun und vor allem verlangen zu dürfen, was das Gemeinwohl in jeder Lage immer erfordern könnte. Es handelt sich also um ein Instrument von nicht zu überbietender Leistungsfähigkeit, das insbesondere auch eine nicht mehr zu vervollständigende Herrschaft über die Bürger begründet[12]). Ist dies aber der Fall, dann scheint für spezielle Vollmachten oder Gewalten weder Platz noch Bedürfnis gegeben zu sein: Denn sie könnten den Staat niemals zu etwas ermächtigen, wozu er nicht ohnehin kraft der Staatsgewalt ermächtig wäre. Das Besondere des besonderen Gewaltverhältnisses kann daher seinen Gegenpol nicht in der Staatsgewalt schlechthin, es muß ihn in etwas anderem haben.

Die Staatsgewalt ist heute eine zur ordentlichen Gewalt erhobene außerordentliche[13]) Gewalt, die der Verfassungsstaat zu fassen oder zu „kanalisieren" unternommen hat. Die ursprüngliche Staatsgewalt gewährt völlige Freiheit in der Wahl der Mittel zur Verfolgung eines höchst allgemein, man kann beinahe sagen, gleichfalls als Blankett umschriebenen Zweckes (Das Gemeinwohl oder dergl.). Der Verfassungsstaat bemüht sich als erstes darum, diese Zwecke im einzelnen zu bestimmen und genau festzulegen, wobei die Grundrechte die wichtige Rolle einer negativen Staatszielbestimmung übernehmen. Die Wahl der Mittel aber wird vor allem hinsichtlich der Form beschränkt, indem jeder Eingriff in Freiheit und Eigentum ein Gesetz voraussetzt. Was aber Breite und Tiefe des Einbruchs

---

[12]) Vgl. O. Mayer II³ 149 Anm. 9: „... Die Subjektion des Individuums ist eine allseitige und nur gehemmt durch die Ordnungen des Verfassungs- und Rechtsstaates; durch Gesetz oder Unterwerfung werden die Hemmungen beseitigt und, soweit dies der Fall ist, wirkt (sic!) die allseitige Untertanenschaft sofort wieder frei."

[13]) Eine Nachwirkung hiervon mag es sein, wenn man z. B. auf eine Bezeichnung des Verwaltungsrechtes als außerordentliches Recht (M. Hauriou) stößt und die Steuer in England noch als außerordentliche Staatseinnahme bezeichnet wird. — M. Hauriou, Précis de Droit administratif 12. Aufl. 1933 S. 27 ff. — Wade-Phillips, Constitutional Law 5. Aufl. 1955 S. 186: „The »extraordinary« revenue derived from taxation ..."

angeht, so treffen die Grundrechte hierüber gleichfalls Bestimmung. Insgesamt gesehen ist die Staatsgewalt des Verfassungsstaates domestizierte, eben eine „verfaßte" Staatsgewalt, deren vulkanischer Charakter sich allenfalls in Gestalt eines Staatsnotrechtes, des Regierungsaktes oder im „militanten" Charakter des Finanzwesens[14]) in Erinnerung bringt.

Ungebrochen kann die elementare Gewalt heute, wenn überhaupt, nur noch in Rückzugs- oder Schutzgebieten existieren. Um etwas derartiges handelt es sich augenscheinlich bei dem besonderen Gewaltverhältnis. Hier ist der Zweck nicht expliziert und nicht gefaßt, er ist vielmehr ungeschieden und unaufbereitet in der Institution enthalten. Aus einem solchen zwar teilweisen, aber in keiner Weise näher bestimmten Zweck können in einer Freiheit der Wahl, die durch nichts anderes als durch die ursprüngliche Zweckdienlichkeit des Mittels beschränkt ist[15]), die Mittel unmittelbar und von Fall zu Fall gebildet und eingesetzt werden. Im besonderen Gewaltverhältnis ist die Ursprünglichkeit des Zweckes und die Unmittelbarkeit der Gewalt weder durch Gesetze noch durch Grundrechte noch durch Rechtsschutz gebrochen oder vermittelt. Nur noch im besonderen Gewaltverhältnis existiert daher die Staatsgewalt in ursprünglicher Kraft, während sie im allgemeinen Gewaltverhältnis durchaus gebändigt erscheint. Insofern, aber auch nur insofern hat es einen Sinn, allgemeine Gewaltverhältnisse durch besondere Gewaltverhältnisse zu überhöhen oder zu verschärfen, obwohl an sich die Staatsgewalt bereits das denkbare Höchstmaß an Gewalt und Unterworfenheit darstellt. Es ergibt sich demnach: Das erste Besondere des besonderen Gewaltverhältnisses besteht darin, daß seine Gewalt im Gegensatz zur Staatsgewalt durchaus unverfaßte, elementare Gewalt ist.

Für die Natur in ihrer ungezähmten Wildheit hat auch das Verfassungsrecht keinen Platz mehr. Wird aber auch das besondere Gewaltverhältnis nach dem Muster der Staatsgewalt in Verfassung gebracht, dann wird der Sinn fraglich, in dem man dann noch von einem besonderen Gewaltverhältnis sprechen könnte. An die Stelle des „Besonderen", das das Elementare meint, tritt das Partielle, und zwar das regional oder personal Partielle, das durch einen partiellen Gewaltträger oder auch durch eine einzelne Seite des Staates,

---

14) K. M. Hettlage, Die Finanzverfassung im Rahmen der Staatsverfassung, in: VVDStL 14 (1956) S. 2 ff., S. 13.

15) Vgl. BGH vom 18. 11. 1955 in: BGHZ 19. 133 = DVBl. 56. 236. — OVG Berlin vom 13. 10. 1954 in: DVBl. 55. 567. — OVG Koblenz vom 9. 9. 1954 in: DÖV 55. 256. — LVG Düsseldorf vom 19. 4. 1955 in: DÖV 56. 58. — G. Köhl aaO. 41 f. 99. — Thieme DÖV 56. 524.

z. B. durch seine Dienstherreneigenschaft, geprägt wird. Allgemeines und besonderes Gewaltverhältnis würden sich dann nur noch dadurch unterscheiden, daß die allgemeine Gewalt sich an alle wendet, ohne jedoch für alle aktuell zu werden, während die besondere Gewalt zwar sich nicht an alle wendet, wohl aber für Jedermann jederzeit aktuell werden kann. Ob dies aber noch eine grundlegende Unterscheidung rechtfertigt, mag immerhin bezweifelt werden. Ein endgültiges Urteil läßt sich hierüber erst dann fällen, wenn geprüft ist, ob sich allgemeine und besondere Gewalt abgesehen von ihrer Konstitution nicht auch durch ihren Gehalt unterscheiden.

2. Die Frage ist: Handelt es sich bei der Schaffung eines besonderen Gewaltverhältnisses darum, daß die gefesselte Staatsgewalt sich gewissermaßen selbst entfesselt und sich in ihren urtümlichen Zustand zurückversetzt, oder ist die Gewalt der besonderen Gewaltverhältnisse nicht im Vergleich zur Staatsgewalt als ein Aliud zu werten? Man kann sich des Eindrucks nicht erwehren, daß zahlreiche Aussagen über das besondere Gewaltverhältnis auf dieses Aliud hinauslaufen. Undurchsichtig, vielleicht aber auch bloß nichtssagend ist es, wenn G. Jellinek[16]) die (besonderen) Gewaltverhältnisse den (allgemeinen) Herrschaftsverhältnissen entgegenstellt. Der Unterschied soll darin bestehen, daß man sich jenen entziehen kann, diesen nicht, — ein Unterschied, der nicht nur ein äußerlicher ist, sondern auch bedenklich zusammenschrumpft, wenn man dort an die zwangsweise begründeten Verhältnisse, hier an die Auswanderungsfreiheit denkt. Dagegen lohnt es sich, aufzumerken, wenn davon die Rede ist, daß irgend etwas im besonderen Gewaltverhältnis von anderer als von Rechtsnatur ist. So hat man z. B. behauptet, daß sowohl Gesetze, die besondere Gewaltverhältnisse regelten[17]), wie die Normen, die innerhalb dieses Verhältnisses gesetzt werden, Rechtssätze nicht darstellten[18]). Ebenso hat man die Einzelakte des besonderen Gewaltverhältnisses vom Verwaltungsakt abgesetzt[19]),

---

[16]) System der subjektiven öffentlichen Rechte 2. Aufl. 1905 S. 217 f.

[17]) G. Köhl aaO. S. 57. — Vgl. auch O. Mayer aaO. I 67⁴.

[18]) O. Mayer aaO. I 84. — Vgl. dort auch 86 Anm. 10: „Alles, was Rechtssatz sein soll, ist an das formelle Publikationsprinzip gebunden. Für die Verwaltungsvorschriften aber genügt, daß sachlich das Zweckmäßige geschehen ist." — E. Forsthoff aaO. S. 128: „Statutarische Regelungen (sc einer Körperschaft des öffentlichen Rechts), welche lediglich die Mitglieder verpflichten und keine nach außen reichende Wirkung haben, stellen deshalb nichts anderes als ein Gegenstück der Verwaltungsverordnung dar und entbehren des Rechtssatzcharakters." — BVerwG vom 10. 12. 1954 in BVerwG E 1. 262.

[19]) Vgl. z. B. BVerwG vom 10. 12. 1954 in: VerwRspr. VII 925.

der ja, entgegen seinem Namen, gerade ein Rechtsakt ist. Mit alledem wird ein materieller Unterschied zwischen allgemeiner und besonderer Gewalt behauptet: Jene ist einer Verbindung mit dem Recht fähig, wenn sie nicht sogar Rechtsgewalt ist, für die besondere Gewalt gilt beides nicht. Inwiefern aber ein solcher Unterschied auf der Eigenart der beiden in Frage stehenden Gewalten beruht, wird nicht gesagt.

Man ist auf den ersten Blick geneigt, anzunehmen, daß diese Andersartigkeit der besonderen Gewalt irgendwie mit dem Wesen der Verwaltung zusammenhängen müsse. Aber eine solche Annahme würde einmal voraussetzen, daß man sich seit langem über die Eigenart der Verwaltung, der ihr spezifischen Gestaltungen der Normsetzung und des Einzelhandelns und vor allem ihr Verhältnis zum Recht im klaren sei, wovon naturgemäß erst recht dann nicht die Rede sein kann, wenn man die Verwaltung als einen „umfassenden Restbegriff" definiert. Zweitens aber würde eine solche Annahme unterstellen, daß Verwaltung nur mittels besonderen Gewaltverhältnisses geführt werden könne. Dies zweite kann man jedenfalls nicht unbedingt bejahen. Das besondere Gewaltverhältnis und die ihm eigene Gewalt kann nach alledem nicht durch Rückgriff auf die Eigenart der Verwaltung, es muß vielmehr beides aus sich selbst heraus erklärt werden. Damit ist zugleich festgestellt, daß das besondere Gewaltverhältnis innerhalb der Verwaltung auch in materieller Hinsicht einen Fremdkörper darstellt.

Auf der Suche nach Anhaltspunkten stößt man als erstes auf eine Unterscheidung nach den Gesichtspunkten „Außen" und „Innen", wobei die erste Kategorie dem allgemeinen, die zweite dem besonderen Gewaltverhältnis zugeordnet zu werden pflegt[20]). Dieses Bild wird vielfach fortgesetzt, so wenn man z. B. von einem „Eintritt" in das besondere Gewaltverhältnis spricht oder wenn etwa der Nichtversetzung eines Schülers deswegen rechtliche Relevanz beigelegt wird, weil sich dadurch das „Verlassen" der Schule um ein Jahr hinausschiebt[21]). Vielleicht gehört diese räumliche Kennzeichnung nichträumlicher Gegenstände nicht erst der naturalistischen Epoche der Rechtsmethodik an, sondern bewahrt noch etwas von alter Symbolik des Rechts. Wie dem

[20]) Vgl. E. Forsthoff, aaO., S. 412: „... Der Anstaltsbegriff dient dazu, indem er Verwaltungstätigkeiten zu einer abgegrenzten Einheit zusammenfaßt, die Vorstellung eines Innen und Außen zu ermöglichen, die ihrerseits das besondere Gewaltverhältnis trägt ..."

[21]) Vgl. BVerwG vom 10. 12. 1954 in: DVBl. 55. 261 und zum Vergleich das hiermit beurteilte Berufungsurteil des OVG Lüneburg vom 14. 8. 1953 in DVBl. 53. 663.

aber auch sei, — es erscheint sicher, daß mit solchen räumlichen oder symbolischen Bezeichnungen das andere gekennzeichnet werden soll, das die besondere von der allgemeinen Gewalt unterscheidet. Geht man hierauf näher ein, dann stellt man alsbald fest, daß die Vorstellung eines „Innen" dem Recht nicht fremd ist. Das Völkerrecht kennt eine Intervention in „Innere Angelegenheiten" — ein Begriff, der nicht selten verwendet wird, um auch andere Gebilde als den Staat, z. B. Parteien, Vereine u. dgl., gegen Einwirkung „von außen" abzuschirmen. Die Rechtsphilosophie kennt seit Jahrhunderten ein „Inneres" des einzelnen Menschen, das allen rechtlichen Regelungen seiner Natur nach zugänglich sein soll[22]). Es scheint sich aus diesen Beobachtungen eine erste Gemeinsamkeit zu ergeben: Überall handelt es sich um die Abwehr einer heteronomen Bestimmung, die Autonomie aber wird damit gerechtfertigt, daß es sich um den eigensten Bereich einer kollektiven oder individuellen Persönlichkeit handelt. Wendet man diese Hypothese auf das besondere Gewaltverhältnis an, dann erweist sich die zunächst gegebene Deutung des Besonderen dieses Verhältnisses als zu grob: Offenbar handelt es sich nicht eigentlich darum, mittels des besonderen Gewaltverhältnisses die Handlungsfreiheit der Staatsgewalt an sich wiederzugewinnen, in der sich die verfaßte Staatsgewalt beschränkt fühlt[23]). In den gänzlich institutionalisierten und veramteten Staat sind vielmehr in Gestalt der besonderen Gewaltverhältnisse Bezirke eingesprengt, die als Zusammenhänge von Personen zu verstehen sind und deren Funktion sehr persönlich bestimmt ist. Zum Unterschied vom Staat konnte daher hier alles, was an alten Vorstellungen des Hauses[24]), der Grundherrschaft und vor allem des Lehenswesens[25]) noch weiterlebt, eine Stätte finden[26]),

[22]) Vgl. Herbert Krüger, Die Geistigen Grundlagen des Staates 2. Aufl. 1944 S. 114 ff.

[23]) Vgl. aber O. Mayer II³ S. 284: „Die Ordnung des Nutzungsverhältnisses der Verwaltungsanstalten trägt mit voller Absichtlichkeit nicht das Gepräge des Rechtsstaates. Sie vermeidet Rechtssatz und Verwaltungsakt. Eben deshalb kommen dabei wichtige subjektive Rechte nicht zum Vorschein." — Nach Forsthoff aaO. S. 352 ist O. Mayers Auffassung in dieser Form nicht mehr haltbar.

[24]) Vgl. F. W. Jerusalem in: Festgabe für R. Huebner 1935; vgl. auch O. Gierke, Das deutsche Genossenschaftsrecht I (1868) 90. — A. Heusler, Institutionen I 98.

[25]) Bemerkenswert ist z. B., daß Laband sich bei der Behandlung des Beamtenverhältnisses noch ganz in lehnsrechtlichen Wendungen und Begriffen bewegt.

[26]) Ermacora, Die besonderen Gewaltverhältnisse in der österreichischen Rechtsordnung in: DÖV 56. 529 ff. spricht daher recht glücklich von „patrimonialen" besonderen Gewaltverhältnissen.

ohne daß sie sich damit auf die Dauer Verständnis oder gar Existenz hätten sichern können. Heute so entpersönlichte Begriffe wie etwa Anstalts h e r r oder Diensth e r r[27]) haben sicher einmal eine persönliche Bedeutung gehabt, die sie von der bloßen Amtsträgerschaft wesentlich unterschied. Die behauptete nicht-rechtliche Natur von Verwaltungsanweisung und von Anstalts- oder Dienstakt wäre dann nicht darauf zurückzuführen, daß es sich um der Verwaltung und nicht dem Recht zugehörige Institute handele. Sie wären vielmehr zu deuten als Befehle einer Person, die wie alle Persönlichkeit, nicht rationalisierbar und damit auch rechtlich nicht regulierbar wäre. Die Eigenart der Gewalt in diesen Verhältnissen bestünde dann darin, daß sie in vollem Gegensatz zur versachlichten Staatsgewalt als persönliche Gewalt anzusehen wäre.

Die Deutung des besonderen Gewaltverhältnisses und seiner Gewalt als persönlichen Zusammenhanges wird bestätigt durch die Beobachtung, daß sich mindestens zwei ganz persönliche Institute[28]) nur hier jedenfalls in ausgeprägter Gestalt finden. Das eine ist die Fürsorgepflicht, die für die besonderen Gewaltverhältnisse typisch ist[29]). Eine solche geschriebene oder ungeschriebene Fürsorgepflicht des Herrn ist sicherlich etwas anderes als eine graue, lieblose Daseinsvorsorge des Sozialstaates. Auf der anderen Seite äußert sich dieser personale Charakter in einer Eigenart von Pflichten, wie sie sich am deutlichsten in der Treuepflicht des öffentlichen Dienstes zeigt, — wie ja überhaupt im Wort „Dienst" ein persönlicher Unterton mitschwingt. Würde man die Idee des Amtes folgerichtig zu Ende denken, dann kämen auf die Person des Beamten gemünzte Pflichten überhaupt nicht in Betracht, da vom Amte her gesehen die Person nicht existiert, geschweige denn, daß sie „außerhalb des Dienstes"[30]) und womöglich noch mit ihrem Familienleben erfaßt werden dürfte. Wie unstaatlich dies alles im Grunde ist, mag kontrastierend durch einen Satz Hegels erhellt werden: „Der öffentliche Zustand ist ... für um so vollkommener zu achten, je weniger dem Individuum für sich nach seiner besonderen Meinung, im Vergleich mit dem, was auf allgemeine Weise veranstaltet ist, zu tun übrig

---

27) Man könnte hierneben noch stellen den Wegeherren, den Gerichtsherren, den Kriegsherren.

28) In diesem Zusammenhang könnten noch genannt werden: der Eid, das Disziplinarverfahren mit seinem charakteristischen Mangel an konkreten Unrechts-Tatbeständen und vieles andere mehr.

29) Vgl. BbH vom 2. 5. 1955 in: BGHZ 17. 172.

30) Vgl. z. B. § 54 BBG.

bleibt[31])." Es darf auch daran erinnert werden, daß niemand anders als G. Jellinek im allgemeinen Gewaltverhältnis das persönliche Element der Treue in unpersönlichem Gehorsam hat aufgehen lassen[32]). Wenn man in einem dergestalt persönlich bestimmten Verhältnis einen Rechtsschutz vor den allgemeinen Gerichten nicht kennt, dann mag dies nicht zuletzt darauf beruhen, daß man auf andere, persönlichere Werte setzt, die vielleicht sogar zuweilen den gegebenen Erfordernissen besser entsprechen mögen.

Es ist die persönliche Natur, die die materielle Eigenart des besonderen Gewaltverhältnisses und seiner Gewalt ausmacht. Ein solcher „modus magis herilis"[33]) ist im Grundsatz mit dem Modernen Staat unvereinbar. Der Moderne Staat ist eine Institution, die sich in einem System von Ämtern organisatorisch verwirklicht. Überall weiß man daher nichts mehr von Personen und erst recht nicht von einer Bestimmung der Sache durch die Person. Das besondere Gewaltverhältnis als Immunität für eine Haus- und Herrengewalt ist im Modernen Staat zum Untergang verurteilt. Es verwandelt sich unmerklich aus einem Fremdkörper in einen Kunstgriff der staatlichen Verwaltung, mit dessen Hilfe man sich die juristischen Mittel zur Bewältigung von Aufgaben verschafft, die mit den allgemeinen rechtsstaatlichen Konstruktionen jedenfalls einstweilen nicht zu bewältigen wären. Wenn es daher heute noch ein materielles Anderssein des besonderen Gewaltverhältnisses und seiner Gewalt gibt, dann jedenfalls nicht mehr in Gestalt eines Unterschiedes zu Staat und Staatsgewalt überhaupt, sondern nur noch als Unterscheidung gegen andere Teilgewalten innerhalb der Staatsgewalt selbst. Mit dem Absterben ihres persönlichen Wesens werden die besonderen Gewaltverhältnisse ein Stück der staatlichen Verwaltung und ihrer Hoheit. Vom Recht her gesehen erschöpft sich die Problematik eines dergestalt eingeschmolzenen besonderen Gewaltverhältnisses darin, die hierdurch der Verwaltung zugewachsenen operativen Möglichkeiten in Konkordanz mit den allgemeinen Grundsätzen des formalen Rechtsstaates zu bringen. Die Frage, was das Recht in den besonderen Gewaltverhältnissen leisten kann und soll, ist daher heute die gleiche Frage, wie sie der Verwaltung überhaupt gestellt ist.

---

[31]) Rechtsphilosophie § 242.

[32]) G. Jellinek, System der subjektiven öffentlichen Rechte 2. Aufl. 1905 S. 104, 197/198. — A. A. z. B. C. Gareis, Allgemeines Staatsrecht 1883 S. 144.

[33]) Georg Melchior Ludolf, Symphorema consultationum et decisionum forensium I (1731) cons. 10 p. 326.

II. Über die Gewalt des besonderen Gewaltverhältnisses

1. Woher stammt eigentlich die Gewalt des besonderen Gewaltverhältnisses? Diese Frage, die nicht gleichbedeutend mit dem Problem der Legitimität ist, ist jeder Gewalt gestellt. Man würde vergeblich nach einer Antwort auf diese Frage suchen, wenn man sie für die Demokratie nicht in der Wendung erblicken würde, daß alle Staatsgewalt vom Volk ausgeht. Diese Aussage ist nicht nur ideologisch bedeutsam, sondern entspricht auch einer Zwangsläufigkeit der Sache selbst. Denn in dem gleichen Augenblick, in dem der Gedanke der Staatsgewalt gefaßt ist, wird die Demokratie unausweichlich, weil es undenkbar ist, daß eine solche Waffe von Einem womöglich gegen Alle, und nicht nur von Allen für Alle sollte gebraucht werden können. Wie die Erörterung über die Herkunft der Gewalt supranationaler Organisationen, insbesondere der Montan-Union zeigt, ist die Argumentation der Theorie immer noch eine ganz andere: Nach wie vor deduziert man kurzerhand aus dem gegebenen Zweck die Gewalt als Mittel. Ist daher die Institution gesetzt, dann müssen nach dieser Auffassung auch die Mittel vorhanden sein, ohne die sie nicht bestehen und nicht wirken kann.

Offensichtlich verlagert man jedoch mit einer solchen Deduktion lediglich das Problem. Nunmehr stellt sich nämlich die Frage: Wer ist fähig, eine Institution ins Leben zu rufen, die von Natur aus mit hoheitlicher Gewalt ausgestattet ist. Eine solche Fähigkeit zur Vaterschaft oder Mutterschaft[34]) kann man als originäre nur dem Staat zuschreiben. Hierzu zwingt die Einheit oder die Einzigkeit der Gewalt: Ist die Staatsgewalt Blankovollmacht zur Verwirklichung eines unbegrenzten Staatszweckes, dann kann es sie logischerweise in demselben Bereich nur einmal geben. Inhaber dieser einen und einzigen Gewalt ist der Staat. Von ihm muß sich daher jegliche andere Gewalt herleiten, ihm muß sie auch nach der Verselbständigung unterstellt bleiben.

a) Ist daher auch die Gewalt des besonderen Gewaltverhältnisses abgeleitete Gewalt, dann stellt sich sogleich die Frage, ob es zur Errichtung von Institutionen, die von Natur aus mit der erforderlichen Gewalt ausgestattet sind, nicht einer förmlichen Ermächtigung in der Verfassung bedarf. Für das Außenverhältnis, d. h. die Errichtung supranationaler Organisationen, läßt sich eine Bejahung

---

[34]) Vielleicht ist dieser Ausdruck der treffendere, weil man von „Muttergemeinwesen“ zu sprechen pflegt. — Vgl. z. B. O. Mayer aaO. II 331, 333.

bereits aus Art. 24 GG entnehmen. Man wird in der Tat zum mindesten eine verfassungsmäßige Ermächtigung verlangen müssen, wenn der Staat durch Begründung supranationaler Gewaltverhältnisse sich selbst zu mediatisieren wünscht. Im Innenverhältnis hingegen besteht offenbar kein Zweifel daran, daß jedenfalls der Staat neue Gewaltträger aus sich heraussetzen kann, ohne hierzu einer ausdrücklichen Ermächtigung in der Verfassung zu bedürfen[35]).

Rechnet man diese naturgegebene Fähigkeit zur Organisationsgewalt, dann gerät man in einen Bereich von Streitfragen, aus denen sich die Zuordnung der Organisationsgewalt zu den drei großen Gewalten und die Form der Ausübung der Organisationsgewalt herausheben. Selbst wenn man für begünstigende Staatsakte ein Gesetz nicht verlangt, würde man doch selbst die Errichtung eines freiwilligen besonderen Gewaltverhältnisses als belastende Maßnahme ansehen und ein Gesetz verlangen müssen. Hierüber gibt es jedoch eine einheitliche Meinung nicht. Zwar läßt man die Begründung von Juristischen Personen des Öffentlichen Rechtes nur durch konstitutiven Akt der Staatsgewalt zu[36]), aber für diesen Akt wird nicht ausnahmslos die Form des Gesetzes verlangt[37]). Heute wäre zudem angebracht die Frage, ob nicht entsprechend dem in Art. 80 niedergelegten Gedanken in dem ermächtigenden Gesetz eine Aussage über Inhalt, Zweck und Ausmaß der zu verleihenden Gewalt enthalten sein müßte. Von alledem ist jedenfalls da nicht die Rede, wo das besondere Gewaltverhältnis nicht in Gestalt einer

---

35) Vgl. hierzu Art. 87 und 88 GG. Wäre hier nicht diese Meinung zugrundegelegt, dann hätte es einer Einschränkung dieser Kreationsfähigkeit nicht bedurft.

36) PrOVG vom 16. 2. 1917 in: OVG 72. 66. — RG vom 20. 12. 1913 in: Recht 1914 Sp. 173. — StGH für das Land Hessen vom 7. 10. 1949 in: VerwRspr. II 136 ff., 142 f. — BayerVerfGH vom 20. 7. 1951 in: DÖV 52. 149 ff., 151. — O. Mayer aaO. II³ 333/334.

37) Ein Gesetz verlangen: A. Köttgen, Deutsches Universitätsrecht 1933 S. 7. — E. R. Huber, Wirtschaftsverwaltungsrecht I 2. Aufl. 1953 S. 64. — A. de Laubadère, Traité Elémentaire de Droit Administratif 1953 S. 567: Ein „service public" kann nur durch Gesetz, d. h. also durch das Parlament geschaffen werden. — OVG Lüneburg vom 4. 11. 1952 in: DVBl. 53. 83: „Damit eine Körperschaft des Öffentlichen Rechts ins Leben tritt, bedarf es im Rechtsstaat eines Gesetzes, das die Qualifikation durch Verleihung gewährt oder als vorhanden anerkennt." — Neben dem Gesetz lassen auch andere staatshoheitliche Akte genügen: BayerVerfGH aaO. — W. Weber, Die Körperschaften, Anstalten und Stiftungen des Öffentlichen Rechts 2. Aufl. 1943 S. 27. — Für die Aufhebung einer rechtsfähigen öffentlichen Anstalt oder Körperschaft verlangen ein Gesetz O. Mayer aaO. II³ 340. — Württ.-Bad. VGH vom 5. 9. 1952 in VerwRspr. V 548.

Juristischen Person auftritt, also vor allem im Falle der sogenannten unselbständigen Anstalten.

b) So wichtig die Fragen der Form sind, die durch die Begründung einer besonderen Gewalt aufgeworfen werden —, noch bedeutsamer sind die hierdurch gestellten materiellen Probleme. Wie ist es denkbar, daß die Staatsgewalt als verfaßte Gewalt eine unverfaßte Gewalt wie die besondere Gewalt aus sich heraussetzen kann? Und zweitens: Wie ist es möglich, daß die Staatsgewalt als eine unpersönliche Institutionen- und Amtsgewalt eine persönliche Gewalt erzeugen kann? Diese beiden Fragen treten im übrigen nicht nur im Zusammenhang mit dem besonderen Gewaltverhältnis auf. Sie stellen sich mit noch viel größerem Nachdruck für das Verhältnis Staat und Fiskus: Wie ist es denkbar, daß der Staat als durch und durch verfaßtes Gebilde sich, im übrigen ohne jede Ermächtigung oder Form, in einen Fiskus mit voller Bewegungsfreiheit verwandeln kann? Und auch hier stellt sich als zweite Frage: Wie ist es möglich, daß der Staat als ein ausschließlich durch das Gemeinwohl bestimmtes und auf hoheitliches Handeln verwiesenes Wesen sich selbst in ein kommerziell motivierendes und zivilrechtlich handelndes Gebilde verwandeln kann? Gerade solche strukturelle und materielle Selbstverwandlung des Staates wirkt auf den ersten Blick geradezu grotesk: Nachdem man die Scheidung in öffentliches und privates Recht vorgenommen hat, um dem Staat durch die hierdurch ermöglichte Ausschließlichkeit der Unterstellung unter das Öffentliche Recht jegliche private Motivation, insbesondere auch die von Gierke so genannte vermögensrechtliche Auffassung aller öffentlichen Rechte[38]) ein für allemal unmöglich zu machen, verwandelt sich dieser Staat selbst in den Fiskus, um sich nun in einem von jedem öffentlichen Gesichtspunkt geläuterten Privatrecht freier bewegen zu können als je zuvor. Damit verliert die Auseinanderlegung des Rechts in öffentliches und privates jeden Sinn. Es ist höchste Zeit, daß die Theorie des Fiskus einmal einer gründlichen Nachprüfung unterzogen wird, wobei vor allem nach der Ermächtigung zu forschen wäre, kraft deren der Staat sich selbst zum Fiskus erklärt, um sich ungehemmt kommerziellen Regungen hingeben zu können.

Die Selbstverständlichkeit, mit der man die besonderen Gewaltverhältnisse und den Fiskus bisher hingenommen hat, erklärt sich wohl nicht zuletzt aus der Unzulänglichkeit der Vorstellungen, die man sich vom Sein des Staates gebildet hatte. Dieses Sein ist nicht nur ein

---

[38]) Das Deutsche Genossenschaftsrecht I 1868 S. 154.

geistiges, es ist vor allem auch ein künstliches: Sowohl in seiner Arbeits- wie in seiner Existenzweise ist der Staat ein Kunstwerk[39]). Als erstes muß man mit G. Burdeau sagen: „L'Etat existe parce qu'il est pensé[40]).“ Damit ist ein biologistisch-vitalistisches Sein des Staates im Sinne etwa einer naturalistischen Organismustheorie von vornherein ausgeschaltet. Aber auch diesem geistigen Verständnis fehlt noch die entscheidende Bestimmung: Der Staat ist primär nicht, wie er tatsächlich gedacht wird, sondern wie er von Verfassungs wegen gedacht werden darf und soll. Es ist daher die Verfassung, die den Staat als geistige Wesenheit und damit auch die Staatsgewalt konstituiert[41]). Verfassung und verfassungsmäßiges Gesetz schränken somit nicht eine natürliche Handlungs- und Motivationsfähigkeit derjenigen Personen, die zu Amtsträgern, Organen oder Funktionären berufen sind, auf das Maß des von Verfassung und Gesetz wegen richtigen ein. Verfassung und Gesetz schaffen vielmehr in Amtsträgern, Organen und Funktionären künstliche Wesenheiten, die von vornherein nur insoweit existieren als sie von Verfassung und Gesetz konstituiert sind und deren Handlungs- und Motivationsfähigkeit von vornherein keine weiteren und anderen sind als sie Repräsentanten sind[42]). Wenn man nicht erst seit Hertius von einer natürlichen Person, die zwei Personen umfasse, gesprochen hat, so kommt hiervon für den Staat und sein Sein nur die künstliche Person in Betracht.

Existiert die Staatsgewalt demnach nur soweit und derart, wie sie von der Verfassung konstituiert wird, dann ist es zum mindesten fraglich, ob eine solche Staatsgewalt sich selbst entverfassen und innerlich verwandeln darf, indem sie besondere Gewalten schafft. Vielleicht könnte man aus der Natur der Staatsgewalt als Blankovollmacht schließen, daß sie auch zu einer solchen Selbstveränderung befugt sei. Aber selbst wenn dies richtig wäre, dann dürfte eine solche Vermehrung doch immer nur verfaßte und unpersönliche Gewalten ergeben, und ein Verstoß hiergegen wäre sicherlich mehr als eine bloße Stilwidrigkeit. Will man daher das solche Ent-Verfassung und Ent-Institutionalisierung konstituierende Moment nicht in Ge-

---

[39]) Schon Grotius, De Jure Belli ac Pacis Lib. II Cap. IX—III[1] bezeichnet die Staaten als corpora artificialia.

[40]) Traité de Science Politique II (1949) 230, 239.

[41]) Vgl. auch R. Smend, Der Streit um den Wehrbeitrag II 563 und früher schon F. C. von Gerber, Staatsrecht 3. Aufl. 1880 31: „Die Staatsgewalt existiert rechtlich nur in der Sphäre ihrer Zweckbestimmung.“ — Dazu neuestens BGH vom 28. 2. 1956 in BGHZ 20. 119 ff.

[42]) Vgl. hierzu R. Binding, Zum Werden und Leben der Staaten 1920 S. 160.

wohnheitsrecht erblicken[43]), was im Zeichen einer geschriebenen Verfassung immer mißlich ist, dann muß man die besonderen Gewaltverhältnisse und erst recht natürlich den Fiskus als Hervorbringungen werten, die nicht dem juristischen, sondern dem natürlichen Sein des Staates verdankt werden. Das aber bedeutet nicht weniger als: Die juristische Konstituierung und Legitimierung dieser Größen bleibt einstweilen noch offen.

2. In voller Schärfe treten diese Umstände bei denjenigen besonderen Gewaltverhältnissen hervor, deren Entstehung auf Freiwilligkeit beruht. Hier ist es offenbar die Einwilligung, die nicht nur die Unterworfenheit, sondern die unterwerfende Gewalt selbst konstituieren und demokratisch legitimieren soll. Aber diese Variation des Themas „Alle Staatsgewalt geht vom Volke aus" ist nicht ohne weiteres geeignet, jegliches Bedenken[44]) zu zerstreuen. Denn man muß durchaus fragen, ob der Prozeß der Konstituierung des Gemeinwesens und seiner Gewalt nicht ein einziger und umfassender ist, der sich nur auf Grund der e i n e n Verfassung vollziehen kann und daher Nebenprozesse wenn auch begrenzter, so doch formloser Art nicht zuläßt. Alles, was öffentliche Gewalt betrifft, ist zudem von allgemeinem Interesse. Im Grundsatz kann daher nur die Allgemeinheit Gewalt konstituieren. Zu fragen wäre schließlich auch, ob die Eigenschaft als Benutzer die hierfür richtige, ob sie vor allem auch genügend repräsentativ ist, um Gewalt begründen zu können, oder ob nicht für den Begründer öffentlicher Gewalt eine vorhergehende Metamorphose in einen öffentlichen Status gefordert werden muß[45]). Die besonders Unterworfenen ohnedem lediglich als Benutzer eine besondere Gewalt konstituierend, — das ist in einem Verfassungsstaat nicht gerade eine befriedigende Vorstellung, zumal wenn man bedenkt, daß zur Unterwerfung nicht einmal Geschäftsfähigkeit erforderlich ist. Aber auch wenn man die Unterwerfung an sich betrachtet, so geht es hierbei doch immer um eine Verfügung über öffentliche Angelegenheiten und ebensolche Rechte, insbesondere Grundrechte, — eine Verfügung, die von einem Privatmann getroffen wird, der zu diesem Behufe nicht einmal vorweg einen öffent-

---

[43]) So O. B a c h o f , Zulässigkeit von Beschränkungen der Grabmalgestaltung durch Friedhofsordnungen 1954 S. 11.

[44]) Bedenken offenbar auch bei F o r s t h o f f aaO. 412, wenn er von einer vielfach gewagten „Überdehnung" des Satzes „volenti non fit injuria" spricht.

[45]) Insbesondere auch für den Wähler. — Vgl. hierzu das, was R. G n e i s t , Die nationale Rechtsidee von den Ständen ... 1894 S. 166/167 und S. 269 über die geheime Wahl sagt.

lichen Status bezogen hat. Daß dies alles sehr praktikabel, ja geradezu unumgänglich ist, ändert nichts an der Notwendigkeit, zur konstruktiven Rechtfertigung derartiger Vorgänge dem Bürger auch da, z. B. beim Eintrittt in besondere Gewaltverhältnisse die Fähigkeit zu öffentlichen Funktionen zuzuschreiben, wo er nicht wie z. B. als Wähler ausdrücklich zum Repräsentanten des Gemeinwesens bestellt ist.

3. Die allgemeine Gewalt ist einzige Gewalt, die besondere Gewalt ist vielfache Gewalt. Hier tut sich eine Antinomie auf, die eine einfache Lösung dieses Verhältnisses von Einheit und Vielheit nicht zuläßt. Soweit es sich nämlich bei den besonderen Gewaltverhältnissen um „Abgesetzte Verwaltungseinheiten" handelt, haben sie sich von der Einheit im Interesse der Sachlichkeit, vor allem der Entpolitisierung, abgesetzt. Die Rundfunkanstalten und vielleicht die künftige Bundesnotenbank ausgenommen hat man mit solcher Absetzung in der Sache einen Zusammenhang in der Struktur zu verbinden gesucht, der sich als das Institut der Aufsicht[46]) darstellt. Das Schicksal dieser kunstvollen Kombination von Sachlichkeit und Einheitlichkeit hängt daher von der Entwicklung ab, die die Aufsicht nimmt. Bekanntlich klingen die Meldungen aus diesem Abschnitt beinahe von Tag zu Tag düsterer, was um so schwerer wiegt als auch die Sachlichkeit durch solche Absetzung keineswegs immer zu gewinnen scheint. Die Erwartung, für dieses Zugleich von Einheit und Vielheit die Strukturgestalt der Hierarchie und die Funktionsweise des durchgehenden (und durchschlagenden!) Befehlszuges bewahren zu können, scheint sich nicht zu bestätigen. Überall macht sich vielmehr eine Wendung zur Koordination bemerkbar, die die Einhaltung der richtigen Bahnen weniger der Fremd- als der Selbstbeherrschung anvertraut. Damit nähert sich die Problematik der delegierten besonderen Gewalten der Problematik der wildgewachsenen besonderen Gewalten, wie sie vornehmlich als Parteien und Verbände in Erscheinung treten. Es ist wahrscheinlich, daß diese beiden Problemkreise alsbald ineinander übergehen werden und daher im Zusammenhang geordnet werden müssen, wenn auch nicht unbedingt in dem Sinne, in dem Werner Weber[47]) die Selbstverwaltung in der Sozialversicherung als das „Etikett" dafür bezeichnet hat, „daß diese wichtigen Bereiche aus der Oberhoheit des Staates in die Regie der Sozialpartner übergingen".

[46]) Die Aufsicht als notwendiges Korrelat der Absetzung: E. Becker in: Handbuch der Kommunalwissenschaft I (1956) 165; A. Köttgen am gleichen Ort S. 217; BVerwG vom 18. 11. 1955 in: BVerwG E 2. 334.

[47]) Die Selbstverwaltung in der Landesplanung 1956 S. 9.

Insgesamt aber wird es uns nicht erspart bleiben, ein neues, vielfältigeres und lebendigeres Modell für die Vorstellung zu bilden, mit deren Hilfe wir die staatliche Einheit begreifen und verwirklichen.

III. Das Recht im besonderen Gewaltverhältnis

Die Versuche einer Klärung, ob und inwieweit das besondere Gewaltverhältnis einer Verrechtlichung zugänglich ist, sind sich offenbar nicht bewußt, daß das von ihnen angepackte Problem nicht etwa nur ein solches des besonderen Gewaltverhältnisses, sondern des Verwaltungsrechtes überhaupt ist. Es handelt sich gewissermaßen um ein Nachgeplänkel des äußerlich längst ausgetragenen Streites, ob und wieweit das Verhältnis zwischen Staat und Bürger überhaupt einer Verrechtlichung fähig ist[48]). Dieser Sachverhalt wird durch den Gegensatz von „Außen" und „Innen"[49]) verdeckt: Wenn man sich über die Möglichkeit der Verrechtlichung eines „Innen" (d. h. des besonderen Gewaltverhältnisses) streitet, dann hat man sich durch die Bezeichnung selbst den Weg dazu verlegt, daß sich im Bereich des „Außen" dasselbe Problem stellt, — das Problem des Verhältnisses von Recht und Verwaltung überhaupt, das durch die terminologische Verschmelzung beider Größen zum Begriff des „Verwaltungsrechts" selbstverständlich nicht bewältigt ist.

1. Vor einigen Jahren habe ich im Anschluß an Smend den Versuch einer materiellen Bestimmung von Recht und Verwaltung unternommen[50]). Danach soll es dem Recht um den Frieden nach dem Maßstab der Gerechtigkeit, der Verwaltung um die Wohlfahrt nach dem Maßstab der Zweckmäßigkeit zu tun sein. Wenn man Guido Köhl folgt[51]), dann sind allerdings diese meine Thesen von Bachof so gründlich widerlegt worden, daß es sich nicht mehr lohnt, sich mit ihnen zu beschäftigen. In beinahe aussichtsloser Position liegend möchte ich dennoch diesen Vorschlag noch einmal aufgreifen, um seine Brauchbarkeit zur Diskussion zu stellen. Es kann ohne weiteres zugegeben werden, daß Rechtswert und Verwaltungswert niemals in völli-

---

48) In diesen älteren Auseinandersetzungen ging es etwa darum, ob gegen den Staat subjektive Rechte und eine Gerichtsbarkeit überhaupt denkbar seien.

49) Vgl. oben Anm. 20.

50) Rechtsverordnung und Verwaltungsanweisung, in: Festschrift für R. Smend 1952, S. 211 ff.

51) Vgl. oben Anm. 3. — Der gleichen Ansicht sind: C. H. Ule, DVBl. 53. 417; K. Obermayer, Verwaltungsakt und innerdienstlicher Rechtsakt 1956 S. 148 ff., 161 ff.

ger Reinheit auftreten. Thieme[52]) hat mit Recht dargelegt, daß die Entscheidung einer scheinbar so ausschließlich technischen Frage wie der des Rechts- oder Linksfahrens nicht ohne einen Einschlag von rechtlichen Erwägungen getroffen werden kann. Aber dieser Einwand trifft nicht nur meinen Vorschlag, sondern jede, gleich an welchem Kriterium orientierte Unterscheidung. Es würde dann insbesondere reine, d. h. völlig rechtsfreie Anstaltsakte und Dienstbefehle nicht geben können. Angesichts einer solchen Komplexität von Rechts- und Verwaltungswert liegt es nahe, zu fragen, ob man nicht aus dieser Verbindung die rechtlichen Elemente herauszufällen habe, um Rechtsnormen und Rechtsschutz allein auf rechtliche Gegenstände anwenden zu können. Aber eine solche Scheidung unterstellt, daß das Recht ein Element gleich den nicht-rechtlichen Elementen dieser Verbindung sei. Einer solchen Unterstellung aber steht die Wahrscheinlichkeit[53]) entgegen, daß das Recht nicht ein materielles Element für sich ist, sondern ein Aggregatzustand von Materien. Diese Behauptung ist nicht so neu wie sie vielleicht klingen mag. Gibt es doch eine alte, neuerdings von einem Manne wie Triepel[54]) verfochtene Lehre, der zufolge Verhältnisse dann Rechtscharakter annehmen, wenn sie in einer bestimmten sozialwidrigen Weise streitig werden. Lediglich in Parenthese sei bemerkt, daß diese Lehre zu der oben gewagten Hypothese stimmt, wonach es das Recht mit dem Frieden zu tun habe.

Ist aber die rechtliche Natur einer Angelegenheit nicht eine Frage ihres inneren Wesens, sondern ein Aggregatzustand, in den jeder Gegenstand jederzeit geraten, aus dem er aber ebenso jederzeit wieder heraustreten kann, dann kommt für die praktische Behandlung alles darauf an, wie man diesen Aggregatzustand erkennt. Auch diese Aufgabe ist nicht so neu wie sie vielleicht scheinen mag. Sie wird täglich bewältigt, wenn man Ermessensmißbrauch feststellt. Ermessensmißbrauch setzt nicht Sach- oder Rechtswidrigkeit der Norm oder des Aktes voraus. Der Mangel liegt vielmehr, wenn ich so sagen darf, in einer fehlsamen Gestimmtheit der Maßnahme, die darin zu erblicken ist, daß sie nicht amtlich, sondern subjektiv persönlich oder privat gedacht war. Wenn man dergestalt eine Angelegenheit als eine rechtliche anspricht, argumentiert man im Grunde immer vom Ergebnis her, das Gericht nimmt sein

---

[52]) aaO. (oben Anm. 3).

[53]) Vgl. L. von Stein, Handbuch der Verwaltungslehre 3. Aufl. I S. XII: Das Recht an sich hat keinen Inhalt.

[54]) Streitigkeiten zwischen Reich und Ländern in: Festgabe für Kahl 1923 S. 17.

Urteil in gewisser Weise schon vorweg[55]). Damit das Pferd nicht vom Schwanze her aufgezäumt wird, wird man bei dieser ersten Prüfung auf etwas endgültiges verzichten, sich vielmehr mit etwas vorläufigem, mit einem ersten Eindruck zufrieden geben müssen, wie man es ja z. B. mit dem Rechtsanspruch gleichfalls tut, der die Vornahmeklage tragen soll. Es muß das Empfinden genügen, daß Unrecht geschehen ist[56]), um eine Sache als Rechtssache qualifizieren zu können und sie dadurch einer gerichtlichen Prüfung zugänglich zu machen.

Vielleicht wird man dieses Mühen um materielle Kriterien zur Unterscheidung von Rechts- und Verwaltungssache mit Verwunderung oder gar mit Mitleid betrachten. Man ist sich offenbar noch nicht überall darüber klar, daß die heutige Gesetzeslage dazu zwingt, solche materiellen Kriterien zu suchen[57]). Zwar ist es sicherlich nicht die Meinung von Art. 19 Abs. IV GG, daß der Rechtsweg gegen andere Akte der öffentlichen Gewalt offenstehen soll als gegen Rechtsakte. Er bringt diese seine Meinung dadurch zum Ausdruck, daß der Akt der öffentlichen Gewalt den Betroffenen in seinen Rechten verletzt haben muß, wobei der Plural hier das entscheidende sagt. Solange das Enumerationsprinzip galt, konnte man bei einigem Optimismus davon ausgehen, daß der Gesetzgeber wenigstens eine grobe Scheidung zwischen Rechts- und anderen Sachen dergestalt vorgenommen habe, daß er für die letzten den Rechtsweg nicht zuließ. Eine solche Scheidung durch den Gesetzgeber gibt es heute nicht mehr. Sie wäre auch sicherlich angesichts des Art. 19 IV nicht mehr möglich, da sie infolge der generellen Natur des Gesetzes einzelne Rechtssachen ohne Rechtsschutz lassen müßte. Mittels der Generalklausel hat der Gesetzgeber diese Aufgabe auf den Richter überwälzt. Zwar läßt die übliche Formulierung der Generalklausel den Rechtsweg nur gegen und wegen Verwaltungsakte zu. Aber wenn auch eine Definition des Verwaltungsaktes gegeben wird, so bleibt trotzdem alles so gut wie offen, zumal da das zu definierende — das Recht — in der Definition selbst wiederkehrt[58]). Im übrigen wird die Lage hier für den Richter dadurch verdunkelt, daß die heutigen Verwaltungsgerichtsgesetze nicht mehr von verletzten Rechten, sondern in der Einzahl von „ver-

---

[55]) Daß ein solches Vorgehen nicht so unmöglich ist wie Bachof VVDStL 12 (1954) S. 60 annimmt, mag hier lediglich durch den Hinweis auf die Äußerung M. Wolffs in der Festgabe für Kahl IV S. 5 Anm. 1 und R. Smends in VVDStL 4. 52 dargetan werden.

[56]) Vgl. Herbert Krüger, Der Rechtsschutz im Besonderen Gewaltverhältnis, in NJW 53. 1369 ff.

[57]) aA. Forsthoff aaO. 352.

[58]) und zwar selbst in der klassischen Definition Otto Mayers.

letztem Recht" sprechen. Man kann es nicht als gültige Lösung hinnehmen, wenn die Gerichte den Charakter einer Sache dadurch zu ermitteln suchen, daß sie sie unter die Tatbestandsmerkmale „Verwaltungsakt" und „Subjektives Recht" zu subsumieren suchen. Meist läuft dies unbewußt auf eine petitio principii hinaus: Die Eigenschaft als Verwaltungsakt wird verneint, weil man meint, daß der Sachverhalt sich für eine Behandlung unter rechtlichen Gesichtspunkten nicht eigne. Es soll hier keine Statistik darüber aufgemacht werden, ob nicht gerade wegen solcher petitio principii im großen und ganzen befriedigende Ergebnisse erzielt wurden. Aber man muß sich darüber klar sein, daß man gegen den Sinn des Art. 19 Abs. IV verstößt, wenn auf diese Weise auch nur eine Rechtssache nicht zur Kognition durch die Gerichte gelangt. Es erweist sich damit als unzulässig, die Bestimmung, ob es sich um eine Rechtssache handelt oder nicht, mittels Subsumtion unter doktrinelle Begriffe wertungsfrei treffen zu wollen. Es bleibt nichts anderes übrig als unmittelbar zu werten. Eine solche Wertung aber kann naturgemäß nicht ohne anerkannte Kriterien zustandekommen. Diese Kriterien müssen ihrerseits werthafte sein. Man würde aus der bloßen Subsumtion nicht herauskommen und zudem noch in ein fremdes Gebiet hinüberwechseln, wenn man die Frage der rechtlichen Natur mit Hilfe von räumlichen Merkmalen wie „Innen" oder „Außen" entscheiden wollte. Alles dies gilt ebenso für die Normen. Auch ihren Charakter kann man nicht nach Äußerlichkeiten wie Verkündung[59]), Kreis der Adressaten[60]) u. ä. m. bestimmen, sondern nur durch eine wertende Feststellung ihres Zweckes und der Mittel, deren sie sich in Verfolgung dieses Zweckes bedienen.

2. Sieht man, wie es hier vorgeschlagen wird, die materielle Eigenart des besonderen Gewaltverhältnisses in seiner personalen Struktur und Natur, dann stellt sich das Problem, ob und inwieweit das Recht im besonderen Gewaltverhältnis eine Stätte hat, auf eine andere, und zwar sehr viel spezifischere Weise. Eine Person als Person ist immer eine mehr oder weniger einmalige und einzigartige Größe. Ist daher das besondere Gewaltverhältnis wesentlich ein

---

[59]) BVerfG vom 22. 4. 1953 in BVerfG E 2. 235: Keine Rechtsnorm, wenn Verkündung fehlt. — BVerwG vom 20. 10. 1955 in BVerwG E 2. 275: Eine Norm schon deswegen kein Rechtssatz, weil keine entsprechende Veröffentlichung. — LAG Hannover vom 21. 7. 1953 in: AP 54. 151: Die Reichsassistentenordnung vom 1. 1. 1940 ist mangels gesetzlicher Grundlagen für ihren Erlaß sowie mangels gehöriger Verkündung keine Rechtsverordnung, sondern lediglich eine Verwaltungsverordnung.

[60]) So auch Bachof VVDStL 12. 67.

personaler Zusammenhang, dann ist es weniger die materielle als die strukturelle Wesenheit des Rechtes, deren Fähigkeit geprüft werden muß, eine Verbindung des Rechts mit einem ausgesprochen personalen Stoff zu gestatten. Hier geht es um die Allgemeinheit und Abstraktheit der Rechtsnormen einerseits, die Notwendigkeit andererseits, sie „ohne Ansehen der Person" anzuwenden. Nun gibt es aber viele Gebiete staatlicher Tätigkeit, auf denen nicht erfolgreich gearbeitet werden kann, wenn nicht auch „die Person angesehen" wird. Hierher gehören etwa Gesundheitspflege, Erziehung, Kulturwesen, Strafvollzug u. a. m. Hierher gehört aber insbesondere auch die Beamtenschaft insofern, als ihr nicht nur die Funktion, sondern die Person abverlangt wird, um sie im Amt aufgehen zu lassen. Es handelt sich also immer um Bereiche, die als besonderes Gewaltverhältnis verfaßt, vielmehr nach der hier vertretenen Auffassung gerade nicht verfaßt sind. Das Recht als seiner Struktur nach zu letzter Individualisierung nicht fähig —, die Aufgaben, die herkömmlicherweise im besonderen Gewaltverhältnis bewältigt werden, als letzter Individualisierung bedürftig: Das ist die Antinomie, die zwischen dem Recht und dem besonderen Gewaltverhältnis besteht.

Schluß

Die Betrachtung der Besonderheiten des besonderen Gewaltverhältnisses und die Untersuchung der Herkunft, der Rechtfertigung und der Einordnung seiner Gewalt haben zu Ergebnissen geführt, die es als zweifelhaft erscheinen lassen, daß sich das besondere Gewaltverhältnis in seiner ursprünglichen Eigenart gegenüber dem Verfassungs- und Rechtsstaat mit seiner Vergesetzlichung und Entpersönlichung aller Gewaltverhältnisse wird behaupten können. Dem empfindlichen Geltungsbedürfnis der aufsteigenden Massen ist es mehr als alles andere unerträglich, als Person einer Person gehorchen zu müssen, deren Überlegenheit gegenüber man damit seine eigene Unterlegenheit glaubt eingestehen zu müssen. Nachdem das allgemeine Gewaltverhältnis seit Jahrzehnten völlig institutionalisiert ist, vollzieht sich auch im besonderen Gewaltverhältnis seit langem ein Prozeß der Versachlichung der herrschenden Personen und insbesondere einer Domestizierung der Vorgesetzten[61]), — ein Prozeß, in dessen Zusammenhang nicht zuletzt auch das Mitbestimmungsrecht zu stellen ist.

---

[61]) A. de Laubadère, Traité Elémentaire de Droit Administratif 1953 S. 671. — 2. Aufl. 1957 S. 653.

Über alledem darf jedoch nicht übersehen werden, daß ein seine Eigenart abstreifendes Institut wie das besondere Gewaltverhältnis eine bestimmte Funktion im staatlichen Ganzen ausübt und daß daher entsprechend dem Wegfall dieses Instituts diese Funktion entweder von anderen Trägern übernommen oder sachlich kompensiert werden muß. Bislang hat offenbar der Moderne Staat ein Übermaß an Gesetzmäßigkeit und ein Untermaß an Ergiebigkeit im allgemeinen Gewaltverhältnis durch ein Untermaß an Gesetzmäßigkeit und ein Übermaß an Ergiebigkeit im besonderen Gewaltverhältnis ausgeglichen, — wenn er nicht sogar in das Gewand des Fiskus schlüpfte, um hierdurch sachlich notwendige Ergebnisse herbeizuführen, die unmittelbar nicht zu bewirken waren. Im Grunde genommen ist es ein ebenso unwürdiger wie gefährlicher Zustand, daß sich der Staat die Handlungsfähigkeit gewissermaßen erschleichen muß, deren er ja nicht bedarf — wie es uns die geistigen Nachfahren des alten Rotteck glauben machen wollen —, um einer sonst unbeschäftigten Bürokratie Beschäftigung zu verschaffen. Es ist aber *auch an sich* eigentlich nicht recht sinnvoll, ein Übermaß dort und ein Untermaß hier gegeneinanderzusetzen, um im Gesamtergebnis rechnerisch zu einem ausgeglichenen Verhältnis zweier Größen zu gelangen. Wenn daher die besonderen Gewaltverhältnisse im allgemeinen Gewaltverhältnis aufgehen sollten und, wenn, wie dann zu hoffen, in diesen Vorgang der Fiskus als Träger öffentlicher Verwaltung einbezogen wird, dann muß unbedingt dafür gesorgt werden, daß an die Stelle der bisherigen äußerlichen, globalen und nachträglichen Kompensation eines Übermaßes durch ein Untermaß von vornherein eine individuelle, innere coincidentia oppositorum tritt, indem in jeder Verwaltungsnorm und in jedem Verwaltungsakt Ergiebigkeit und Rechtsrichtigkeit zu einem ausgewogenen Ganzen verbunden sind. Zuweilen erwecken die rechtsstaatlichen Bemühungen den Eindruck, es handle sich darum, den Staat in der Weise eines Fahrzeuges zu bilden, dessen wesentlicher Teil die Bremsen sind. Es ist aber auch eine Verkennung des Rechts, wenn man ihm die Aufgabe zuschreibt, die Bewegung des Staates zu „hemmen“[62]), anstatt die Funktion des Rechts darin zu sehen, innerhalb der komplexen Richtigkeit dieser Bewegung auch für eine Richtigkeit nach den Maßstäben des Rechtes aktiv zu sorgen.

---

[62]) das „Hemmen“, dieses unausrottbare Bestandsstück deutschen staatsrechtlichen Denkens, verdankt seine Existenz lediglich einer fehlsamen Übersetzung des „arrêter“ Montesquieus, die unbesehen von Generation zu Generation fortgeschleppt wird.

Leitsätze des Berichterstatters über: Das besondere Gewaltverhältnis

1. *Während das besondere Gewaltverhältnis in den letzten Jahren Gegenstand eindringender Bemühungen um Erschließung für den Rechtsstaat gewesen ist, hat man sich mit seiner staatlichen Natur niemals recht eigentlich befaßt.*

I. Die Besonderheit des besonderen Gewaltverhältnisses

2. *Dem besonderen Gewaltverhältnis geht es nicht — wie der Immunität der Verfassungsgeschichte — um die Befreiung von einer allgemeinen Unterworfenheit, sondern im Gegenteil um eine Vermehrung oder Verschärfung der Unterworfenheit.*

3. *Da die Staatsgewalt ein nicht zu überbietendes Maximum an Gewalt darstellt, kann die Vermehrung oder Verschärfung der Unterworfenheit, die das Besondere Gewaltverhältnis mit sich bringt, nicht in der Gewalt an sich, sondern nur in ihrer Art und Weise gefunden werden.*

4. *Hieraus ergibt sich: Während die Staatsgewalt heute verfaßte Gewalt ist, besteht die erste — strukturelle — Besonderheit des besonderen Gewaltverhältnisses darin, daß hier die Gewalt unverfaßt ist, oder, genauer: sich entverfaßt hat.*

5. *Die materielle Besonderheit des besonderen Gewaltverhältnisses besteht darin, daß seine Gewalt ihrem Ursprung nach Haus- oder Herrengewalt ist.*

6. *Haus- oder Herrengewalt ist persönliche Gewalt. Das besondere Gewaltverhältnis ist daher ein Verhältnis zwischen Personen. Der persönliche Charakter dieses Verhältnisses erklärt es, daß sich dort Erscheinungen wie Fürsorgepflicht, Eid u. a. m. finden.*

7. *Die persönliche Natur dieses Verhältnisses liefert eine Erklärung dafür, warum es sich bisher der Verrechtlichung entzogen hat. Umgekehrt läßt sich aus zunehmender Verrechtlichung dieses Gebildes schließen, daß seine persönlichen Elemente absterben.*

8. *Nicht nur das Ent-Verfaßtsein, sondern vor allem diese persönliche Natur stellt die besondere Gewalt in Gegensatz zur Staatsgewalt, die Gewalt einer Institution und nicht einer Person ist.*

II. Die Gewalt des besonderen Gewaltverhältnisses

9. *Die Konstituierung einer besonderen Gewalt ist im Verfassungsstaat an bestimmte formelle Voraussetzungen gebunden. In diesem Zusammenhang wäre heute insbesondere danach zu fragen, ob die Ermächtigung zu einer solchen Konstituierung nicht in etwa auch Art. 80 GG entsprechen müßte.*

10. *In materieller Hinsicht muß es Bedenken erwecken, daß eine verfaßte Gewalt unverfaßte Gewalten soll aus sich heraussetzen können, und zwar auch ausgesprochen zu dem Zweck, sich dem Verfaßt-Sein zu entziehen und eine ungebrochene, lediglich an einen ungefaßten Zweck unmittelbar gebundene Freiheit zu gewinnen. Eine noch bedenklichere Parallele zu dieser Selbst-Entfesselung der Gewalt ist die Tatsache, daß man es dem Staat im weitesten Umfang gestattet, sich selbst aus dem Staat in den Fiskus zu verwandeln, um sich wie ein „gewöhnlicher Privatmann" (O. Mayer) aufführen zu können.*

11. *Das gleiche gilt für den Umstand, daß die Staatsgewalt sich selbst in ihrem eigensten Wesen soll verändern können, indem sie Verhältnisse mit persönlicher Gewalt schafft. Dasselbe Bedenken trifft erst recht zu, wenn der Staat die Selbstverwandlung in den Fiskus dazu benutzt, sich einer kommerziellen Motivation hinzugeben, die der Staatsgewalt entschieden verwehrt ist.*

12. *Diese Selbstvermehrung und Selbstverwandlung der Gewalt läßt sich theoretisch erklären nur unter der Voraussetzung, daß man das Sein des Staates nicht als ein repräsentierendes auffaßt, das infolgedessen nicht weiter reicht als es von Verfassungs- und Rechtswegen konstituiert ist, dieses Sein vielmehr als naturhaftes Leben mißversteht, das von außen her und nachträglich von Verfassung und Recht in Fesseln geschlagen wird und infolgedessen auch und gerade da handlungsfähig ist, wo es ihm gelungen ist, sich von diesen Fesseln zu befreien.*

13. *Die verfassungsstaatlichen Mängel, die der besonderen Gewalt von ihrer Entstehung her anhaften, können durch die Einwilligung der Betroffenen nicht behoben werden.*

Insbesondere gelangt man hierdurch nicht in Übereinstimmung mit dem Grundsatz, daß alle Gewalt vom Volke ausgehen müsse.

14. *Die Vervielfachung der ihrer Natur nach an sich einzigen Gewalt durch die besonderen Gewaltverhältnisse bewirkt eine Antinomie, der man mit dem Institut der Aufsicht heute nicht mehr entgehen kann.*

III. Das Recht im besonderen Gewaltverhältnis

15. *Während man sich in den früheren Jahrhunderten ganz allgemein um eine Unterscheidung von Justiz- und Verwaltungssachen bemüht hat, stellt man heute nur noch für das besondere Gewaltverhältnis die Frage, ob und inwieweit die Eigenart des Gegenstandes die Verrechtlichung gestatte.*
16. *Die Unterscheidung zwischen rechtlichen und nicht-rechtlichen Wesenheiten kann nur nach materiellen Kriterien getroffen werden.*
17. *Die besondere Schwierigkeit einer solchen Unterscheidung liegt darin, daß das Recht nicht selbst eine Materie, sondern ein Aggregatzustand von Materien ist.*

IV. Die Übernahme der staatlichen Funktion der besonderen Gewaltverhältnisse in das allgemeine Verfassungs- und Verwaltungsrecht

18. *Indem die Gewalt sich mittels der besonderen Gewaltverhältnisse (und erst recht als Fiskus!) selbst ent-verfaßt und verwandelt, kompensiert sie im Interesse der Effizienz der staatlichen Wirksamkeit ein Untermaß von Handlungsfähigkeit, das die Folge der Verrechtlichung des allgemeinen Gewaltverhältnisses ist.*
19. *Eine Verrechtlichung des besonderen Gewaltverhältnisses (und eine Beschränkung des Fiskus auf wahrhaft private Dinge) muß daher Hand in Hand gehen mit einer Umstrukturierung von Verfassungs- und Verwaltungsrecht, die zum mindesten dasjenige Maß von Handlungsfähigkeit bewahrt, das sich der Staat bisher praeter legem mit Hilfe des besonderen Gewaltverhältnisses (und des Fiskus) beschafft hat. Es ist undenkbar, in Zeiten wachsender außenpolitischer Gefährdung und steigender innerer Anforderungen die Verrechtlichung der Staatstätigkeit ohne Rücksicht auf deren Ergiebigkeit zu betreiben.*

Das besondere Gewaltverhältnis

2. Mitbericht von Professor Dr. Carl Hermann Ule, Speyer

Probleme des verwaltungsgerichtlichen Rechtsschutzes im besonderen Gewaltverhältnis*)

I.

1. Vor einem Menschenalter, auf der Leipziger Tagung unserer Vereinigung am 10. März 1925 hatte Walter Jellinek an einem Beispiel aus dem Schulrecht auf die Bedeutung der verwaltungsgerichtlichen Generalklausel für den Rechtsschutz in besonderen Gewaltverhältnissen hingewiesen. „Welch einen Segen die Generalklausel zu erbringen vermag", so hatte er ausgeführt, „ermißt man, wenn man der Kinder gedenkt, die in den letzten Jahren nach dreijährigem Privatunterricht in die Sexta einer höheren Schule aufgenommen werden wollten, aber, zunächst wenigstens, abgewiesen wurden. In Preußen gab es kein Rechtsmittel dagegen, die Eltern mußten es in ohnmächtiger Wut hinnehmen, daß vermöge der sehr parteiischen Anwendung einer Übergangsbestimmung ihre sextareifen Kinder ein Jahr lang wiederholen sollten, was ihnen schon bekannt war. In Hamburg dagegen nahmen Verwaltungsgericht und Oberverwaltungsgericht die Klage der Väter an (HansRZ. 1924 Sp. 111 ff.). Obgleich die Kläger sachlich abgewiesen wurden, so blieb in ihnen jedenfalls nicht der Stachel zurück, Opfer behördlicher Willkür geworden zu sein; denn die beiden Urteile setzen klar auseinander, daß nach hamburgischem Recht ein Anspruch auf Aufnahme in die Sexta nicht bestand"[1]). 30 Jahre später stellte ein Berichterstatter über die Hamburger Tagung der Vereinigung vom 13./14. Oktober 1955 aus dem Gespräch mit „manchen Tagungsteilnehmern" fest, „daß sich die Sympathien für die Generalklausel in demselben Umfang vermindern, als sich die Fälle mehren, wo sich unsere Gerichte

---

*) Das Manuskript dieses Berichts war am 30. September 1956 abgeschlossen. Schrifttum und Rechtsprechung aus der späteren Zeit konnten nur noch in den Anmerkungen berücksichtigt werden.

[1]) Der Schutz des öffentlichen Rechts durch ordentliche und durch Verwaltungsgerichte (Fortschritte, Rückschritte und Entwicklungstendenzen seit der Revolution): VVDStL Heft 2, 1925, S. 8 ff., 59 f.

mit Klagen nichtversetzter Schüler befassen müssen". „So hatten wir uns das nicht vorgestellt."[2]).

Ich lasse die Frage, ob sich in dieser Einstellung ein grundsätzlicher Wandel der deutschen Staatsrechtslehre zur verwaltungsgerichtlichen Generalklausel anbahnt, die doch Erich Kaufmann einmal die „Seele der Verwaltungsgerichtsbarkeit" genannt hat[3]), in diesem Augenblick unbeantwortet[4]). In der Gegensätzlichkeit der beiden Auffassungen und in ihrer Bedeutung für die rechtsstaatliche Entwicklung unseres Staates finde ich jedoch die Rechtfertigung für meinen Entschluß, in dem mir übertragenen Mitbericht ausschließlich Probleme des gerichtlichen Rechtsschutzes im besonderen Gewaltverhältnis zu behandeln. Hierzu sehe ich mich um so mehr veranlaßt, als noch auf der Marburger Tagung unserer Vereinigung behauptet worden ist, das besondere Gewaltverhältnis stelle einen „rechtsleeren Raum" dar und müsse erst noch von Recht und Rechtsschutz durchdrungen werden[5]), während umgekehrt von der Verwaltung, insbesondere den Schulverwaltungen, seit Jahr und Tag darüber geklagt wird, daß die Rechtsprechung der Verwaltungsgerichte unerträglich tief in das innere Leben der besonderen Gewaltverhältnisse, vor allem der Schule, eingreife.

Daß erst der Siegeszug, den die verwaltungsgerichtliche Generalklausel seit 1945 in Westdeutschland angetreten hat, den gerichtlichen Rechtsschutz im besonderen Gewaltverhältnis zu einer theoretisch und praktisch gleich bedeutsamen Rechtseinrichtung gemacht hat, unterliegt keinem Zweifel. Wer verwaltungsrechtliche Lehrbücher[6]) oder Monographien über das besondere Gewaltverhältnis[7]) oder Darstellungen des Beamten-

---

[2]) JZ 1955 S. 761 ff., 763.

[3]) VVDStL Heft 2, 1925, S. 116.

[4]) Die Berichte von Erich Becker und Helmut Rumpf über „Verwaltung und Verwaltungsrechtsprechung" sowie die Aussprache über diese Berichte lassen eine solche Tendenz nicht erkennen (VVDStL Heft 14, 1956, S. 96 ff., 136 ff., 174 ff.).

[5]) Herbert Krüger in der Aussprache (VVDStL Heft 11, 1954, S. 140).

[6]) z. B. die Werke von Otto Mayer, Deutsches Verwaltungsrecht, 3. Aufl. 1924, Fritz Fleiner, Institutionen des deutschen Verwaltungsrechts, 8. Aufl. 1928, Julius Hatschek/Paul Kurtzig, Lehrbuch des deutschen und preußischen Verwaltungsrechts, 7. u. 8. Aufl., 1931, Walter Jellinek, Verwaltungsrecht, 3. Aufl. 1931.

[7]) Hans Nawiasky, Forderungs- und Gewaltverhältnis (Festschrift für Zitelmann, 1913), Paul Kahn, Das besondere Gewaltverhältnis im öffentlichen Recht, Heidelberger Diss. 1912, Georg Freudenberger, Beiträge zur Lehre vom besonderen Gewaltverhältnis im öffentlichen Recht (Annalen des deutschen Reichs, Jg. 1931, S. 163 ff.).

rechts[8]) oder des Schulrechts[9]) aus dem ersten Drittel dieses Jahrhunderts aufschlägt, wird über den gerichtlichen Rechtsschutz im besonderen Gewaltverhältnis kaum ein Wort finden. Es ist bezeichnend, daß z. B. die letzte zusammenfassende Darstellung des Beamtenrechts des Reiches und der Länder im Handbuch des Deutschen Staatsrechts[10]) von einem gerichtlichen Rechtsschutz gegen die Verletzung nichtvermögensrechtlicher Beamtenrechte nichts weiß[11]), obwohl in den Ländern mit verwaltungsgerichtlicher Generalklausel (Württemberg, Sachsen, Thüringen, Hamburg und Lübeck) Anfechtungsklagen gegen beamtenrechtliche Verwaltungsakte zulässig waren und von den Verwaltungsgerichten in ständiger Rechtsprechung angenommen worden sind[12]).

Und ebenso kennzeichnend ist es, daß eine im Jahre 1932 erschienene Monographie über die Entwicklung der Schulgewalt und ihre Stellung im Verwaltungsrecht in Deutschland[13]) trotz der schon von Walter Jellinek erwähnten Entscheidungen der hamburgischen Verwaltungsgerichte die Frage des gerichtlichen Rechtsschutzes gegen „Maßnahmen der Schule" nur am Schluß in einem Satz ablehnend streift[14]). Beamtenverhältnis und Schulverhältnis oder, allgemeiner ausgedrückt, Dienstverhältnis und Anstaltsverhältnis sind aber die hervorragendsten Typen des besonderen Gewaltverhältnisses. An ihnen lassen sich daher auch die Rechtsschutzfragen am besten deutlich machen.

Die heute gelegentlich anzutreffende Behauptung, daß die Grenze zwischen verwaltungsgerichtlich anfechtbarem Verwaltungsakt und verwaltungsgerichtlich unanfechtbarer „Wei-

---

8) Arnold Köttgen, Das deutsche Berufsbeamtentum und die parlamentarische Demokratie, 1928, Arthur Brand, Beamtenrecht (in M. v. Brauchitsch, Verwaltungsgesetze für Preußen, 8. Bd., 1930).

9) Walter Landé, Die Schule in der Reichsverfassung 1924, ders., Schulrecht (in: M. v. Brauchitsch, Verwaltungsgesetze für Preußen, 6. Bd., 1933).

10) Band II, 1932, S. 1 ff.

11) Daniels, Pflichten und Rechte der Beamten (aaO., S. 41 ff., 48).

12) Vgl. die Nachweisungen über die Rechtsprechung des Württ. Verwaltungsgerichtshofs, des Sächs. Oberverwaltungsgerichts, des Thüring. Oberverwaltungsgerichts und des Oberverwaltungsgerichts Hamburg in meiner Schrift „Gerichtlicher Rechtsschutz im Beamtenrecht", 1951, S. 12 ff.

13) Arno Eisenhuth, Die Entwicklung der Schulgewalt und ihre Stellung im Verwaltungsrecht in Deutschland, 1932.

14) aaO. S. 103: „Hinter der Notwendigkeit, die nationale Bildung der jungen Staatsbürger denkbar weit zu fördern, müssen rechtsstaatliche Erwägungen weithin zurücktreten."

sung"[15]) früher mit der Grenze zwischen allgemeinem und besonderem Gewaltverhältnis zusammengefallen sei[16]), ist also eine vereinfachende Feststellung, die zwar für die Verhältnisse im Reich, in Preußen und in anderen Ländern ohne verwaltungsgerichtliche Generalklausel zutrifft, für die Länder mit verwaltungsgerichtlicher Generalklausel aber einfach nicht stimmt. Hier, z. B. in Württemberg oder Thüringen, unterschied die Gesetzgebung im Beamtenrecht ausdrücklich zwischen beamtenrechtlichen Verwaltungsakten im allgemeinen und (so in Thüringen) „Verfügungen, die im inneren Dienstbetrieb oder im Dienstaufsichtsweg erlassen sind"[17]). Hier stellte sich also bereits das auch heute wieder im Mittelpunkt der Erörterungen stehende Problem der Abgrenzung zwischen Verfügungen des inneren Dienstbetriebes und anderen beamtenrechtlichen Verwaltungsakten[18]). Daher verlief die Grenze zwischen verwaltungsgerichtlich anfechtbarem Verwaltungsakt und verwaltungsgerichtlich unanfechtbarer „Weisung" in den Ländern mit verwaltungsgerichtlicher Generalklausel schon früher im besonderen Gewaltverhältnis selbst. Der Beantwortung der Frage, ob die rechtsstaatliche Entwicklung der letzten zehn Jahre eine solche Grenzziehung zuläßt, fordert oder ausschließt, wird ein wesentlicher Teil meines Referates gewidmet sein müssen.

2. Wenn ich mich in diesem Bericht auf die Erörterung der Probleme des verwaltungsgerichtlichen Rechtsschutzes im besonderen Gewaltverhältnis beschränke, so allein schon deshalb, weil es kaum möglich ist, auch nur diese Problematik im Rahmen eines zeitlich begrenzten Referates zu erschöpfen. Damit soll die Bedeutung anderer Rechtsschutzfragen nicht in Zweifel gezogen werden. Gerade der verwaltungsinterne Rechtsschutz — durch Einspruch oder Beschwerde — wirft im Bereich der besonderen Gewaltverhält-

---

[15]) Nach dem Vorgang Otto Mayers aaO. Bd. I S. 101 ff. halte ich an der begrifflichen und terminologischen Unterscheidung zwischen Verwaltungsakt und Einzelanweisung (= Weisung) fest. Die Begründung, die Ernst Forsthoff, Lehrbuch des Verwaltungsrechts, 6. Aufl. 1956, S. 182 f. für seinen gegenteiligen Standpunkt gibt, überzeugt nicht.

[16]) Herbert Krüger, Der Verwaltungsrechtsschutz im besonderen Gewaltverhältnis (NJW 1953, S. 1369 ff., 1371).

[17]) § 113 Abs. 2 Landesverwaltungsordnung für Thüringen v. 10. 6. 1926 (GS S. 177).

[18]) Mit der vom Thüringischen Oberverwaltungsgericht in ständiger Rechtsprechung vertretenen Auffassung, daß die Begriffe innerer Dienstbetrieb und besonderes Gewaltverhältnis identisch seien, war dieses Problem allerdings nur umgangen, aber nicht gelöst. Vgl. zur Kritik dieser Rechtsprechung meine Schrift „Gerichtlicher Rechtsschutz im Beamtenrecht" 1951, S. 15 ff.

nisse eine Fülle von Fragen auf. Ich darf hier nur auf die interessante und symptomatische Tatsache hinweisen, daß das Beschwerderecht des Beamten in § 171 BBG und den entsprechenden Bestimmungen der Landesbeamtengesetze nur eine sehr summarische gesetzliche Regelung erfahren hat, während das Beschwerderecht des Soldaten in einer als Gesetz ergehenden Wehrbeschwerdeordnung geregelt werden soll[19]). Im Schulrecht fehlt eine gesetzliche Regelung des Beschwerdeverfahrens ganz[20]). Und doch könnte gerade hier ein unter rechtsstaatlichen Gesichtspunkten geordnetes Beschwerdeverfahren dazu berufen sein, manchen Streit, der aus noch zu erörternden Gründen durch ein Gericht nicht entschieden werden kann, durch eine vernünftige Entscheidung der Verwaltung aus der Welt zu schaffen[21]).

Auch die verwaltungsinterne Regelung disziplinarer Maßnahmen muß hier außer Betracht bleiben. Für das Beamtenrecht und das Wehrdienstrecht ist eine solche Zurückhaltung um so eher vertretbar, als der verwaltungsinterne Rechtsschutz gegen disziplinare Maßnahmen bei Beamten und Soldaten nach der geltenden oder künftigen gesetzlichen Regelung stets in den gerichtlichen Rechtsschutz einmündet. Auch in den Fällen, in denen der Dienstvorgesetzte oder der Disziplinarvorgesetzte Disziplinarstrafen verhängen kann, geht das vorgesehene Beschwerdeverfahren zuletzt in ein gerichtliches Verfahren über[22]). Im Schulrecht und im Hochschulrecht fehlt es allerdings an einer solchen gesetzlichen Regelung[23]). Hier bedarf deshalb die Frage der Beantwortung, ob der Rechtsschutz gegen Disziplinarstrafen nicht aus allgemeinen verfassungs- und verwaltungsrechtlichen Gründen zu den Gerichten führen muß. Darauf habe ich in anderem Zusammenhang noch zurückzukommen.

Da die Disziplinargerichte weder organisatorisch noch funktionell zur Verwaltung gehören, ist der Rechtsschutz gegen disziplinare Maßnahmen im Beamten- und Wehrdienstrecht

---

19) Entwurf der Wehrbeschwerdeordnung (WBO), Bundestagsdrucksache Nr. 2359. — Vgl. jetzt die Wehrbeschwerdeordnung (WBO) v. 23. 12. 1956 (BGBl. I S. 1066).

20) Hans Heckel, Die Grenzen der Schulgewalt (Recht der Jugend, Jg. 2, 1954, S. 3 ff., 23 ff., 53 ff., insbes. S. 55).

21) Vgl. Heckel aaO. S. 55.

22) Vgl. § 26 Abs. 4 und 5 BDO und die entsprechenden Bestimmungen in den Disziplinarordnungen der Länder, ferner § 30 des Entwurfs einer Wehrdisziplinarordnung (Bundestagsdrucksache Nr. 2181) und jetzt § 30 Wehrdisziplinarordnung (WDO) v. 15. 3. 1957 (BGBl. I S. 189).

23) Hans Heckel aaO. S. 55, Werner Thieme, Deutsches Hochschulrecht, 1956, S. 330 f.

kein ausschließlich verwaltungsinterner. Er ist sogar ausschließlich verwaltungsextern dort, wo Disziplinarstrafen von vornherein nur durch ein Disziplinargericht verhängt werden können, wie es bei den schwereren Disziplinarstrafen gegen Beamte und den sog. Laufbahnstrafen gegen Soldaten der Fall ist[24]). Diese Art des gerichtlichen Rechtsschutzes im besonderen Gewaltverhältnis wird uns noch unter dem Gesichtspunkt beschäftigen müssen, inwieweit sie zum Ansatz besonderer Verwaltungsgerichte für die einzelnen Gewaltverhältnisse gemacht werden kann.

Als eine zwar verwaltungsexterne, aber nicht gerichtliche Rechtsschutzmöglichkeit muß auch die Ausübung des Petitionsrechts im besonderen Gewaltverhältnis außer Betracht bleiben. Inwieweit das Petitionsrecht den Angehörigen eines besonderen Gewaltverhältnisses zusteht, bedarf deshalb in diesem Zusammenhang keiner näheren Prüfung[25]). Ich möchte nur auf die jüngste Regelung des Petitionsrechtes für Soldaten in Art. 17a Abs. 1 GG hinweisen, aus der man wohl den Schluß ziehen muß, daß eine gesetzliche oder verwaltungsmäßige Beschränkung des Petitionsrechtes für andere besondere Gewaltverhältnisse (etwa das Beamtenverhältnis, das Schulverhältnis, das Strafgefangenenverhältnis usw.) verfassungsrechtlich unzulässig wäre. Daß den Beamten das Petitionsrecht zusteht, ist übrigens niemals angezweifelt worden[26]). Aber auch für Anstaltsverhältnisse wird man diese Auffassung vertreten dürfen, und zwar nicht nur für das Anstaltsverhältnis der Schüler und Hochschüler, sondern auch für das Anstaltsverhältnis, das den schärfsten Eingriff in die Freiheit des Einzelnen darstellt, die Gefangenschaft in einer Strafanstalt[27]). Gemeinschaftliche Petitionen verbieten sich allerdings bei Strafgefangenen von selbst, da kein Strafgefangener ein Recht darauf hat, mit in Freiheit befindlichen Personen oder mit anderen Strafgefangenen wegen einer gemeinschaftlichen Petition in Verbindung zu treten[28]).

---

[24]) § 11 Abs. 1 BDO und die entsprechenden landesrechtlichen Bestimmungen, § 6 EWDO, jetzt § 6 WDO.

[25]) Vgl. für das frühere Recht Karl Hüfner, Petitionsrecht (in Nipperdey, Die Grundrechte und Grundpflichten der Reichsverfassung, Bd. II, 1930, S. 176 ff., 180 ff.).

[26]) Vgl. Hüfner, aaO. S. 182 ff., Oskar Georg Fischbach, Bundesbeamtengesetz 1954, S. 23 f., 2. Aufl. 1956, S. 34.

[27]) Ebenso Hellmut Röhl, Der Rechtsschutz des Gefangenen (JZ 1954 S. 65 ff., 66), Wilhelm Kühn, der Rechtsschutz des Strafgefangenen. Hamb. Diss. 1955 (ungedruckt), S. 47 ff. mit weiteren Nachweisen.

[28]) ebenso Kühn aaO. S. 47.

3. Der gerichtliche Rechtsschutz im besonderen Gewaltverhältnis ist nicht auf den Rechtsschutz durch die Verwaltungsgerichte beschränkt. Neben den verwaltungsgerichtlichen Rechtsschutz tritt vor allem der Rechtsschutz durch die sog. ordentlichen Gerichte, und zwar in erster Linie die Zivilgerichte. Ich brauche hier nur an die Verweisung der vermögensrechtlichen Ansprüche der Beamten auf den ordentlichen Rechtsweg zu erinnern, die im Landesbeamtenrecht, z. T. verfassungsrechtlich gewährleistet[29]), noch eine gewisse Rolle spielt[30]), auch wenn sie sich seit dem Bundesbeamtengesetz auf dem Rückzuge befindet[31]). Den Soldaten hat jetzt das Soldatengesetz vom 19. März 1956 (RGBl. I S. 114) auch für ihre vermögensrechtlichen Ansprüche den Verwaltungsrechtsweg eröffnet (§ 59 Abs. 1). Im Anstaltsrecht wird Rechtsschutz durch die Zivilgerichte dann gewährt, wenn es sich um öffentliche Anstalten mit privatrechtlicher Nutzungsordnung handelt. Der zivilgerichtliche Rechtsschutz ist daher vor allem für Versorgungsbetriebe und Krankenanstalten von Bedeutung[32]).

Wo im Dienstrecht, wie im Beamtenrecht der meisten Länder, noch der sog. ordentliche Rechtsweg für die vermögensrechtlichen Ansprüche der Beamten vorgeschrieben ist, ergeben sich zahlreiche rechtliche Schwierigkeiten aus der durch die Einführung der verwaltungsgerichtlichen Generalklausel hervorgerufenen sog. Doppelgleisigkeit des Rechtsschutzes, auf die ich hier nur hinweisen, aber nicht näher eingehen kann[33]).

---

[29]) Bayer. Verf. Art. 95 Abs. 2.

[30]) so in Baden-Württemberg, Bremen, Hamburg, Niedersachsen und Rheinland-Pfalz.

[31]) Das Berl. Landesbeamtengesetz v. 24. 7. 1952 (GVBl. S. 603) § 160, das Beamtengesetz für das Land Nordrhein-Westfalen (Landesbeamtengesetz — LBG —) v. 15. 6. 1954 (GVBl. S. 237) § 180, das Gesetz über die Rechtsstellung der Beamten und Angestellten im öffentlichen Dienste des Landes Hessen v. 11. 11. 1954 (GVBl. S. 239) § 138 und das Beamtengesetz für das Land Schleswig-Holstein (Landesbeamtengesetz — LBG —) v. 19. 3. 1956 (GVBl. S. 19) § 182 schreiben nach dem Vorbild des § 172 BBG für alle Klagen aus dem Beamtenverhältnis den Verwaltungsrechtsweg vor.

[32]) Über schwierige Grenzfragen vgl. Wolfgang Siebert, Privatrecht im Bereich öffentlicher Verwaltung. Zur Abgrenzung und Verflechtung von öffentlichem Recht und Privatrecht (Festschrift für Hans Niedermeyer 1953 S. 215 ff.).

[33]) Zur Problematik der Doppelgleisigkeit des Rechtsschutzes im Beamtenrecht vgl. Otto Bachof, Der Rechtsweg für Ansprüche aus dem Beamtenverhältnis (DÖV 1951 S. 477 ff.) und meine Schrift „Gerichtlicher Rechtsschutz im Beamtenrecht" aaO. S. 7 ff., 57 ff. — Als ein besonders krasses Beispiel aus der jüngsten Rechtsprechung erwähne ich die Divergenz zwischen dem Bescheid des Oberverwaltungsgerichts Münster vom 9. März 1956 (DVBl. 1957 S. 21 ff.) und

Außer den Zivilgerichten sind aber auch die Strafgerichte zu Rechtsschutz in besonderen Gewaltverhältnissen berufen. Jedoch können die Strafgerichte keinen unmittelbaren Rechtsschutz gewähren, und ihre Bedeutung für die besonderen Gewaltverhältnisse beschränkt sich auf den stets nur kleinen Kreis strafbarer Handlungen. Wenn bestimmte Maßnahmen weisungsbefugter Personen, etwa der Vorgesetzten im Beamten- und im Wehrdienstverhältnis, der Lehrer in der Schule, der Ärzte und Pflegepersonen in Krankenanstalten, strafbare Handlungen darstellen, kann der einzelne Angehörige des besonderen Gewaltverhältnisses, der untergebene Beamte oder Soldat, der Schüler (oder seine Eltern), der Patient, allerdings den Schutz des Strafrichters anrufen und dadurch erreichen, daß die Strafbarkeit und damit auch die Rechtswidrigkeit der umstrittenen Maßnahme vom Strafrichter festgestellt wird[34]). Umgekehrt kann auch der Gewaltunterworfene selbst, z. B. der Soldat, durch Ungehorsam gegen Weisungen seiner Vorgesetzten ein Urteil des Strafrichters darüber herbeiführen, ob er der von ihm für rechtswidrig gehaltenen Weisung Folge leisten mußte oder nicht. Ob und inwieweit dieser „Schutz des Strafrichters" als eine ausreichende Lösung des Rechtsschutzes im besonderen Gewaltverhältnis angesehen werden kann, wird noch der Prüfung bedürfen.

Schließlich ist in diesem Zusammenhang die Verfassungsbeschwerde zu erwähnen, die der Angehörige eines besonderen Gewaltverhältnisses, der Beamte, der Soldat, der Schüler, der Strafgefangene usw. erheben kann, wenn die Voraussetzungen

---

dem Urteil des Bundesgerichtshofs vom 14. Juli 1956 (BGHZ Bd. 21 S 294 ff. = DVBl. 1957 S. 24 ff.), die beide dieselbe verwaltungsrechtliche Frage zu entscheiden hatten und zu genau entgegengesetzten Ergebnissen gelangt sind. Es handelte sich um die Frage, ob die von dem Vorsitzenden und einem weiteren Mitglied eines Polizeiausschusses verfügte Zurruhesetzung eines Polizeibeamten nichtig oder nur vernichtbar war, wenn ein entsprechender Beschluß des Polizeiausschusses gar nicht vorlag. Während das Oberverwaltungsgericht Münster die Zurruhesetzungsverfügung für gültig hält, hat der Bundesgerichtshof sie für nichtig angesehen. — Vgl. jetzt auch meine kritische Anmerkung zu beiden Entscheidungen DVBl. 1957 S. 26 f.

[34]) Die Frage hat vor allem im Schulrecht große praktische Bedeutung. Über die strafrechtliche Verantwortlichkeit des Lehrers bei Überschreitung des Züchtigungsrechts vgl. G. Friebe, Die strafrechtliche Verantwortlichkeit des Lehrers bei Überschreitung des Züchtigungsrechts (ZBR 1956 S. 174 ff. mit weiteren Nachweisungen), Hellmuth Mayer, Das Züchtigungsrecht des Lehrers (DVBl. 1956 S. 469 ff.), O. Redelberger ZBR. 1956 S. 382 ff., O. Schmelzer, Das Züchtigungsrecht als Rechtfertigungsgrund (ZBR 1956 S. 388 ff.).

des § 90 Abs. 1 und 2 BVerfGG vorliegen[35]). Ihre Zulässigkeit ist, wie aus § 90 Abs. 2 Satz 1 BVerfGG entnommen werden muß, an die Zulässigkeit des Verwaltungs- (oder eines anderen) Rechtsweges nicht gebunden[36]).

II.

Die eigentlichen Probleme des gerichtlichen Rechtsschutzes im besonderen Gewaltverhältnis liegen jedoch nicht bei den bisher erwähnten Rechtsschutzmöglichkeiten des ordentlichen Rechtsweges und der Verfassungsbeschwerde, sondern bei der verwaltungsgerichtlichen Anfechtungs- und Feststellungsklage. Nach der Einführung der verwaltungsgerichtlichen Generalklausel mußte sich die früher nur für einzelne Gewaltverhältnisse, insbesondere das Beamtenverhältnis, gestellte Frage erheben, ob und inwieweit der verwaltungsgerichtliche Rechtsschutz auch in das besondere Gewaltverhältnis hineinreicht. Bei näherer Betrachtung zeigt sich, daß sich hinter dieser Frage zwei zwar zusammenhängende, aber doch durchaus verschiedene Probleme verbergen. Das erste Problem läßt sich als die Frage nach dem Umfang des verwaltungsgerichtlichen Rechtsschutzes im besonderen Gewaltverhältnis bezeichnen. Sie fällt mit der prozeßrechtlichen Frage, unter welchen Voraussetzungen im besonderen Gewaltverhältnis der Verwaltungsrechtsweg zulässig ist, zusammen. Das zweite Problem betrifft nicht den Umfang, sondern die Intensität des verwaltungsgerichtlichen Rechtsschutzes. Hier geht es nicht um die Frage, in welchen Fällen im besonderen Gewaltverhältnis die Verwaltungsgerichte überhaupt angerufen werden können, sondern darum, inwieweit die Verwaltungsgerichte in die Nachprüfung der im besonderen Gewaltverhältnis ergangenen Maßnahmen eintreten können, also, anders ausgedrückt, nicht um das Ob, sondern um das Wie des verwaltungsgerichtlichen Rechtsschutzes. Da beide Fragen in Rechtslehre und Recht-

---

[35]) Ebenso Willi Geiger, Gesetz über das Bundesverfassungsgericht. Kommentar 1952. Anm. 6c zu § 90, Konrad Zweigert, Die Verfassungsbeschwerde (JZ 1952 S. 321 ff., 324), Redelberger, Die Verfassungsbeschwerde (NJW 1953 S. 361 ff., 362), Hellmut Röhl, aaO. S. 69, Ulrich Reimer, Rechtsstaatliche Garantien im Strafvollzug, Hamb. Diss. 1955 (ungedruckt), S. 54, Günter Dürig, Der Grundrechtssatz von der Menschenwürde (ArchöffR Bd. 81 S. 117 ff., 155), BVerfG Beschluß v. 30. 1. 1953 (BVerfGE Bd. 2 S. 118 ff., 119); a. A. „für Verfügungen, die den inneren Dienstbereich regeln“ Hans Lechner, Bundesverfassungsgerichtsgesetz, 1954, Anm. 2b bb zu § 90 Abs. 1 (S. 262).

[36]) Zutreffend Redelberger aaO. S. 362.

sprechung nicht immer scharf voneinander getrennt werden[37]), ist ihre sorgfältige Unterscheidung besonders geboten.

1. Ich wende mich zunächst der Frage nach dem Umfang des verwaltungsgerichtlichen Rechtsschutzes im besonderen Gewaltverhältnis zu.

Diese Frage läßt bei einer theoretischen Betrachtung, die von der Regelung des geltenden Rechts absieht, drei Möglichkeiten der Beantwortung zu:

a) Im besonderen Gewaltverhältnis gibt es überhaupt keinen verwaltungsgerichtlichen Rechtsschutz.

b) Der verwaltungsgerichtliche Rechtsschutz ist im besonderen Gewaltverhältnis an keine anderen Voraussetzungen gebunden als im allgemeinen Gewaltverhältnis, also gegen alle Maßnahmen zulässig, durch die der Gewaltunterworfene nach seiner Behauptung in seinen Rechten verletzt wird.

c) Der verwaltungsgerichtliche Rechtsschutz wird nur gegen bestimmte Maßnahmen gewährt, während andere Maßnahmen von vornherein ohne verwaltungsgerichtlichen Rechtsschutz bleiben.

Jede dieser drei möglichen Antworten hat in der Rechtslehre Anhänger gefunden. Es wird zu prüfen sein, welche von ihnen dem in der Bundesrepublik geltenden Recht entspricht.

a) Mit der heute kaum noch vertretenen Lehre, daß es im besonderen Gewaltverhältnis überhaupt keinen verwaltungsgerichtlichen Rechtsschutz gebe, brauche ich mich nicht sehr eingehend auseinanderzusetzen. Wenn Robert Nebinger „Maßnahmen, die in Ausübung der Dienstgewalt oder der Anstaltsgewalt oder im Rahmen eines anderen besonderen Gewaltverhältnisses getroffen werden", für verwaltungsgerichtlich unanfechtbar erklärt[38]), so beruht diese — von ihm nicht näher begründete — Feststellung offenbar auf dem Versuch des Entwurfs der Verwaltungsrechtsordnung für Württemberg, Verfügungen und Entscheidungen innerhalb eines besonderen

---

[37]) Eine Vermengung beider Fragen sehe ich vor allem in den Lehren Fritz Werners (DVBl. 1952 S. 342), Hans Schneiders (DVBl. 1953 S. 82 f.), Otto Bachofs (NJW 1953 S. 317 ff.) und Albert Reuters (Schulordnung und Verwaltungsgerichtsbarkeit: DÖV 1954 S. 305 ff.) sowie in dem Urteil des OVG Koblenz v. 18. 12. 1953 (DVBl. 1954 S. 579 ff. = NJW 1954 S. 1461 ff.), daß gegen Prüfungsentscheidungen (so Werner, Schneider und — wenn auch zurückhaltender — Bachof) und Erziehungsmaßnahmen (so das angeführte Urteil) der Verwaltungsrechtsweg verschlossen sei. Über den richtigen Kern dieser Lehren vgl. unten S. 166 ff. Richtig BVerwG v. 21. 1. 1955 (Amtl. Samml. Bd. 2 S. 22 ff., 27).

[38]) Komm. zur Verf. v. Württemberg-Baden 1948 Anm. 2 zu Art. 90 (S. 247), ebenso Verwaltungsrecht. Allgemeiner Teil. 2. Aufl. 1949 S. 197.

Gewaltverhältnisses (Dienstgewalt, Anstaltsgewalt) aus dem Begriff des Verwaltungsakts auszuklammern (Art. 61 Satz 2). Jedoch sollte diese Regelung, wie die Begründung zu dem Entwurf unzweideutig erkennen läßt, nur eine materiellrechtliche und gerade keine verfahrensrechtliche Bedeutung haben. Die Begründung stellt nämlich ausdrücklich klar, daß der Entwurf eines Verwaltungsverfahrensgesetzes unter der im Verwaltungsweg und Verwaltungsrechtsweg anfechtbaren Verwaltungsverfügung auch die innerhalb eines besonderen Gewaltverhältnisses erlassenen Bescheide begreift[39]). Der Entwurf der Verwaltungsrechtsordnung für Württemberg kann daher nicht als Kronzeuge dafür angerufen werden, daß im besonderen Gewaltverhältnis überhaupt kein verwaltungsgerichtlicher Rechtsschutz zulässig sei. Eine solche Feststellung würde auch mit der in Württemberg stets zulässig gewesenen Klagbarkeit nichtvermögensrechtlicher Beamtenrechte unvereinbar sein.

Es schießt deshalb sicherlich weit über das Ziel hinaus, wenn man gerade für das Beamtenrecht die Behauptung aufgestellt hat, daß nur die Unklagbarkeit der — nichtvermögensrechtlichen — Beamtenrechte dem Wesen des Beamtenverhältnisses als eines Dienstverhältnisses entspreche[40]). Diese These ist unter verschiedenen Gesichtspunkten anfechtbar und, wie ich vor einigen Jahren nachgewiesen zu haben glaube, unhaltbar[41]). Ich darf, um mich nicht zu wiederholen, insoweit auf meine früheren Ausführungen verweisen[42]) und hier nur feststellen, daß der gerichtliche Austrag nichtvermögensrechtlicher Streitigkeiten mit dem Wesen des Beamtenverhältnisses als eines „Rechtsverhältnisses personenrechtlicher Art" nicht in Widerspruch steht, wie ein Blick auf das engste personenrechtliche Rechtsverhältnis, die Ehe, beweist[43]).

---

[39]) Verwaltungsrechtsordnung für Württemberg. Entwurf eines Gesetzes mit Begründung. 1931. S. 216. Richtig Werner Thieme, Die besonderen Gewaltverhältnisse (DÖV 1956 S. 521 ff., 521).

[40]) Gerhard Wacke, Zur Neugestaltung des Beamtenrechts (ArchöffR Bd. 76 S. 386 ff., 419 ff., 425, 427).

[41]) Vgl. meinen Aufsatz „Unklagbarkeit der Beamtenrechte?" (DVBl. 1951 S. 338 f.) und die Schrift „Gerichtlicher Rechtsschutz im Beamtenrecht" 1951, S. 41 ff.

[42]) In Ergänzung meiner früheren Ausführungen möchte ich noch folgenden Gedanken anfügen: Wäre gerichtlicher Rechtsschutz mit dem Wesen des Beamtenverhältnisses als eines Dienst- und Treuverhältnisses nicht vereinbar, so wäre es auch nicht folgerichtig, daß trotzdem für die vermögensrechtlichen Ansprüche der Beamten der Rechtsweg, und zwar der sog. ordentliche Rechtsweg, offen sein soll, zumal die Zivilgerichte bei der Entscheidung über vermögensrechtliche Ansprüche der Beamten auch beamtenrechtliche Vorfragen, jedenfalls in gewissem Umfang, nachprüfen können und müssen.

[43]) Gerichtlicher Rechtsschutz im Beamtenrecht S. 43 f.

Die These von der „Unklagbarkeit der Beamtenrechte" wäre daher nur dann begründet, wenn das Beamtenverhältnis kein Rechtsverhältnis darstellte. Dann aber könnte wiederum nicht von subjektiven Rechten der Beamten die Rede sein. Mit Recht geht daher auch die hier bekämpfte Lehre davon aus, daß es sich auch beim Beamtenverhältnis um ein Rechtsverhältnis handelt[44]). Alle besonderen Gewaltverhältnisse, nicht nur das Beamtenverhältnis, sondern alle Dienstverhältnisse und ebenso alle Anstaltsverhältnisse sind Rechtsverhältnisse. Daran ist in der Theorie des besonderen Gewaltverhältnisses nie ein Zweifel gewesen[45]). Der Ausdruck besonderes Gewaltverhältnis wäre daher nur dann irreführend, wenn man das Gewaltverhältnis in einem Gegensatz zum Rechtsverhältnis sehen müßte, wie es anscheinend in der politischen Auseinandersetzung gelegentlich geschieht. Ein echter Gegensatz zwischen Gewaltverhältnis und Rechtsverhältnis besteht jedoch nicht[46]). Auch das Gewaltverhältnis kann ein Rechtsverhältnis sein und ist es, wenn der Staat, um dessen Gewalt es hier geht, ein Rechtsstaat ist. Es bleibt also nur eine gewisse terminologische Unebenheit[46a]), die aber mit gleichem Recht auch an den Ausdrücken Staatsgewalt, Gewaltenteilung usw. gerügt werden könnte. Sie reicht m. E. nicht aus, um die Ausdrücke allgemeines und besonderes Gewaltverhältnis durch andere zu ersetzen. Mein eigener, vor über 20 Jahren im Anschluß an eine beiläufige Bemerkung von Georg Freudenberger[47]) gemachter Vorschlag, statt von besonderem Gewaltverhältnis von besonderem Pflichtenverhältnis zu sprechen[48]), hat sich bisher nicht durchgesetzt[49]), ob-

---

[44]) Wacke aaO. S. 420.

[45]) Otto Mayer aaO. Bd. I S. 101, Nawiasky aaO. S. 6 ff., 9, Kahn aaO. S. 7, 10, Freudenberger aaO. S. 172, meine Schrift „Gerichtlicher Rechtsschutz im Beamtenrecht" S. 46, Otto Bachof, Begriff und Wesen des sozialen Rechtsstaates (VVDStL Heft 12, 1954, S. 37 ff., 58 f.), Werner Thieme NJW 1954 S. 1461 f., ders., Die besonderen Gewaltverhältnisse aaO. S. 528, Kühn aaO. S. 18 ff., Reimer aaO. S. 7 ff., insbes. S. 20 ff., beide mit eingehenden Nachweisungen zum Rechtsverhältnis der Gefangenschaft (Berthold Freudenthal, Erwin Jacobi u. a.), Hans J. Wolff, Verwaltungsrecht I 1956, § 25 VIII, S. 89.

[46]) Richtig Guido Köhl, Die besonderen Gewaltverhältnisse im öffentlichen Recht. Diss. Bern 1955, S. 29 Anm. 2.

[46a]) So sind wohl die Ausführungen von Hildegard Krüger, Die Grundrechte im besonderen Gewaltverhältnis (ZBR 1956, S. 309 ff., 310) zu verstehen, insbesondere der Satz: „denn in diesem Staat geht Recht vor Gewalt".

[47]) aaO., S. 172, Anm. 29; vgl. auch schon Kahn, aaO., S. 12.

[48]) Das besondere Pflichtenverhältnis und der Wandel der Staatsidee (RVerwBl. 1934, S. 649 ff., S. 649, Anm. 3).

[49]) Er wird von Becker, aaO., S. 108, Dürig, aaO., S. 152 und Hans J. Wolff, aaO., § 32 IV c 3, S. 126, allerdings übernommen.

wohl er den Rechtscharakter des besonderen Gewaltverhältnisses deutlicher zum Ausdruck bringt. Ich bleibe deshalb, zumal man solche terminologischen Änderungen nicht überschätzen soll, dabei, im Fortgang meines Referats von besonderem Gewaltverhältnis zu sprechen.

Ist das besondere Gewaltverhältnis ein Rechtsverhältnis, d. h. ein rechtlich geordnetes Lebensverhältnis, so folgt jedes besondere Gewaltverhältnis, das Beamtenverhältnis, das Wehrdienstverhältnis, das Schulverhältnis, das Gefangenenverhältnis usw. seiner eigenen Lebensgesetzlichkeit. Es trägt einen bestimmten, von der Rechtsordnung nicht gesetzten Zweck in sich selbst. Der Gesetzgeber kann diesen Zweck zwar näher bestimmen, er kann ihn erweitern oder einschränken, er kann aber sein Wesen nicht verändern[50]). Wesen und Zweck des Lebensverhältnisses bestimmen daher den Charakter des von ihm geprägten Gewaltverhältnisses und damit zugleich die rechtlichen Grenzen der Pflichten, die den Angehörigen dieses Gewaltverhältnisses auferlegt werden können. Auf die rechtsstaatliche Problematik dieser Sachlage habe ich in diesem Zusammenhang nicht einzugehen. Hier kommt es nur darauf an, festzustellen, daß die Bindung des besonderen Gewaltverhältnisses an das Wesen und den Zweck eines Lebensverhältnisses den gerichtlichen Rechtsschutz nicht von vornherein ausschließt. Auch die Ehe ist ein solches Lebensverhältnis. Auch bei der Ehe ergeben sich die Rechte und Pflichten der Ehegatten, soweit sie nicht im gesetzten Recht im einzelnen festgelegt sind, aus dem „Wesen der Ehe"[51]). Aus ihm hat das Gericht in diesen Fällen seine Entscheidung zu schöpfen[52]). Die Verweisung des Gerichts auf das Wesen eines Lebensverhältnisses ist also, wie gerade das Eherecht zeigt, durchaus nichts Ungewöhnliches. Auch das Zivilgericht muß feststellen, worin das Wesen der Ehe besteht. Daher erscheint es nicht von vornherein ausgeschlossen, daß ein Verwaltungsgericht das Wesen und den Zweck des Beamtenverhältnisses, des Wehrdienstverhältnisses, des Schulverhältnisses, des Gefangenenverhältnisses usw. und an ihm die Pflichten der Gewaltunterworfenen bestimmt.

---

[50]) Hierin liegt der richtige Kern des von Carl Schmitt sog. Ordnungsdenkens; vgl. Über die drei Arten des rechtswissenschaftlichen Denkens, 1934, S. 20 f. Vgl. auch Karl Engisch, Der rechtsfreie Raum (Zs. ges. Staatsw., Bd. 108, 1952, S. 385 ff., 387).

[51]) Wiederholt verweist das Ehegesetz (vom 20. Februar 1946) auf das „Wesen der Ehe" (§ 32, Abs. 1, § 43, § 48, Abs. 2) oder auf die dem „Wesen der Ehe entsprechende Lebensgemeinschaft" (§§ 43, 44, 48, Abs. 1).

[52]) Vgl. zu dieser Frage grundsätzlich Engisch, aaO., insbes. S. 400, Anm. 1.

Die Maßnahmen im besonderen Gewaltverhältnis werden inhaltlich durch die Art des Lebensverhältnisses, um das es sich im einzelnen handelt, geprägt. Formal betrachtet sind es meist Weisungen, die von weisungsbefugten Stellen an die im besonderen Gewaltverhältnis stehenden Personen erteilt werden, seltener Werturteile über Leistungen. So ist z. B. die Anordnung des Lehrers an die Schüler einer Klasse, über ein bestimmtes Thema eine Hausarbeit zu schreiben, eine solche Weisung, die Benotung der einzelnen Arbeiten ein Werturteil. Weisungen und Werturteile werden in ihrem Inhalt natürlich durch die Eigenart des besonderen Gewaltverhältnisses bestimmt. Die Weisung des vorgesetzten Beamten oder Offiziers ist ein dienstlicher oder militärischer Befehl, die Weisung des Lehrers eine pädagogische (erzieherische oder unterrichtliche) Maßnahme. Auch die Benotung einer Arbeit wie die Beurteilung jeder anderen Leistung eines Schülers ist eine solche pädagogische Maßnahme, weil sie durch den pädagogischen Zweck und durch pädagogische Maßstäbe bestimmt wird.

In dieser Feststellung liegt jedoch nichts, was gerade den besonderen Gewaltverhältnissen eigentümlich wäre. In jedem Lebensverhältnis werden die von den Angehörigen dieses Lebensverhältnisses getroffenen Maßnahmen durch seinen Zweck und die es beherrschenden Grundsätze bestimmt. So lassen sich z. B. zwei Kaufleute als Partner eines Kaufvertrages bei der Abwicklung dieses Rechtsgeschäfts in erster Linie oder sogar ausschließlich von wirtschaftlichen Gesichtspunkten leiten. Der Rücktritt eines der beiden Partner vom Kaufvertrage ist also zunächst und vor allem eine wirtschaftliche Maßnahme. Noch nie ist jemand auf den Gedanken gekommen, einer solchen Rücktrittserklärung deshalb, weil sie auch oder sogar überwiegend durch wirtschaftliche Überlegungen veranlaßt ist, den Rechtscharakter abzusprechen. Entsprechende Beispiele lassen sich natürlich auch aus anderen Lebensbereichen bilden, etwa aus dem Arbeitsrecht. Die Kündigung eines Arbeitnehmers wird oft durch betriebswirtschaftliche Überlegungen bestimmt sein. Trotzdem ist sie selbstverständlich ein Rechtsgeschäft, über dessen Rechtmäßigkeit vor dem Arbeitsgericht gestritten werden kann. Die sachliche Zuordnung einzelner Maßnahmen innerhalb eines Lebensverhältnisses zu einem bestimmten Lebensbereich (Wirtschaft, Technik, Pädagogik) sagt also über die rechtliche Qualität dieser Maßnahme nichts. Aus ihr kann deshalb auch kein entscheidender Einwand gegen die Möglichkeit und Zulässigkeit des gerichtlichen Rechtsschutzes im besonderen Gewaltverhältnis abgeleitet werden.

Bedenklich erscheint mir daher die Lehre, daß gegen Prüfungsentscheidungen und Erziehungsmaßnahmen der Verwaltungsrechtsweg verschlossen sei, weil die gerichtliche Nachprüfung dieser Entscheidungen und Maßnahmen ihrem Wesen widerspreche[53]). Am deutlichsten hat diese Auffassung in einer Entscheidung des Oberverwaltungsgerichts Koblenz[54]) Ausdruck gefunden, in der die verwaltungsgerichtliche Anfechtbarkeit einer Entscheidung der Klassenkonferenz über die Versetzung eines Schülers in die nächsthöhere Schulklasse mit der Begründung verneint wird, daß es sich bei dieser Entscheidung um eine „pädagogische Maßnahme im erzieherischen Aufgabenbereich der Schule" handele. Ich kann es in diesem Zusammenhang dahingestellt lassen, ob gegen eine solche Versetzungsentscheidung überhaupt die verwaltungsgerichtliche Anfechtungsklage erhoben werden kann[55]). Denn hier kommt es mir nur auf die Begründung an, mit der die Klage als unzulässig abgewiesen worden ist. Diese Begründung verstößt gegen die Erkenntnis, daß auch wirtschaftliche, technische und pädagogische Maßnahmen Rechtsakte, und zwar hier Verwaltungsakte, sein können. So ist z. B. die Verweisung eines Schülers von der Schule auch eine „pädagogische Maßnahme im erzieherischen Aufgabenbereich der Schule", und trotzdem hat das Oberverwaltungsgericht Koblenz in derselben Entscheidung die verwaltungsgerichtliche Anfechtbarkeit einer solchen Maßnahme — folgewidrig, aber sachlich zutreffend — bejaht[56]).

b) Die zweite Antwort, die auf die Frage nach dem Umfang des verwaltungsgerichtlichen Rechtsschutzes im besonderen Gewaltverhältnis gegeben werden kann, läßt sich im Gegensatz zu der ersten, von der jeder Rechtsschutz verneint wird, als die Lehre vom uneingeschränkten Rechtsschutz im besonderen Gewaltverhältnis bezeichnen. Allerdings ist mit der Formel „uneingeschränkter Rechtsschutz" nicht gemeint, daß jeder Angehörige eines besonderen Gewaltverhältnisses gegen jede Maßnahme im besonderen Gewaltverhältnis die verwaltungsgerichtliche Anfechtungsklage erheben kann. Für eine Popularklage ist im besonderen Gewaltverhältnis genau so wenig Raum wie im allgemeinen. Auch hier hängt die Zulässigkeit der verwaltungsgerichtlichen Anfechtungsklage von der Behauptung

[53]) Vgl. die in Anm. 37 angeführten Arbeiten von Werner Schneider, Bachof und Reuter.

[54]) Vom 18. 12. 1953 (DVBl. 1954, S. 579 ff. = NJW 1954, S. 1461 ff.).

[55]) Vgl. darüber unten S. 155.

[56]) In der gleichen Richtung bewegt sich die Kritik von W. Thieme, NJW 1954, S. 1461, Anm. unter 1; vgl. auch Klaus Obermayer, Verwaltungsakt und innerdienstlicher Rechtsakt, 1956, S. 99 ff., insbes. 102.

des Klägers ab, daß die angefochtene Maßnahme gerade ihn in seinen Rechten verletze.

Die Lehre vom uneingeschränkten Rechtsschutz im besonderen Gewaltverhältnis läuft deshalb darauf hinaus, daß der Gewaltunterworfene gegen jede ihn belastende Maßnahme verwaltungsgerichtliche Anfechtungsklage erheben kann, wenn er behaupten kann, durch die Maßnahme in seinen Rechten verletzt zu sein[57]). Deshalb kann sich die verwaltungsgerichtliche Anfechtungsklage nach dieser Auffassung gegen alle Maßnahmen im besonderen Gewaltverhältnis wenden. Eine Unterscheidung zwischen anfechtbaren und nichtanfechtbaren Maßnahmen ist eigentlich ausgeschlossen und muß, wo sie doch vorgenommen wird, als eine inkonsequente Abschwächung dieser Theorie angesehen werden. Daher erscheint es mir nicht überzeugend, wenn man die verwaltungsgerichtliche Anfechtbarkeit einer Maßnahme davon abhängig machen will, ob „im konkreten Falle prima facie Unrecht geschehen ist"[58]). Gegen eine rechtswidrige Maßnahme muß gerichtlicher Rechtsschutz doch auch dann gegeben sein, wenn die Rechtswidrigkeit nicht auf den ersten Blick erkennbar ist[59]).

Rechtsgrundlage dieser Lehre kann nur Art. 19 Abs. 4 GG sein. Zwar ist anfänglich die Ansicht vertreten worden, daß die Rechtsweggarantie dieser Verfassungsbestimmung für besondere Gewaltverhältnisse nicht gelte[60]). Diese Auffassung kann jedoch inzwischen als überwunden angesehen werden[61]). In der Tat läßt sich aus Art. 19 Abs. 4 Satz 1 GG auch der Schluß ableiten, daß gegen Maßnahmen der öffentlichen Gewalt in be-

---

[57]) So vor allem Herbert Krüger, Der Verwaltungsrechtsschutz im besonderen Gewaltverhältnis (NJW 1953, S. 1369 ff.).

[58]) So Krüger, aaO., S. 1371 (Die Hervorhebung fehlt im Urtext).

[59]) In ähnlicher Richtung die Kritik dieser Auffassung bei Otto Bachof, Begriff und Wesen des sozialen Rechtsstaates (VVDStL, Heft 12, 1954, S. 37 ff., 60) und Klaus Obermayer, aaO., S. 161.

[60]) Ernst Friesenhahn, Der Rechtsschutz im öffentlichen Recht nach dem Bonner Grundgesetz (DV 1949, S. 478 ff., 481), Hermann v. Mangoldt, Das Bonner Grundgesetz. Kommentar, S. 123.

[61]) Friedrich Klein, Tragweite der Generalklausel des Bonner Grundgesetzes (VVDStL, Heft 8, 1950, S. 67 ff., 107 f.), K. G. Wernicke im „Bonner Kommentar" II 4 g α zu Art. 19 GG, Otto Bachof, Die verwaltungsgerichtliche Klage auf Vornahme einer Amtshandlung, 1951, S. 14, Anm. 6, meine Schrift „Gerichtlicher Rechtsschutz im Beamtenrecht", 1951, S. 35 f., Herbert Krüger, aaO., S. 1369, Peter Lerche, Wehrrecht und Verwaltungsgerichtsbarkeit (DVBl. 1954, S. 626 ff.), Obermayer, aaO., S. 41 f., OVG Hamburg v. 20. 11. 1952 (DVBl. 1953, S. 410 ff., 410 f.), BGH v. 21. 9. 1953 (BGHZ Bd. 10, S. 295 ff., 297 = DVBl. 1954, S. 124 ff. = DÖV 1954, S. 85 ff. = NJW 1954, S. 32 ff. = ZBR 1954, S. 25 ff.).

sonderen Gewaltverhältnissen der Rechtsweg offenstehen muß. Die Entstehungsgeschichte der Bestimmung[62]) läßt nicht erkennen, daß man das Problem der Geltung der Rechtsweggarantie im besonderen Gewaltverhältnis überhaupt gesehen hat. Aus den zugänglichen Materialien geht jedenfalls nicht hervor, daß man an eine solche Einschränkung dieser Garantie gedacht hat[63]). Auch die Materialien zu Art. 132 Abs. 4 GG[64]) lassen nicht erkennen, aus welchen Gründen durch diese Bestimmung den betroffenen Richtern, Beamten und Angestellten „der Rechtsweg gemäß Art. 19 Abs. 4" ausdrücklich gewährleistet worden ist. Diese Rechtsweggarantie muß daher keine konstitutive, sondern kann auch nur deklaratorische Bedeutung haben[65]). Das ist um so mehr anzunehmen, als gegen Versetzungen von Beamten in den Ruhestand oder Wartestand oder in ein Amt mit niedrigerem Diensteinkommen in den Ländern mit verwaltungsgerichtlicher Generalklausel schon früher und nach den neuen, bei Erlaß des Grundgesetzes bereits in Kraft befindlichen Verwaltungsgerichtsordnungen (VGG, VO Nr. 165) der Verwaltungsrechtsweg offenstand.

Art. 132 Abs. 4 GG scheidet daher für eine am systematischen Zusammenhang orientierte Interpretation des Art. 19 Abs. 4 GG aus. Dagegen ist der Art. 19 Abs. 4 GG zu Art. 33 Abs. 5 GG in Beziehung zu setzen; denn zu den hergebrachten Grundsätzen des Berufsbeamtentums gehört auch der Rechtsschutz der Beamten durch unabhängige Gerichte. Dieser Rechtsschutz war, was die vermögensrechtlichen Ansprüche der Beamten anbelangt, durch Art. 129 Abs. 1 Satz 4 WRV sogar verfassungsrechtlich garantiert worden. In den Ländern mit verwaltungsgerichtlicher Generalklausel bestand aber unter der Weimarer Reichsverfassung und schon früher gerichtlicher Rechtsschutz auch für nichtvermögensrechtliche Rechte der Beamten; dieser Rechtsschutz darf ebenfalls zu den hergebrachten Grundsätzen des Berufsbeamtentums gerechnet werden[66]). Ich verkenne nicht, daß es im Reich, in Preußen und in den übrigen Ländern

[62]) JöR NF Bd. 1, 1951, S. 1 ff., 176 ff.

[63]) aaO., S. 176 ff.

[64]) aaO., S. 864 ff.

[65]) Daß Art. 132, Abs. 4 GG nur der Klarstellung dient, nimmt auch der BGH in dem Urteil v. 21. 9. 1953 an (BGHZ Bd. 10, S. 295 ff., 297 = DVBl. 1954, S. 124 ff. = DÖV 1954, S. 85 ff. = NJW 1954, S. 32 ff. = ZBR 1954, S. 25 ff.).

[66]) Obwohl Wilhelm Grewe und Oscar Georg Fischbach ihn in ihren Referaten der Öffentlich-rechtlichen Abteilung des 39. deutschen Juristentages in Stuttgart („Inwieweit läßt Art. 33, Abs. 5 des Grundgesetzes eine Reform des Beamtenrechts zu?") nicht erwähnen (Verhandlungen des 39. deutschen Juristentages in Stuttgart, 1951, Teil D, S. 3 ff., 33 ff.).

ohne verwaltungsgerichtliche Generalklausel einen solchen gerichtlichen Rechtsschutz der nichtvermögensrechtlichen Beamtenrechte nicht gegeben hat. Das schließt es zwar aus, die verwaltungsgerichtliche Klagbarkeit solcher Beamtenrechte schlechthin als einen hergebrachten Grundsatz des Berufsbeamtentums zu erklären. Es steht aber nicht der Feststellung entgegen, daß der verwaltungsgerichtliche Rechtsschutz für diese Beamtenrechte dort zu den hergebrachten Grundsätzen des Berufsbeamtentums gehört, wo eine verwaltungsgerichtliche Generalklausel bestand, wie das in Württemberg, Sachsen, Thüringen und in den Hansestädten Hamburg und Lübeck der Fall war.

Für entscheidend halte ich jedoch die Erwägung, daß weder die Entstehungsgeschichte der Bestimmung noch der systematische Zusammenhang mit anderen Vorschriften des Grundgesetzes zu der Annahme nötigen oder sie auch nur nahelegen, daß die Rechtsweggarantie in Art. 19 Abs. 4 GG hinter die rechtsstaatlichen Verhältnisse der Weimarer Republik zurückführen wollte. Es ist im Gegenteil anzunehmen, daß Art. 19 Abs. 4 die früheren und bei seinem Erlaß bestehenden Rechtsschutzmöglichkeiten gegenüber der öffentlichen Gewalt verfassungskräftig (Art. 79 Abs. 3 GG) hat bestätigen wollen. Dafür spricht auch die Regelung in Art. 19 Abs. 4 Satz 2 GG, durch den, um nichts zu versäumen, durchaus systemwidrig die subsidiäre Zulässigkeit des ordentlichen Rechtsweges eingeführt worden ist.

c) Ob man aus diesen Überlegungen den Schluß ziehen kann, daß Art. 19 Abs. 4 GG den gerichtlichen Rechtsschutz im besonderen Gewaltverhältnis u n e i n g e s c h r ä n k t gewährleistet[67]), erscheint mir allerdings zweifelhaft. Wortlaut und Entstehungsgeschichte dieser Bestimmung lassen die Frage offen. Ihr systematischer Zusammenhang mit Art. 33 Abs. 5 GG läßt nur erkennen, daß jedenfalls im B e a m t e n r e c h t ein e i n g e s c h r ä n k t e r Rechtsschutz der Verwaltungsgerichte zu den hergebrachten Grundsätzen des Berufsbeamtentums gehört. Letztlich kann die Bedeutung des Art. 19 Abs. 4 GG daher nur teleologisch bestimmt werden. In dieser Richtung bewegt sich offenbar auch die Bemerkung Friedrich K l e i n s in seinem Referat auf der Heidelberger Tagung unserer Vereinigung[68]), entscheidend für die Auslegung dieser Verfassungsbestimmung seien „rechtsstaatliche Erwägungen". „Diese gebieten, den vollen Rechtsschutz auch im Rahmen besonderer Gewaltverhältnisse zuzubilligen."

[67]) Dieser Auffassung ist das OVG Münster in dem Bescheid vom 23. 9. 1953 (NJW 1954, S. 1015 f.).

[68]) aaO., S. 108.

Es ist mir nicht möglich, an dieser Stelle im einzelnen darzulegen, aus welchen Gründen nur eine teleologische Auslegungsmethode imstande ist, den verbindlichen Sinn einer mehrdeutigen Gesetzesbestimmung festzulegen. Ich darf mich insoweit auf meine Jugendschrift „Über die Auslegung der Grundrechte"[69]) beziehen, deren Grundgedanken ich noch heute, nach fast 25jähriger richterlicher Erfahrung, für zutreffend halte. Ihr Ergebnis läßt sich in dem Satz zusammenfassen, daß die teleologische Auslegung einer mehrdeutigen Gesetzesbestimmung nach dem Sinn der Bestimmung zu fragen hat, der in einer bestimmten geschichtlichen Situation als der richtige anzusehen ist.

Daß das Bekenntnis des Grundgesetzes zum Rechtsstaat die Auslegung des Art. 19 Abs. 4 GG normativ bindet, hat Klein mit Recht betont. Rechtsstaat im Sinne des Grundgesetzes bedeutet in diesem Zusammenhang Gesetzmäßigkeit und Rechtmäßigkeit der Verwaltung, auch — jedenfalls hinsichtlich der Rechtmäßigkeit — im besonderen Gewaltverhältnis[70]), und Rechtsschutz gegenüber der Verwaltung durch unabhängige Gerichte. Steht die teleologische Auslegung des Art. 19 Abs. 4 unter der Verpflichtung, den Rechtsstaatsgedanken zu fördern, so erhebt sich die für diese Auslegung entscheidende Frage, ob der Rechtsstaatsgedanke durch einen uneingeschränkten oder durch einen eingeschränkten gerichtlichen Rechtsschutz im besonderen Gewaltverhältnis mehr gefördert wird. Diese Frage läßt sich nicht durch einen Hinweis darauf beantworten, daß der Rechtsstaat gerichtlichen Rechtsschutz gegenüber der Verwaltung schlechthin, und daher auch im besonderen Gewaltverhältnis verlange. Ein solcher Schluß wäre durchaus voreilig und würde die Eigenart der besonderen Gewaltverhältnisse gegenüber dem allgemeinen Gewaltverhältnis und die Unterschiede der einzelnen Gewaltverhältnisse außer acht lassen.

Diese Eigenart der besonderen Gewaltverhältnisse besteht darin, daß der Einzelne mit der Begründung des besonderen Gewaltverhältnisses in aller Regel einem „Betrieb" (in einem weiteren soziologischen Sinne) eingegliedert wird[71]). Diese Eingliederung in einen „Betrieb" erfolgt bei dem privatrechtlichen

69) Arch. öff. R. NF, Bd. 21, 1932, S. 37 ff.

70) Ebenso Becker, aaO., S. 108 und Hans J. Wolff, aaO., § 21 IV, S. 68, § 30 III, S. 112 f., § 31 III, S. 121.

71) Begründung des Gewaltverhältnisses und Eingliederung in den „Betrieb" können in Ausnahmefällen zeitlich auseinanderfallen. Auch kann der Gewaltunterworfene aus dem „Betrieb" ausscheiden, obwohl das Gewaltverhältnis bestehen bleibt (Beispiel: der in den Wartestand versetzte Beamte ohne Amt).

Gewaltverhältnis des Arbeitnehmers genau so wie bei den öffentlich-rechtlichen Gewaltverhältnissen des Beamten, Soldaten, Schülers, Kranken, Gefangenen usw. Der Dienstbetrieb einer Verwaltungsbehörde, eines Gerichts oder einer militärischen Einheit, der Betrieb einer Schule, eines Krankenhauses, einer Strafanstalt sind uns durchaus geläufige Vorstellungen. Jedoch ist die Eingliederung des Einzelnen in den „Betrieb" bei den Dienstverhältnissen eine andere als bei den Anstaltsverhältnissen. Bei den Dienstverhältnissen des Arbeitnehmers, des Beamten oder des Soldaten dient der Gewaltunterworfene dem „Betrieb"; er ist selbst ein persönliches Mittel, mit dem die dem „Betrieb" gestellten Aufgaben erfüllt werden. Bei den Anstaltsverhältnissen dagegen dient der „Betrieb" dem Gewaltunterworfenen; er ist, wie man wohl sagt, für die Gewaltunterworfenen da (die Schule für den Schüler, das Krankenhaus für die Kranken, die Strafanstalt, jedenfalls wenn sie eine Besserungsanstalt ist, für die Gefangenen)[72]). Daneben kennt etwa der Schulbetrieb im Lehrer einen Gewaltunterworfenen, der als Beamter dem „Betrieb" der Schule dient, und entsprechendes gilt für andere öffentliche Anstalten[73]). Trotz dieser verschiedenen Stellung zum „Betrieb" werden auch die gewaltunterworfenen Benutzer öffentlicher Anstalten dem Anstaltsbetrieb eingefügt. Soll dieser die ihm gestellte Aufgabe erfüllen, so muß die „Betriebsordnung" auch von denen eingehalten werden, denen der Betrieb zu dienen hat.

Besteht die Eigenart des besonderen Gewaltverhältnisses in der Eingliederung des Einzelnen in einen „Betrieb" mit einer Ordnung, der sich der Einzelne zu fügen hat, dann läßt sich aus dieser Feststellung die Unterscheidung zwischen den Rechtsbeziehungen ableiten, die in der Begründung, Veränderung oder Beendigung des besonderen Gewaltverhältnisses selbst bestehen, und den Rechtsbeziehungen, die sich aus der Geltung der (geschriebenen oder ungeschriebenen) „Betriebsordnung" ergeben. Man kann diese beiden Rechtsverhältnisse auch das Grundverhältnis und das Betriebsverhältnis nennen[74]).

---

[72]) Eine ähnliche Unterscheidung schon bei F r i t z F l e i n e r, Institutionen des deutschen Verwaltungsrechts, 8. Aufl., 1928, S. 166 und ihm folgend bei O b e r m a y e r, aaO., S. 85.

[73]) So auch O b e r m a y e r aaO. S. 85.

[74]) Vom Grundverhältnis hatte ich bereits in meinem Aufsatz „Unklagbarkeit der Beamtenrechte?" (DVBl. 1951 S. 338 ff., 340) gesprochen. Ähnlich „Gerichtlicher Rechtsschutz im Beamtenrecht" S. 28. Ebenso — für das Wehrdienstrecht — P e t e r L e r c h e, Wehrrecht und Verwaltungsgerichtsbarkeit (DVBl. 1954 S. 626 ff., 630) und — wohl in der Sache übereinstimmend — die Unterscheidung zwischen Beamtenverhältnis und Amtsstellung bei H a n s J.

Daß der gerichtliche Rechtsschutz im besonderen Gewaltverhältnis auch bei eingeschränktem Rechtsschutz das Grundverhältnis umfaßt, ist heute — von den Vertretern der Unklagbarkeitstheorie abgesehen — allgemein anerkannt. Im Beamtenrecht etwa gehören zum Grundverhältnis alle Fragen, die den Bestand des Beamtenverhältnisses als solchen betreffen. Daher kann verwaltungsgerichtlicher Rechtsschutz begehrt werden, wenn die Begründung oder die Beendigung des Beamtenverhältnisses (Ernennung, Entlassung, Versetzung in den Ruhestand oder in den einstweiligen Ruhestand[75]) streitig ist. Aber auch Veränderungen des Beamtenverhältnisses (Versetzung in den Wartestand[75]), Versetzung, Abordnung, Verbot der Führung der Dienstgeschäfte) gehören ebenso hierher wie solche Nebenrechte und -pflichten, die sich aus dem Grundverhältnis ergeben (Leistung des Diensteides, Übertragung einer Nebentätigkeit, Genehmigung zur Übernahme eines Nebenamts oder einer Nebenbeschäftigung, Erteilung und Versagung von Urlaub, Verbot politischer Betätigung, Einsicht in die Personalakten, Erteilung oder Verweigerung des Dienstzeugnisses usw.)[76]). Entsprechendes gilt im Wehrdienstrecht, wo jüngst

---

Wolff in der Anm. zu dem Urteil des VGH Württemberg-Hohenzollern v. 26. 6. 1952 (JZ 1953 S. 87 f.) und Verwaltungsrecht I § 25 VIIIa S. 89, § 32 IVc 3 S. 127.

[75]) Gegen die gerichtliche Anfechtbarkeit der Versetzung in den einstweiligen Ruhestand oder in den Wartestand bei politischen Beamten erhebt Fischbach aaO. S. 93 f. unbegründete Bedenken („diese rein politische Maßnahme verträgt keine gerichtliche Nachprüfung“). Zutreffend H. Schillen, Versetzung und versetzungsähnliche Maßnahmen im Beamtenrecht (ZBR 1956 S. 105 f., 108 f.).

[76]) Die einzelnen Fälle sind nicht alle unbestritten. Gegen die verwaltungsgerichtliche Anfechtbarkeit der Eidesanforderung das OVG Münster in dem Urteil v. 15. 1. 1951 (Amtl. Samml. Bd. 4 S. 68 ff., 69 = DVBl. 1951 S. 418 f. = MDR 1951 S. 507 f.), dem allerdings Otto Bachof, Verwaltungsakt und innerdienstliche Weisung (Verfassung und Verwaltung in Theorie und Wirklichkeit 1952 S. 285 ff., 305 ff.), Herbert Krüger, Rechtsverordnung und Verwaltungsanweisung (Rechtsprobleme in Staat und Kirche 1952 S. 211 ff., 232 Anm. 53a) und H. Schillen, Eidesanforderung und Eidesleistung (ZBR 1956 S. 40 ff.) mit Recht entgegengetreten sind. Gegen die Anfechtbarkeit des Verbots der Führung der Dienstgeschäfte, der Vertagung des Urlaubstermins, der Versagung von Nebenbeschäftigungen Fischbach, Bundesbeamtengesetz 1954 Anm. II 2 zu § 172 (S. 799 f.), 2. Aufl. 1956, Anm. II 3 zu § 172 (S. 1144 f.). Umstritten ist die verwaltungsgerichtliche Anfechtbarkeit der Abordnung; bejahend — unter bestimmten Voraussetzungen — OVG Lüneburg Beschl. v. 19. 5. 1953 (Amtl. Samml. Bd. 6 S. 482 ff. = VerwRspr. Bd. 6, 1954, S. 691), OVG Koblenz Urt. v. 15. 12. 1953 (ZBR 1954 S. 188 f.), H. Schillen, Versetzung und versetzungsähnliche Maßnahmen im Beamtenrecht (aaO. S. 105 ff., 108), verneinend Fischbach aaO. und VG Freiburg v. 8. 5. 1953 (ZBR

das Soldatengesetz für alle Klagen der Soldaten aus dem Wehrdienstverhältnis den Verwaltungsrechtsweg eröffnet hat, soweit nicht ein anderer Rechtsweg vorgeschrieben ist (§ 59 Abs. 1). Auch das Schul- und Hochschulrecht bietet in Schrifttum und Rechtsprechung kaum noch umstrittene Beispiele dafür, daß Streitigkeiten über das Grundverhältnis vor die Verwaltungsgerichte gebracht werden können; ich nenne nur Streitigkeiten über die Aufnahme oder Einweisung in eine Schule, die Zulassung zur Reifeprüfung, die Zulassung zum Hochschulstudium, die Zulassung zur Promotion, die Erteilung der venia legendi, die Entlassung oder Verweisung von der Schule, die Versagung des Reifezeugnisses, die Exmatrikulation, die Entziehung eines akademischen Grades usw.[77]). Auch „Strei-

1954 S. 154 ff.), vermittelnd Martin Baring, Die Abordnung (DVBl. 1952 S. 389 ff., 395). Gegen Barings Lehre jetzt Obermayer aaO. S. 164.

[77]) Zu den Beispielen aus dem Schulrecht vgl. Hans Heckel aaO. S. 54; aus der dort (in den Anm. 7—12) noch nicht angeführten neueren Rechtsprechung zum Schul- und Hochschulrecht sind zu nennen: OVG Hamburg v. 12. 7. 1954 — Bs. II 40/54 — (nicht veröffentlicht) — und OVG Berlin (Amtl. Samml. Bd. 3 S. 146 ff. = DÖV 1956 S. 641 f. nur Leitsätze) — Aufnahme in eine bestimmte Schulart —, VGH Kassel v. 17. 12. 1954 (E. Bd. 4 S. 150 ff. u. 155 ff. = DÖV 1956 S. 629 f. u. 641) — Aufnahme bzw. Einweisung in eine Schule —, OVG Lüneburg v. 15. 4. 1955 — V A 186/54 — (nicht veröffentlicht) — Aufnahme in eine höhere Schule —, OVG Hamburg Urteile v. 12. 3. 1956 (MDR 1956 S. 317 f. = DÖV 1956 S. 627 f. und MDR 1956 S. 318 f.) — Aufnahme in eine weiterführende Schule —, VG Berlin v. 16. 2. 1953 — III A 556/52 — (nicht veröffentlicht) — und OVG Lüneburg v. 23. 6. 1953 (DÖV 1954 S. 510 Nr. 210 nur Leitsatz) — Zulassung zur Reifeprüfung —, OVG Lüneburg v. 22. 8. 1950 (Amtl. Samml. Bd. 2 S. 220 ff. = DVBl. 1951 S. 147 = MDR 1951 S. 251 = VerwRspr. Bd. 3, 1951, S. 623 f.), OVG Berlin v. 20. 11. 1952 (DVBl. 1953 S. 579 f.) und Bayer. VGH Beschl. v. 31. 8. 1954 (DÖV 1955 S. 342 f.) — Zulassung zum Hochschulstudium —, Bayer. VerfGG v. 29. 6. 1955 (VGHE NF Bd. 8 II S. 38 ff. = Bayer. VerwBl. 1955 S. 212 ff.) — Zulassung zur Promotion —, OVG Lüneburg v. 28. 6. 1956 — II A 207/52 — (nicht veröffentlicht) — Ablehnung der Promotion —, OVG Lüneburg Urt. v. 25. 10. 1954 (ZBR 1955 S. 94 = DÖV 1956 S. 643 nur Leitsätze) und OVG Koblenz Beschl. v. 13. 1. 1956 (DÖV 1956 S. 640 f.) — Erteilung der venia legendi —, Bayer. VGH v. 17. 11. 1953 — Nr. 122 I 52 — und BVerwG v. 10. 12. 1954 (Amtl. Samml. Bd. 1 S. 263 ff. = DVBl. 1955 S. 259 ff. = DÖV 1955 S. 341 f. = BayerVerwBl. 1955 S. 148 f. = NJW 1955 S. 645 f. = MDR 1955 S. 312) — Verweisung von der Schule —, VG Freiburg v. 1. 4. 1955 (DÖV 1956 S. 634 f.) — Ausschluß von der Reifeprüfung —, VG Karlsruhe v. 28. 11. 1954 — III 264/54 — (nicht veröffentlicht) — Inhalt des Reifezeugnisses —, VG Berlin vom 19. 11. 1953 (nicht veröffentlicht), LVG Düsseldorf v. 22. 9. 1955 (DÖV 1956 S. 633 f.) und OVG Koblenz v. 16. 5. 1956 (DÖV 1956 S. 631 f. = ZBR. 1956 S. 412 f.) — Versagung des Reifezeugnisses —, VG Freiburg v. 19. 1. 1953 (DVBl. 1953 S. 736 ff.) — Zurückweisung einer Dissertation und

tigkeiten über das Überspringen einer Schulklasse[78]) oder über die Versetzung eines Schülers in eine andere Klasse berühren das Grundverhältnis[79]), ähnlich wie die Versetzung eines Beamten in ein anderes Amt. Dabei kommt es bei der Versetzung nicht darauf an, ob es sich um eine gewöhnliche Versetzung handelt oder um eine Versetzung, die mit der Zuerkennung der sogenannten mittleren Reife verbunden ist[80]); denn von jeder Versetzung hängen die Dauer des Schulbesuchs und damit die späteren beruflichen Entwicklungsmöglichkeiten des Schülers entscheidend ab. Daß alle diese Fragen bei der Bedeutung des Grundverhältnisses für die Rechtsstellung des Einzelnen im Rechtsstaat gerichtlichen Rechtsschutz genießen müssen, bedarf daher keiner weiteren Begründung. Auch in den privatrechtlichen Gewaltverhältnissen können Streitigkeiten über das Grundverhältnis vor die Gerichte gebracht werden.

Fordert der Rechtsstaatsgedanke — und hier liegt das eigentliche Problem — auch die Einbeziehung des Betriebsverhältnisses in den verwaltungsgerichtlichen Rechtsschutz und würde eine solche Einbeziehung die rechtsstaatliche Entwicklung fördern? Ich möchte diese Frage für das Beamtenverhältnis und alle offenen Anstaltsverhältnisse verneinen, für das Wehrdienstverhältnis und alle geschlossenen Anstaltsverhältnise dagegen bejahen.

Erteilung bzw. Ablehnung der Exmatrikel —, OVG Münster Beschl. v. 25. 1. 1955 (Amtl. Samml. Bd. 9 S. 231 ff. = MDR 1955 S. 377 f.) — Entziehung eines akademischen Grades.

[78]) Bayer. VGH v. 18. 8. 1949 (DVBl. 1950 S. 305 ff. = DÖV 1950 S. 56 f.).

[79]) Ganz herrschende Meinung in Schrifttum und Rechtsprechung, vgl. Krüger aaO. S. 1371, Forsthoff aaO. S. 354, Peter Lerche, Wehrrecht und Verwaltungsgerichtsbarkeit (DVBl. 1954 S. 626 ff., 629 Anm. 38), Hans J. Wolff, Verwaltungsrecht I § 46 VI S. 199, LVG Münster v. 6. 7. 1951 (DVBl. 1953 S. 27 f.), LVG Düsseldorf v. 26. 11. 1953 (DVBl. 1954 S. 583 f. = MDR 1954 S. 250 nur Leitsätze), OVG Münster v. 12. 1. 1954 (DVBl. 1954 S. 584 ff.), LVG Düsseldorf v. 28. 5. 1954 (DÖV 1954 S. 696 ff.), BVerwG v. 10. 12. 1954 (Amtl. Samml. Bd. 1 S. 260 ff. = DVBl. 1955 S. 261 f. = DÖV 1955 S. 342 = NJW 1955 S. 646 f. = MDR 1955 S. 312 f.), VG Berlin v. 20. 6. 1955 (nicht veröffentlicht), OVG Hamburg v. 6. 7. 1955 (VerwRspr. Bd. 8, 1956, S. 547 ff.), LVG Düsseldorf v. 22. 9. 1955 (DÖV 1956 S. 635 f.), VG Bremen v. 28. 10. 1955 — II A 408/55 — (nicht veröffentlicht), VGH Bebenhausen v. 16. 12. 1955 — PL 293/55 — (nicht veröffentlicht), VG Kassel v. 15. 3. 1956 (DÖV 1956 S. 636 ff.); a. A. OVG Lüneburg v. 14. 8. 1953 (DVBl. 1953 S. 663 ff. = DÖV 1954 S. 700 Nr. 255 (nur Leitsätze) = MDR 1953 S. 760 f.) und OVG Koblenz v. 18. 12. 1953 (vgl. Anm. 37), ferner Reuter aaO. S. 306, Oeltze, NJW 1955 S. 765.

[80]) so OVG Lüneburg v. 14. 8. 1953 (DVBl. 1953 S. 663 ff. = MDR 1953 S. 760 f.) unter Billigung von Heckel aaO., S. 54.

Bereits das Beamtenrecht vor 1933 unterschied, soweit es für nichtvermögensrechtliche Streitigkeiten aus dem Beamtenverhältnis den Verwaltungsrechtsweg zuließ, zwischen Grundverhältnis und Betriebsverhältnis. Diese Unterscheidung findet sich vor allem in der schon erwähnten Landesverwaltungsordnung von Thüringen vom 10. Juni 1926 (GS S. 177), deren § 113 Abs. 2 „Verfügungen, die im inneren Dienstbetrieb oder im Dienstaufsichtsweg erlassen sind", von der verwaltungsgerichtlichen Anfechtbarkeit ausschloß. Eine ähnliche, wenn auch nicht so deutliche Bestimmung enthielt Art. 34 des württ. Beamtengesetzes vom 21. Januar 1929, RegBl. S. 7 („Dienstbefehle"), und Art. 44 Nr. 4 des Entwurfs eines Verwaltungsverfahrensgesetzes für Württemberg („Anordnungen der Dienstaufsichtsbehörden über die amtlichen Befugnisse und Obliegenheiten der ihnen untergeordneten Behörden und Beamten"). Auch das geltende Beamtenrecht bedient sich, wenn auch nicht expressis verbis, der Unterscheidung zwischen Grundverhältnis und Betriebsverhältnis, indem es, z. B. in § 3 Abs. 2 BBG, beamtenrechtliche Entscheidungen über die persönlichen Angelegenheiten der Beamten, für die der Dienstvorgesetzte zuständig ist, von den Anordnungen für seine Tätigkeit, die der Vorgesetzte erteilen kann, unterscheidet. Es schließt gegen dienstliche Anordnungen den verwaltungsgerichtlichen Rechtsschutz aus, was sich daraus ergibt, daß es den Beamten, von der hier nicht interessierenden Ausnahme der strafgesetzwidrigen Anordnungen abgesehen, zum Gehorsam verpflichtet (§ 56 Abs. 2 BBG) und ihm nur, wenn er Bedenken gegen die Rechtmäßigkeit einer dienstlichen Anordnung hat, ein Remonstrationsrecht einräumt. Es würde dem Sinn eines solchen Remonstrationsverfahrens zuwiderlaufen, wenn der Beamte trotzdem noch ein verwaltungsgerichtliches Anfechtungsverfahren einleiten könnte. Damit ist das beamtenrechtliche Betriebsverhältnis der verwaltungsgerichtlichen Nachprüfung entzogen. Gegen dienstliche Anordnungen an einen Beamten, zu denen ich übrigens auch die neuerdings umstrittene Erteilung oder Verweigerung der Aussagegenehmigung rechne[81]), gibt es keine verwaltungsgerichtliche Anfechtungsklage[82]).

---

[81]) Ebenso Martin Baring, Die Ablehnung der Aussagegenehmigung (ZBR 1956 S. 37 ff., 39 f.); a. A. G. B. Schweitzer, Die Versagung der Aussagegenehmigung (ZBR 1956 S. 201 ff.).

[82]) Herrschende Meinung; vgl. die Nachweisungen in „Gerichtlicher Rechtsschutz im Beamtenrecht" S. 26 ff. und bei Obermayer aaO. S. 148 ff. — A. A. Walter Jellinek DVBl. 1952 S. 707, Krüger aaO. S. 1370, Obermayer aaO. S. 164 und das OVG Münster in dem Bescheid v. 23. 9. 1953 (NJW 1954 S. 1015 f.).

Diese Rechtslage bestand bereits vor dem Erlaß des Grundgesetzes. Die Gehorsamspflicht des Beamten gegenüber dienstlichen Anordnungen, die nur mittelbar, nämlich im Disziplinarverfahren, Gegenstand einer gerichtlichen Nachprüfung sein können, gehört deshalb auch zu den hergebrachten Grundsätzen des Berufsbeamtentums (Art. 33 Abs. 5 GG). Es ist nicht anzunehmen, daß Art. 19 Abs. 4 GG in diese Rechtslage hat eingreifen wollen. Das ist offenbar auch die Auffassung des Gesetzgebers, der im Bundesbeamtengesetz keine Bedenken gehabt hat, mit dem Remonstrationsverfahren des § 56 Abs. 2 die verwaltungsgerichtliche Unanfechtbarkeit dienstlicher Anordnungen vorzuschreiben.

Ich sehe aus rechtsstaatlichen Erwägungen heraus keinen Anlaß, eine Änderung dieser Rechtslage vorzuschlagen. Der unmittelbare Rechtsschutz im Grundverhältnis und der mittelbare Rechtsschutz des Disziplinarverfahrens reichen hier vollkommen aus[83]), auch in den Grenzfällen, die für die Einräumung verwaltungsgerichtlichen Rechtsschutzes zu sprechen scheinen[84]). Denn die im Schrifttum und in der Rechtsprechung als Gegenbeispiele angeführten Fälle genießen entweder verwaltungsgerichtlichen Rechtsschutz, weil sie Streitigkeiten aus dem Grundverhältnis betreffen (so der Streit über die dienstliche Beurteilung eines Beamten[85]), oder sie können des verwaltungsgerichtlichen Rechtsschutzes entbehren, weil der mittelbare Schutz des Disziplinargerichts genügt. Wenn man gemeint hat[86]), daß einem Beamten die verwaltungsgerichtliche Anfechtungsklage gegenüber einem Dienstbefehl mit unzumutbarem Inhalt zustehen müsse, etwa wenn einem Oberregierungsrat befohlen werde, das Dienstauto persönlich in Ordnung zu bringen oder dem Behördenchef ein Glas Bier aus der gegenüberliegenden Wirtschaft zu holen, so entbehren diese — „tra-

---

[83]) Zweifelnd anscheinend Walter Jellinek, Der Schutz des öffentlichen Rechts usw. aaO. S. 50, 52. Zutreffend OVG Münster v. 15. 1. 1951 (Amtl. Samml. Bd. 4 S. 68 ff., 69).

[84]) Ähnlich ist die Rechtslage im Arbeitsrecht, in dem es gegen Anordnungen, die aus dem Direktionsrecht des Arbeitgebers hervorgehen, auch keinen unmittelbaren Rechtsschutz gibt; vgl. Stenschke, Das Direktionsrecht des Arbeitgebers 1932, Arthur Nikisch, Das Direktionsrecht des Arbeitgebers und seine Grenzen (BB 1950 S. 538 ff., 763 f.).

[85]) a. A. allerdings die Rechtsprechung mit der m. E. nicht durchgreifenden Begründung, daß die dienstliche Beurteilung kein Verwaltungsakt sei: OVG Lüneburg v. 9. 5. 1951 (Amtl. Samml. Bd. 5 S. 284 f. = VerwRspr. Bd. 4, 1952, S. 87 f.) und v. 18. 7. 1955 (Schlesw.-Holst. Anz. 1955 S. 309 f.), OVG Hamburg v. 4. 8. 1954 (DVBl. 1955 S. 131 f.).

[86]) Walter Jellinek DVBl. 1952 S. 707, Krüger aaO. S. 1370.

gikomischen, unwahrscheinlichen"[87]) — Beispiele der Überzeugungskraft schon deshalb, weil hier entweder (wie im 2. Fall) eine dienstliche Anordnung im Sinne des § 56 Abs. 2 BBG überhaupt nicht vorliegt, eine Gehorsamspflicht des Beamten also gar nicht besteht[88]) oder (wie im 1. Fall) das Remonstrationsrecht des Beamten völlig ausreicht. Jetzt hat überdies das Soldatengesetz in seinem § 11 Abs. 1 Satz 2 ausdrücklich klargestellt, daß ein Befehl, der die Menschenwürde verletzt oder der nicht zu dienstlichen Zwecken erteilt worden ist, nicht bindet und daher auch nicht befolgt zu werden braucht.

Trotzdem räumt das neue Wehrdienstrecht, nämlich der Entwurf einer Wehrbeschwerdeordnung[89]), den Soldaten die Möglichkeit ein, gegen Befehle der Vorgesetzten gerichtlichen Rechtsschutz in Anspruch zu nehmen. Jeder Befehl kann zum Gegenstand eines Beschwerdeverfahrens gemacht werden (§ 1 Abs. 1 EWBO), das auf Antrag des Soldaten in ein gerichtliches Verfahren (vor der Wehrdisziplinarkammer) einmündet (§ 18 EWBO). Da die Beschwerde keine aufschiebende Wirkung hat und die Einlegung der Beschwerde nicht davon befreit, einen Befehl, gegen den sich die Beschwerde richtet, auszuführen (§ 3 Abs. 1 EWBO), kann die Entscheidung der Wehrdisziplinarkammer in diesem Fall nur in der — nachträglichen — Feststellung bestehen, daß der Befehl rechtswidrig war (§ 20 Abs. 1 Satz 2 EWBO). Die Schlagkraft der militärischen Befehlsordnung wird durch diese Regelung unmittelbar also nicht beeinträchtigt.

Die neue Regelung geht nicht nur über das frühere Wehrrecht, das nur einen — allerdings ebenso umfassenden — Beschwerdeschutz eröffnete[90]), sondern auch über das geltende Beamtenrecht hinaus. Der Begründung zum Entwurf der Wehrbeschwerdeordnung[91]) ist zu entnehmen, daß man im Bundesministerium für Verteidigung der Auffassung ist, der Gesetzgeber sei durch Art. 19 Abs. 4 GG zu der Einführung gerichtlichen Rechtsschutzes auch gegen Akte der sogenannten Kom-

---

87) So zutreffend Martin Baring, Die Ablehnung der Aussagegenehmigung (aaO. S. 40 Anm. 22) und Erhaltet die Generalklausel! (ZBR 1956, S. 341 ff., 342).

88) Auch im Arbeitsrecht sind Anordnungen, die über die Betriebssphäre hinausgehen, unverbindlich; vgl. Stenschke aaO. S. 17, Nikisch aaO. S. 538 f.

89) Vgl. Anm. 19. — Die entsprechenden Vorschriften finden sich jetzt in der Wehrbeschwerdeordnung v. 23. 12. 1956 (BGBl. I S. 1066) und zwar in § 1 Abs. 1, § 7, § 3 Abs. 1, § 19 Abs. 1 Satz 2.

90) Beschwerdeordnung für die Angehörigen der Wehrmacht v. 8. April 1936; vgl. Dietz, Die Beschwerdeordnung 1938.

91) aaO. S. 6 f.

mandogewalt genötigt[92]). Ich halte diese Auffassung für zutreffend, weil von allen Dienstverhältnissen das Wehrdienstverhältnis die freie Entfaltung der Persönlichkeit am stärksten einschränkt, weil es an den einzelnen Soldaten ungleich härtere Anforderungen stellt als jedes andere Dienstverhältnis und weil im Wehrdienstverhältnis der Untergebene straffer an die Befehle seiner Vorgesetzten gebunden ist und gebunden sein muß als im Beamtenverhältnis, was im Fehlen des Remonstrationsrechts, vor allem aber in der nicht nur disziplinarischen, sondern strafrechtlichen Ahndung des militärischen Ungehorsams zum Ausdruck kommt. Der Soldat ist daher in wesentlich größerem Maße der Gefahr ausgesetzt, Befehle zu erhalten, die ihn in seinen Rechten verletzen als etwa der Beamte, er hat aber weder die Möglichkeit der Remonstration noch — praktisch — des Ungehorsams. Das Risiko der strafrechtlichen Verfolgung wegen militärischen Ungehorsams ist gerade für den wehrpflichtigen Soldaten viel zu groß, als daß er auf den mittelbaren „Rechtsschutz des Strafrichters" verwiesen werden könnte. Der Soldat muß zunächst einmal gehorchen. Um so mehr ist es angebracht, daß seine etwaigen Bedenken gegen die Rechtmäßigkeit eines Befehls nachträglich durch ein unabhängiges Gericht geprüft werden können, damit in seinem Fall und für künftige entsprechende Fälle die Rechtslage klargestellt wird. Diese Rechtsschutzmöglichkeit festigt die Herrschaft des Rechtsgedankens im Wehrdienstverhältnis. Sie dient der Einordnung der Bundeswehr in die rechtsstaatliche Ordnung unseres Staatswesens. Sie wird nicht nur vom Rechtsgedanken gefordert, sondern ist auch geeignet, die rechtsstaatliche Entwicklung der Bundesrepublik zu fördern.

Bei den Anstaltsverhältnissen muß man zwischen offenen und geschlossenen Anstaltsverhältnissen unterscheiden. Diese Unterscheidung ist mit der zwischen freiwilligen und unfreiwilligen Gewaltverhältnissen nicht identisch, weil der durch gesetzlichen Zwang herbeigeführte Eintritt in ein besonderes Gewaltverhältnis zu einem offenen und zu einem geschlossenen Anstaltsverhältnis führen kann. Die Unterscheidung zwischen freiwilligen und unfreiwilligen Gewaltverhältnissen ist auf die hier zu beantwortende Frage nach dem gerichtlichen Rechtsschutz im Betriebsverhältnis ohne entscheidenden Einfluß, wenn auch der Schluß nahe zu liegen scheint, daß der Rechtsschutz in Zwangsverhältnissen weiter gehen sollte als in freiwilligen, weil sich der Gewaltunterworfene dem Zwangsverhältnis nicht entziehen kann. Es ist aber im Schrifttum wiederholt mit Recht darauf aufmerksam gemacht worden,

[92]) Ebenso Lerche aaO. S. 626 ff.

daß die Unterscheidung zwischen freiwilligen und unfreiwilligen Gewaltverhältnissen deshalb problematisch ist, weil von einer echten Freiheit eigentlich nur in wenigen Ausnahmefällen gesprochen werden kann. Rechtliche und faktische Freiheit decken sich nur noch selten[93]). Außerdem würde im Wehrdienst- und im Schulrecht danach unterschieden werden müssen, ob es sich um Berufssoldaten und Soldaten auf Zeit oder um Wehrpflichtige (§ 1 Abs. 1 und 2 Soldatengesetz), um Besucher von Wahlschulen oder von Pflichtschulen[94]) handelt, eine Unterscheidung, welche die Einheit dieser Gewaltverhältnisse und des Rechtsschutzes zerstören müßte.

Für wesentlich auch für den gerichtlichen Rechtsschutz halte ich dagegen die Unterscheidung zwischen offenen und geschlossenen Anstaltsverhältnissen. Dabei verstehe ich unter offenen Anstaltsverhältnissen solche, die den Gewaltunterworfenen mit seiner Mit- und Umwelt in Verbindung lassen, wie das bei der Benutzung von Schulen, Hochschulen, Krankenanstalten und ähnlichen Anstalten der Fall ist. In geschlossenen Anstaltsverhältnissen wird der Gewaltunterworfene dagegen von seiner bisherigen Mit- und Umwelt auch gegen seinen Willen ferngehalten, was bei den geschlossenen Abteilungen der Krankenhäuser, vor allem aber bei den Strafanstalten der Fall ist. Natürlich ist — wie jedes besondere Gewaltverhältnis — auch der Betrieb der offenen Anstalten rechtlich gebunden. Aber es besteht, wie im Beamtenverhältnis, keine zwingende Notwendigkeit, diesen Betrieb unter die unmittelbare Rechtskontrolle der Verwaltungsgerichte zu stellen. Auch hier genügt der mittelbare Rechtsschutz der Disziplinargerichte oder die nachträgliche Anrufung der Verwaltungsgerichte. Rechtswidrigen Maßnahmen weisungsbefugter Stellen kann sich der Gewaltunterworfene durch Ungehorsam entziehen, ohne damit — wie im Wehrdienstverhältnis — ein besonderes Risiko einzugehen. In vielen Fällen wird schon dieser Ungehorsam zu einer Aufhebung der rechtswidrigen Maßnahme durch die weisungsbefugte Stelle oder die ihr vorgesetzte Behörde führen. Ist das nicht der Fall und kommt es wegen des Ungehorsams zu einer Disziplinarstrafe, so ist über die Rechtmäßigkeit der umstrittenen Maßnahme im Disziplinarverfahren zu entscheiden. Dieses Verfahren muß allerdings, um rechtsstaatlichen Anforderungen zu genügen, in ein gerichtliches Verfahren ausmünden. Wo ein solches gerichtliches Verfahren gesetzlich

---

93) Vgl. Bachof, Begriff und Wesen des sozialen Rechtsstaates aaO. S. 59, Heckel aaO. S. 5, Köhler aaO. S. 75 f., Bernd Bender, Allgemeines Verwaltungsrecht, 2. Aufl. 1956, S. 145.

94) Vgl. Heckel aaO. S. 5.

nicht vorgeschrieben ist, wie im Schulrecht und im Hochschulrecht[95]), wird es durch Art. 19 Abs. 4 GG gefordert. Denn die disziplinare Bestrafung dient zwar der Aufrechterhaltung der Betriebsordnung im Gewaltverhältnis, sie berührt aber zugleich das Grundverhältnis des Gewaltenunterworfenen und ist deshalb der unmittelbaren verwaltungsgerichtlichen Kontrolle zugänglich.

Es ist also gegen alle Maßnahmen des Schulbetriebs, insbesondere des Unterrichts, der Verwaltungsrechtsweg verschlossen, z. B. gegen die Erteilung von Aufgaben, die Beurteilung von mündlichen oder schriftlichen Leistungen, die Erteilung einer Strafarbeit, die Anordnung des Nachsitzens, das Verlangen, an bestimmten Veranstaltungen der Schule (Feiern, Filmvorführungen, Ausflügen) teilzunehmen, das Verbot an Schüler, bestimmten Vereinen anzugehören oder in Zeitungen zu schreiben, das Verbot an Schülerinnen, auf Herrenfahrrädern zu fahren oder in Hosen zur Schule zu kommen usw.[96]). Natürlich können alle diese Maßnahmen rechtswidrig sein, z. B. die Erteilung von Aufgaben, die ausschließlich den Zweck haben, die Schüler über ihre persönlichen und familiären Verhältnisse oder über die politischen Ansichten ihrer Eltern auszuforschen, oder, worüber kürzlich in der Presse berichtet wurde, einem bestohlenen Lehrer die Möglichkeit zu geben, den im Kreise der Schülereltern vermuteten Dieb zu ermitteln. Auch das uneingeschränkte Verbot an Schüler, in Zeitungen zu schreiben, geht sicherlich über Wesen und Zweck der Schule hinaus und ist deshalb rechtswidrig[97]). Der Schüler oder seine Eltern, die solche Maßnahmen für rechtswidrig halten, mögen dagegen remonstrieren, sich beschweren oder sie unbeachtet lassen. Die Schule oder die vorgesetzte Schulbehörde wird sich dann entweder der besseren rechtlichen Einsicht der Eltern beugen oder auf ihrem Rechtsstandpunkt beharren. Ein solcher Konflikt kann von den Schülern und ihren Eltern, von den Studenten und anderen Angehörigen offener Anstaltsverhältnisse ausgetragen werden, ohne daß der Rechtsweg zu den Verwaltungsgerichten unmittelbar gegeben sein muß. Greift die Schule durch Maßnahmen ein, die das Grundverhältnis der Schüler berühren, z. B. durch eine förmliche, vom Schulleiter verhängte Schulstrafe oder durch die Androhung der Verweisung von der Schule, so ist immer noch Zeit, das Verwaltungsgericht um Rechtsschutz anzurufen. Wie in der Ehe oder im Beamtenverhältnis sollte

---

95) Vgl. die Nachweise in Anm. 23.
96) Gleicher Ansicht Heckel aaO. S. 54.
97) Ebenso Heckel aaO. S. 26.

man auch in den offenen Anstaltsverhältnissen den gerichtlichen Rechtsschutz nicht zu früh in Anspruch nehmen, sondern erst dann, wenn das Vertrauensverhältnis zwischen Anstalt und Anstaltsbenutzer ernstlich gestört ist. Das wird in der Regel erst dann der Fall sein, wenn die Anstalt in der Verletzung der Betriebsordnung durch den Anstaltsbenutzer eine so empfindliche Beeinträchtigung des Anstaltszwecks erblickt, daß sie sich zu Maßnahmen genötigt sieht, die das Grundverhältnis des Anstaltsbenutzers berühren.

Durchaus anders ist diese Frage für geschlossene Anstaltsverhältnisse zu beantworten, was an dem Prototyp des geschlossenen Anstaltsverhältnisses, dem Strafgefangenenverhältnis, besonders deutlich gezeigt werden kann. Auch beim Strafgefangenenverhältnis wird der Rechtsschutz durch die Unterscheidung zwischen Grundverhältnis und Betriebsverhältnis bestimmt. Zum Grundverhältnis gehören hier die Fragen nach der Zulässigkeit, der Art und der Dauer der Strafvollstreckung; sie sind durch die Strafprozeßordnung den Strafgerichten zur Entscheidung übertragen (§ 458 StPO). Art und Weise des Strafvollzugs, also das Betriebsverhältnis, ist nach geltendem Recht dagegen nicht der gerichtlichen Rechtskontrolle des Strafgerichts unterstellt[98]); es ist die Frage, ob die allgemeinen Grundsätze des Art. 19 Abs. 4 GG die unmittelbare Anrufung der Verwaltungsgerichte oder der ordentlichen Gerichte (Strafgerichte) ermöglichen. Dabei lasse ich die Schwierigkeiten, die sich in Schleswig-Holstein und Nordrhein-Westfalen[99]) aus der Fassung des § 25 Abs. 1 Satz 2 VO Nr. 165 ergeben (keine Verwaltungsakte im Sinne dieser Verordnung sind „die Verwaltungsakte auf dem Gebiete ... des Strafvollzuges"), hier beiseite[100]). Wenn, wie ich annehme, Art. 19 Abs. 4 GG den gerichtlichen Rechtsschutz gegen Maßnahmen im Strafgefangenenverhältnis fordert, wäre entweder § 25 Abs. 1 Satz 2 VO Nr. 165 insoweit als aufgehoben zu betrachten — jedenfalls seit dem Inkrafttreten der Pariser Verträge, insbes. des sog. Überleitungsvertrages[101]) —, oder es würde nach Art. 19 Abs. 4 Satz 2 GG die subsidiäre Zuständigkeit der ordentlichen Gerichte, hier der Strafgerichte, eintreten. In den anderen

---

[98]) Das ist jedenfalls die herrschende Meinung; vgl. die Nachweise bei Reimer aaO. S. 46 Anm. 42, 43.

[99]) Nicht in Hamburg und Niedersachsen, wegen Art. 61 Hamb. Verf. und Art. 41 Abs. 2 vorl. Nds. Verf.

[100]) Vgl. die eingehende Darstellung dieses Problems bei Kühn aaO. S. 77 ff.

[101]) Art. 1 Abs. 1 Satz 1, 2 Überl. Vertrag; vgl. Hedwig Maier, Fortgeltung und Fortwirkung von Besatzungsakten (JZ 1955 S. 408 ff., 409 f.).

Ländern der Bundesrepublik bestehen diese Schwierigkeiten nicht. Aber auch hier läßt sich das Problem letztlich auf die Frage zurückführen, ob Art. 19 Abs. 4 GG die gerichtliche Anfechtbarkeit von Strafvollzugsmaßnahmen fordert. Ist diese Frage zu bejahen, so ist auch die unmittelbare Anfechtung solcher Maßnahmen durch ein zur Verwaltungsgerichtsbarkeit im materiellen Sinne berufenes Gericht zulässig.

Dieser gerichtliche Rechtsschutz wird für geschlossene Anstaltsverhältnisse vom Rechtsstaatsgedanken aus ähnlichen Gründen gefordert wie der verwaltungsgerichtliche Rechtsschutz im Wehrdienstverhältnis. Das Betriebsverhältnis in geschlossenen Anstalten ist noch straffer als im Wehrdienstverhältnis. Die Verdichtung der Macht, die allen besonderen Gewaltverhältnissen eigen ist, hat hier die äußerste Grenze erreicht. Ein Remonstrationsrecht des Gewaltunterworfenen besteht nicht. Sein Ungehorsam führt praktisch nur zu einer weiteren Verschärfung der ihm auferlegten Beschränkungen; er würde auch kaum, wie in offenen Anstaltsverhältnissen, den Erfolg haben, die Anstaltsleitung zu einer Berichtigung ihres Rechtsstandpunktes zu veranlassen. Denn die weisungsbefugten Stellen selbst sind durch die Geschlossenheit des Anstaltsverhältnisses in sehr viel stärkerem Maße der Gefahr eines Mißbrauchs der ihnen übertragenen Weisungsmacht ausgesetzt, als das bei offenen Anstaltsverhältnissen, die ständig der Kritik der Öffentlichkeit zugänglich sind, der Fall sein kann. Alle Bedenken gegen eine nur interne Verwaltungskontrolle gelten hier potenziert. Die Geschlossenheit der Anstalt muß deshalb jedenfalls im Rechtsschutz durchbrochen werden. Hier muß der Insasse einer geschlossenen Anstalt die Möglichkeit haben, bei Einrichtungen Rechtsschutz zu suchen, die sich außerhalb der Anstalt befinden und mit dem Anstaltsbetrieb nicht verbunden sind. Wenn man mit dem Rechtsstaatsgedanken im Strafvollzug wirklich ernst machen will, muß man die Zulässigkeit gerichtlichen Rechtsschutzes auch gegen Maßnahmen im Betriebsverhältnis bejahen[102]). Welcher Rechtsweg dann offensteht[103]) oder offenstehen sollte, ist eine zweitrangige Frage, auf die ich in anderem Zusammenhang noch zurückkommen werde.

Zusammenfassend komme ich daher zu folgendem Ergebnis: Nach Art. 19 Abs. 4 GG besteht unmittelbarer verwaltungs-

---

[102]) Ebenso Kühn aaO. S. 107 ff., Reimer aaO. S. 49 ff., Röhl aaO. S. 68 f., grundsätzlich auch OVG Hamburg v. 13. 1. 1956 (DVBl. 1956 S. 658 f.); a. A. OLG Schleswig Beschl. v. 20. 4. 1951 (Schlesw.-Holst. Anz. 1951 S. 91).

[103]) Zu dieser Frage eingehend die in Anm. 102 genannten Autoren.

gerichtlicher Rechtsschutz gegenüber allen Maßnahmen, die das Grundverhältnis eines besonderen Gewaltverhältnisses betreffen. Gegenüber Maßnahmen im Betriebsverhältnis besteht unmittelbarer verwaltungsgerichtlicher Rechtsschutz nur im Wehrdienstverhältnis und in den geschlossenen Anstaltsverhältnissen; im Beamtenverhältnis und in den offenen Anstaltsverhältnissen besteht ein solcher Rechtsschutz nicht[104]).

Begreiflicherweise deckt sich dieses Ergebnis mit der Rechtslage, die in anderen Staaten mit verwaltungsgerichtlicher Generalklausel besteht, nur in den Grundzügen.

In Österreich z. B. können Beamte gegen Dienstbefehle oder „Weisungen"[105]) nicht den Verwaltungsgerichtshof anrufen[106]), während die verwaltungsgerichtliche Anfechtbarkeit von Anordnungen im beamtenrechtlichen Grundverhältnis und in den Anstaltsverhältnissen keinen Beschränkungen zu unterliegen scheint[107]). Jedoch bietet bei den Anstaltsverhältnissen der förmliche Begriff des Bescheides[108]), der den Kern der verwaltungsgerichtlichen Generalklausel bildet (Art. 130, 131 BVerfG), praktisch die Möglichkeit für eine gewisse Annäherung an den deutschen Standpunkt. Die der deutschen Theorie des besonderen Gewaltverhältnisses eigene Unterscheidung zwischen verwaltungsgerichtlich anfechtbaren Verwaltungsakten und unanfechtbaren Weisungen (in dem hier verwendeten Sinn) ist, soweit ich sehe, der österreichischen Rechtslehre und Rechtsprechung fremd.

---

[104]) Bei diesem Ergebnis ist eine Auseinandersetzung mit der von Obermayer aaO. S. 166 ff. vertretenen Auffassung, den gerichtlichen Rechtsschutz gegen Maßnahmen im Betriebsverhältnis durch prozessuale Mittel (Beschwer, Rechtsschutzbedürfnis) einzuschränken, nicht erforderlich. Ich halte das Rechtsschutzbedürfnis aber auch nicht für geeignet, die ihm von Obermayer beigelegte „prozeßhemmende Aufgabe" zu übernehmen. Unter dem Gesichtspunkt des Rechtsschutzbedürfnisses ist „eine Abwägung der ... Interessen des Staatsbürgers ... und der Verwaltung" durchaus unzulässig.

[105]) Zu diesem Begriff der österreichischen Verwaltungsrechtslehre vgl. Ludwig Adamovich, Handbuch des österreichischen Verwaltungsrechts, 5. Aufl. I. Band 1954, S. 93, Walter Antoniolli, Allgemeines Verwaltungsrecht, 1954, S. 195, Kurt Ringhofer, Der Verwaltungsgerichtshof, 1955, S. 110 f.

[106]) Antoniolli aaO. S. 195.

[107]) Vgl. die in den Anm. 105 und 108 Genannten.

[108]) Über den Begriff des Bescheides Adamovich aaO. S. 113 ff., Antoniolli aaO. S. 196 f., Egbert Mannlicher, Das Verwaltungsverfahren, 5. Aufl. 1951, S. 161 ff., Ringhofer aaO. S. 108 ff. und jetzt grundlegend Günther Winkler, Der Bescheid, 1956.

Dagegen unterscheidet die Rechtsprechung des französischen Staatsrats und, soweit sie ihr folgt[109]), die Rechtslehre von den mit dem recours pour excès de pouvoir anfechtbaren actes administratifs die mesures d'ordre intérieur, die verwaltungsgerichtlich unanfechtbar sind. Zu den mesures d'ordre intérieur, die nach dem deutschen Recht den besonderen Gewaltverhältnissen zuzurechnen wären, gehören nach der Rechtsprechung des Staatsrats z. B. die dienstliche Beurteilung eines Beamten[110]), die Mitteilung an einen Beamten, eine Untersuchung gegen ihn einzuleiten, die zu einer disziplinaren Maßnahme führen kann[111]), die Weigerung, einem Beamten vor Eröffnung des Disziplinarverfahrens Einsicht in die Personalakten zu gewähren[112]), die schwere Rüge eines Offiziers[113]), das Verbot an Schüler, ein Abzeichen mit den Nationalfarben in der Schule zu tragen[114]), das Verbot an Schülerinnen einer Mädchenschule, in der Schule lange Hosen zu tragen[115]), die Maßnahmen der Gefängnisverwaltung gegenüber Gefangenen usw.[116]). Dagegen zählt auch der französische Staatsrat, durchaus in Übereinstimmung mit der Rechtsprechung der deutschen Verwaltungsgerichte, die Verweisung von der Schule[117]) und die Verweigerung der Versetzung[118]) zu den anfechtbaren Verwaltungsakten. Die Abgrenzung der mesures d'ordre intérieur von den anfechtbaren Verwaltungsakten deckt sich natürlich nicht in allen Einzelheiten mit der hier durchgeführten Unterscheidung zwischen Verwaltungsakten und Weisungen, es kann aber keinem Zweifel unterliegen, daß der Begriff des ordre intérieur auf dem gleichen Grundgedanken beruht wie der Begriff des Betriebsverhältnisses. Auf die interessanten Versuche der französischen Rechtslehre, die besondere Behandlung der mesures d'ordre intérieur zu rechtfertigen, kann ich hier leider nicht eingehen[119]).

---

109) Ablehnend z. B. Marcel Waline, Traité élémentaire de droit administratif, 0. ed. p. 130.

110) C. E. 30. 4. 1948, Jauffred, Rec. Lebon p. 622, 657, 1. 12. 1950, De Meyer, Rec. Lebon p. 593.

111) C. E. 4. 12. 1935, Brifa, Rec. Lebon p. 793.

112) C. E. 29. 7. 1913, Caton, Rec. Lebon p. 417.

113) C. E. 17. 5. 1946, Blaise, Rec. Lebon p. 132.

114) C. E. 21. 10. 1938, Lote, Rec. Lebon p. 786.

115) C. E. 20. 10. 1954, Chapon, Rec. Lebon p. 541.

116) C. E. 6. 3. 1953, Brunaux, Rec. Lebon p. 295, 3. 3. 1938, Abet, Rec. Lebon p. 224.

117) C. E. 5. 6. 1946, Delert, Rec. Lebon p. 161.

118) C. E. 5. 7. 1949, Audrade, Rec. Lebon p. 331.

119) Vgl. Michel Virally, L'introuvable ‚acte de gouvernement' (Revue de droit public 1952 p. 317 ff.), Raymond Odent, Contentieux administratif, Fasc. II, 1954 p. 334 f.

2. Auch bei der von mir vorgeschlagenen differenzierenden Lösung der Frage nach dem **Umfang** des verwaltungsgerichtlichen Rechtsschutzes im besonderen Gewaltverhältnis bleibt die Problematik der **Intensität** dieses Rechtsschutzes bestehen. Denn sie ist nicht an die verwaltungsgerichtliche Überprüfung von Maßnahmen im Betriebsverhältnis gebunden, sondern wird in gleicher Stärke bei Maßnahmen im Grundverhältnis sichtbar. Ja, die meisten umstrittenen Fälle betreffen gerade solche Maßnahmen im Grundverhältnis, also Verwaltungsakte i. e. S., deren verwaltungsgerichtliche Anfechtbarkeit als solche außer Streit steht. Ich erwähne — nur als Beispiele — aus dem Schulrecht den Beschluß der Klassenkonferenz, der die Nichtversetzung eines Schülers ausspricht, und die Versagung des Abschlußzeugnisses wegen Nichtbestehens der Reifeprüfung, aus dem Hochschulrecht die Ablehnung einer Dissertation und die Versagung der venia legendi, aus dem Beamtenrecht das Nichtbestehen einer Befähigungsprüfung[120]). In allen diesen Fällen sind sich fast die ganze Rechtslehre und Rechtsprechung darüber einig, daß derartige Maßnahmen im Verwaltungsrechtswege angefochten werden können[121]). Es lassen sich auch Fälle denken — und sie kommen tatsächlich vor —, in denen diese Maßnahmen deshalb rechtswidrig sind, weil sie in einem rechtlich fehlerhaften Verfahren oder unter Verletzung materiellrechtlicher Grundsätze, etwa des Gleichheitssatzes, zustande gekommen sind[122]).

---

[120]) Vgl. z. B. § 17 Nr. 3, § 18 Nr. 3, § 19 Abs. 1 Nr. 2 und 4 BBG.

[121]) Vgl. die Nachweisungen in Anm. 77 und 79. Über die Bedenken **Werners**, **Schneiders**, **Bachofs** und **Reuters** vgl. oben Anm. 37.

[122]) Ein eindrucksvolles Beispiel dafür bietet das Urteil des Verwaltungsgerichts Kassel vom 15. März 1956 (DÖV 1956 S. 636 ff.), durch das der Beschluß einer Klassenkonferenz, den Anfechtungskläger nicht von der Obersekunda in die Unterprima zu versetzen, aufgehoben und das beklagte Land verpflichtet worden ist, den Direktor der betreffenden Schule anzuweisen, einen neuen Konferenzbeschluß über die Versetzung bzw. Nichtversetzung des Klägers herbeizuführen. In diesem Urteil wird festgestellt, daß die Konferenz nicht ordnungsmäßig besetzt gewesen sei, weil der Lateinlehrer, dessen schlechte Benotung für die Nichtversetzung des anfechtenden Klägers ursächlich gewesen sei, an ihr nicht teilgenommen habe, daß keine getrennte Beratung über Leistungs- und Führungsnoten stattgefunden habe und daß der Lateinlehrer bei der Festsetzung der Lateinnote gegen allgemein gültige Bewertungsgrundsätze verstoßen habe (er hatte schriftliche Arbeiten des Schülers berücksichtigt, obwohl sie nach dem sog. Extemporale-Erlaß des pr. KultMin. v. 21. 10. 1911 [Zentralblatt f. d. ges. Unterrichtsverwaltung S. 623], erneuert durch den Erlaß des hess. Min. f. Erzieh. u. Unterricht v. 10. 1. 1956 [Amtsbl. S. 48], nicht hätten berücksichtigt werden dürfen).

Die eigentliche Problematik des verwaltungsgerichtlichen Rechtsschutzes liegt hier jedoch nicht in dieser verhältnismäßig unproblematischen Feststellung formeller oder materieller Rechtsverletzungen, sondern in der Verbindung der umstrittenen Maßnahmen mit technischen Werturteilen. Dabei verstehe ich unter technischen Werturteilen Urteile, die nicht an einen rechtlichen, sondern an einen außerrechtlichen Maßstab gebunden sind. Solche Urteile liegen auch zahlreichen Verwaltungsmaßnahmen im allgemeinen Gewaltverhältnis zugrunde. Ich darf nur ein Beispiel aus dem Gewerberecht erwähnen: Nach § 57 Abs. 1 Nr. 1 GewO ist der Wandergewerbeschein zu versagen, wenn der Nachsuchende mit einer abschreckenden oder ansteckenden Krankheit behaftet ist. Die Versagung des Wandergewerbescheins setzt also voraus, daß die zuständige Verwaltungsbehörde die auf einem medizinischen Urteil beruhende Feststellung trifft, daß der Nachsuchende an einer ansteckenden Krankheit leidet. Dieses Urteil kann sie, wenn sie nicht selbst sachverständig ist, nur unter Hinzuziehung von Sachverständigen gewinnen. Kommt es über die Versagung des Wandergewerbescheins zu einem Rechtsstreit, so ist das Verwaltungsgericht, wenn es darüber zu entscheiden hat, ob der Versagungsgrund des § 57 Abs. 1 Nr. 1 GewO vorliegt, an das medizinische Gutachten eines Sachverständigen nicht gebunden. Es trägt selbst die Verantwortung für die Feststellung, daß der um den Wandergewerbeschein Nachsuchende an einer ansteckenden Krankheit leidet oder nicht. Hat es Bedenken, dem Gutachten des Sachverständigen zu folgen, so kann es ein neues Gutachten desselben oder eines anderen Sachverständigen erfordern (§ 412 Abs. 1 ZPO, § 83 StPO, § 63 VO Nr. 165).

Bei den besonderen Gewaltverhältnissen ist die Sachlage oft die gleiche. Wenn im Beamtenrecht die zuständige Behörde die Versetzung eines Beamten auf Lebenszeit in den Ruhestand verfügt, weil der Beamte dienstunfähig ist, so setzt diese Verfügung ein medizinisches Urteil über den Gesundheitszustand des Beamten voraus. Dieses Urteil hat im Falle des § 43 Abs. 1 BBG der unmittelbare Dienstvorgesetzte auf Grund eines amtsärztlichen Gutachtens über den Gesundheitszustand des Beamten abzugeben. Jedoch ist die zuständige Verwaltungsbehörde an die Erklärung des unmittelbaren Dienstvorgesetzten und an das amtsärztliche Gutachten nicht gebunden (§ 43 Abs. 2); sie kann auch andere Beweise erheben (§ 43 Abs. 2), d. h. auch andere Sachverständige hören. Erst recht kann natürlich das Verwaltungsgericht, wenn die Frage der Dienstunfähigkeit des Beamten streitig ist, diese Frage durch Einholung neuer Sachverständigengutachten zu klären suchen. Dieser Fall liegt also, was die Stellung des Verwaltungsgerichts zu dem medizinischen Urteil anlangt, nicht anders als der vorhin angeführte Fall der Versagung des Wandergewerbescheins.

Eine wesentliche Änderung der Sachlage wird man jedoch in den Fällen anerkennen müssen, in denen die den Verwaltungsakt erlassende Stelle auch das technische Werturteil abzugeben hat, weil sie selbst dafür sachverständig ist. Auch das Beamtenrecht bietet hierfür Beispiele. Wenn — nach, wie ich meine, richtiger Ansicht — die Bindung an ein dienstliches Bedürfnis bei der Versetzung (§ 26 Abs. 1 Satz 1 BBG) oder an zwingende dienstliche Gründe bei der sogenannten Zwangsbeurlaubung (§ 60 Abs. 1 BBG) eine rechtliche Bindung und keine Ermächtigung zu Ermessensentscheidungen darstellt[123]), so ist die für die Versetzung oder Zwangsbeurlaubung zuständige Stelle auch für das der Versetzung oder Zwangsbeurlaubung zugrundeliegende technische Urteil über die Erfordernisse des Dienstes an sich berufen und sachverständig. Noch deutlicher wird diese Verbindung von rechtlicher Entscheidung und technischem Werturteil in einer Hand im Schul- und Hochschulrecht. Die Klassenkonferenz, die die Nichtversetzung eines Schülers ausspricht, die Prüfungskommission, die ihm wegen Nichtbestehens der Reifeprüfung das Abschlußzeugnis versagt, die Fakultät, die wegen wissenschaftlicher Unzulänglichkeit der Dissertation oder Habilitationsschrift eine Promotion oder Habilitation verweigert, ist auch zu dem pägagogischen oder wissenschaftlichen Urteil über die Leistungen des Schülers, Doktoranden oder Habilitanden berufen und für dieses Urteil sachverständig.

Deshalb scheint der Gedanke nahezuliegen, die pädagogischen oder wissenschaftlichen Urteile, auf denen derartige Verwaltungsakte beruhen, von der gerichtlichen Nachprüfung auszunehmen und diese Nachprüfung auf reine Rechtsfragen — des formellen und materiellen Rechts — zu beschränken.

Man hat den Versuch gemacht, diese Einschränkung der gerichtlichen Nachprüfung dadurch zu erreichen, daß man die pädagogischen oder wissenschaftlichen Urteile als Ermessensentscheidungen qualifiziert hat. Diese Auffassung ist vor allem in der Rechtsprechung der Verwaltungsgerichte ver-

---

[123]) Vgl. meinen Vortrag „Ermessen und unbestimmter Rechtsbegriff" (Sonderdruck aus der Staatszeitung für Rheinland-Pfalz 1955 S. 22 ff., 24); a. A. allerdings die Rechtsprechung und die Lehre; vgl. die Nachweise bei H. Schillen, Versetzung und versetzungsähnliche Maßnahmen (aaO. S. 110).

treten[124]) und von einem Teil der Rechtslehre gebilligt[125]) worden. Sie ist, wie inzwischen erkannt wurde, unhaltbar[126]). Die Beurteilung der Leistungen eines Schülers, eines Studenten, eines Doktoranden, eines Habilitanden liegt gewiß nicht im Ermessen des Lehrers, des Hochschullehrers oder der Fakultät. Von einer echten Freiheit der Wahl zwischen mehreren möglichen und rechtlich gleichwertigen Entscheidungen kann hier keine Rede sein. Die aus der Ermessenslehre stammende Formel, das Verwaltungsgericht dürfe nicht sein Urteil über derartige Leistungen an die Stelle des Urteils der dazu berufenen Stelle setzen, sondern sei nur befugt nachzuprüfen, ob sich diese Stelle von sachfremden Erwägungen habe leiten lassen, hilft deshalb hier nicht weiter.

Grundsätzlich erscheint es ausgeschlossen, das pädagogische oder wissenschaftliche Werturteil, auf dem die angefochtene Verwaltungsmaßnahme beruht, von der gerichtlichen Nachprüfung auszunehmen. Es ist ein Element dieses Verwaltungsaktes und scheint damit wie seine anderen Elemente der gerichtlichen Kontrolle offen zu stehen. Wenn das Verwaltungsgericht z. B. bei der Versagung der Versetzung oder des Reifezeugnisses nachprüfen kann, ob das vorgeschriebene Verfahren eingehalten worden ist, ob der Sachverhalt vorliegt, den die Klassenkonferenz oder die Prüfungskommission ihrer Entscheidung zugrunde gelegt hat, ob die allgemeinen Rechtsgrundsätze beachtet worden sind, an welche die Klassenkonferenz oder die Prüfungskommission gebunden ist, dann ist nicht recht einzusehen, aus welchem Grunde gerade das wesentlichste Element dieser Entscheidung, das Urteil über die Leistungen und Fähig-

---

[124]) OVG Lüneburg v. 22. 8. 1950 (Amtl. Samml. Bd. 2 S. 220 ff. = DVBl. 1951 S. 147 = MDR 1951 S. 251 = VerwRspr. Bd. 3, 1951, S. 623 f.), LVG Münster v. 6. 7. 1951 (DVBl. 1953 S. 27 f.), OVG Münster v. 28. 10. 1952 (Amtl. Samml. Bd. 6 S. 150 ff. = MDR 1953 S. 253 f.), OVG Berlin v. 20. 11. 1952 (DVBl. 1953 S. 579 f.), VG Berlin v. 19. 11. 1953 (nicht veröffentlicht), LVG Düsseldorf v. 26. 11. 1953 (DVBl. 1954 S. 583 f. = MDR 1954 S. 250 nur Leitsätze), Bayer. VGH v. 11. 1. 1954 (VerwRspr. Bd. 6, 1954, S. 430 ff. = JZ 1954 S. 364), OVG Münster v. 12. 1. 1954 (DVBl. 1954 S. 584 ff.), LVG Düsseldorf v. 28. 5. 1954 (DÖV 1954 S. 696 ff.), VG Berlin v. 20. 6. 1955 (nicht veröffentlicht), VG Karlsruhe v. 28. 11. 1955 (nicht veröffentlicht), OVG Lüneburg v. 28. 6. 1956 (nicht veröffentlicht).

[125]) z. B. von Werner Thieme, Die verwaltungsgerichtliche Überprüfung von Entscheidungen in Schul-, Ausbildungs- und Prüfungssachen (NJW 1954 S. 742 ff., 744).

[126]) Schneider aaO. S. 82 f., Reuter aaO. S. 306 f., Forsthoff aaO. S. 354, OVG Berlin v. 14. 4. 1954 (DÖV 1954 S. 568 ff.) u. v. 1. 12. 1954 (Entsch. Bd. 3 S. 146 ff., 159 f.), OVG Hamburg v. 6. 7. 1955 (VerwRspr. Bd. 8, 1956, S. 547 ff.), wohl auch VGH Bebenhausen v. 16. 12. 1955 — PL 293/55 — (unveröffentlicht).

keiten des Schülers, der gerichtlichen Nachprüfung entzogen sein soll. Auch dieses Urteil kann ja ein Fehlurteil sein.

Jedoch setzt die gerichtliche Nachprüfung eines solchen — technischen — Werturteils die Möglichkeit voraus, daß eine andere sachverständige Person überhaupt imstande ist, das Urteil, das die Klassenkonferenz oder die Prüfungskommission über den betreffenden Schüler abgegeben hat, durch ihr eigenes Urteil zu ersetzen. Hier, aber auch erst an dieser Stelle, zeigen sich die Grenzen, die der gerichtlichen Nachprüfung einer pädagogischen Beurteilung gezogen sind. Im Gegensatz etwa zu dem Urteil des Amtsarztes über den Gesundheitszustand eines Beamten, der in den Ruhestand versetzt werden soll, oder zu dem Gutachten eines Sachverständigen im Prozeß, ist das Urteil der Klassenkonferenz oder der Prüfungskommission über die Leistungen und Fähigkeiten eines Schülers gewissermaßen ein unvertretbares Urteil. Es beruht nämlich auf den Eindrücken und Erfahrungen, die von den einzelnen Lehrern im Laufe des ganzen Schuljahres gesammelt worden sind und die in der Klassenkonferenz oder in der Prüfungskommission zum Gegenstand der Erörterung und Beschlußfassung gemacht werden. Diese persönliche Kenntnis des Schülers, die der einzelne Lehrer im Laufe des Schuljahres erworben hat, kann kein Sachverständiger besitzen. Noch weniger ist er in der Lage, in sich den Ausgleich der Erfahrungen zu vollziehen, die sämtliche Lehrer im Laufe des Schuljahres gewonnen haben. Ein einzelner Sachverständiger ist daher nicht in der Lage, ein auf den gleichen Voraussetzungen gegründetes Urteil abzugeben wie die Klassenkonferenz oder die Prüfungskommission. Mit anderen Worten: es gibt gar keinen Sachverständigen, dessen Urteil das Urteil der Klassenkonferenz oder der Prüfungskommission ersetzen könnte. An dieser Tatsache muß jede gerichtliche Nachprüfung pädagogischer Werturteile scheitern. Deshalb hat das Verwaltungsgericht das Urteil der Klassenkonferenz als solches ungeprüft zu lassen und es nur auf sein — in formeller und materieller Hinsicht — rechtlich einwandfreies Zustandekommen nachzuprüfen[127]).

Etwas anders liegt es bei der wissenschaftlichen Beurteilung einer Doktorarbeit oder einer Habilitationsschrift durch die Fakultät einer Universität oder Hochschule. Hier kommt es auf die persönliche Kenntnis der früheren Leistungen des Kandidaten nicht an. Gewertet wird ausschließlich die schriftlich

---

[127]) Im Ergebnis deckt sich diese Lehre mit der Auffassung, pädagogische Urteile seien Ermessensentscheidungen; vgl. oben Anm. 124. Ähnliche Erwägungen im Urteil des OVG Hamburg v. 6. 7. 1955 (aaO.).

vorliegende Arbeit. Trotzdem stellt auch die Beurteilung dieser Arbeiten eine unvertretbare Leistung dar, weil der Maßstab, an dem eine solche Arbeit beurteilt wird, letztlich von der wissenschaftlichen Persönlichkeit der einzelnen Fakultätsmitglieder, in erster Linie des Berichterstatters und des Mitberichterstatters abhängt. Wer promovieren oder sich habilitieren will, wendet sich mit seinem Antrag nicht an eine beliebige, um nicht zu sagen auswechselbare, sondern an eine bestimmte Fakultät, deren wissenschaftliche Maßstäbe er als auch für sich gültig anerkennt. Jede Fakultät hat ihre besondere wissenschaftliche Prägung; ihr Urteil kann daher durch das Urteil keiner anderen Fakultät ersetzt werden.

Der Gedanke der Unvertretbarkeit wissenschaftlicher Urteile hat in der Einrichtung besonderer Prüfungskommissionen gewissermaßen eine institutionelle Verdichtung erfahren. Prüfungskommissionen sind besonders zusammengesetzte und mit staatlicher Autorität ausgestattete Sachverständigenkommissionen. In ihnen sind die (fachlich) besten und (persönlich) geeignetsten Sachverständigen, die sich in einem Verwaltungsbezirk für bestimmte Fachgebiete finden lassen, in voller Unabhängigkeit und Freiheit von Weisungen, letztlich nur gebunden an die von ihnen selbst verkörperten Wertmaßstäbe ihres Faches und Berufes, zur Abgabe von Werturteilen über die Befähigung und die Leistungen der Prüflinge berufen[128]). Es würde dem mit der Errichtung besonderer Prüfungskommissionen verfolgten Zweck zuwiderlaufen, gegen ihre Beurteilungen die anderer Sachverständiger anzurufen, von denen ein besseres oder richtigeres Urteil nach Lage der Dinge nicht erwartet werden kann. Deshalb entziehen sich die Entscheidungen der Prüfungskommissionen insoweit der verwaltungsgerichtlichen Nachprüfung, als es sich um die Beurteilung der Prüflinge oder ihrer einzelnen Leistungen handelt.

Um zu diesem Ergebnis zu kommen, braucht man nicht eine selbständige Prüfungsgewalt neben den drei herkömmlichen Gewalten zu entwickeln[129]). Die Lehre von der selbständigen Prüfungsgewalt enthält zwar, wie aus meinen bisherigen Ausführungen hervorgeht, einen richtigen Kern; sie schießt aber erheblich über das Ziel hinaus. Folgerichtig zu Ende gedacht müßte sie nämlich zur verwaltungsgerichtlichen Unanfechtbarkeit der Prüfungsentscheidungen überhaupt führen. Es ist aber

---

[128]) Deshalb kann nichts das Ansehen solcher Prüfungskommissionen stärker gefährden als die Einberufung solcher Personen als Prüfer, die kraft ihres Amtes diese hervorragende Sachkenntnis eigentlich besitzen müßten, aber nun einmal nicht haben.

[129]) Ansätze bei Werner DVBl. 1952 S. 342.

nicht einzusehen, aus welchem Grunde die Entscheidungen der Prüfungsämter und Prüfungskommissionen nicht auf verfahrensrechtliche und materiellrechtliche Verstöße geprüft werden dürfen[130]). Auch gegen Prüfungsentscheidungen muß der Verwaltungsrechtsweg offen sein[131]). Nur hat die verwaltungsgerichtliche Nachprüfung aus den dargelegten Gründen an den der Prüfungsentscheidung zugrunde liegenden Werturteilen ihre Grenze.

Auch diese Einschränkung des verwaltungsgerichtlichen Rechtsschutzes wird durch Art. 19 Abs. 4 GG gedeckt. Diese verfassungsrechtliche Garantie des gerichtlichen Rechtsschutzes eröffnet dem einzelnen zwar den Rechtsweg, wenn er durch die öffentliche Gewalt in seinen Rechten verletzt wird, sie läßt aber offen, ob und — worauf es hier ankommt — wie weit dieser Rechtsschutz in das besondere Gewaltverhältnis hineinreicht. Auch die Frage nach der Intensität des verwaltungsgerichtlichen Rechtsschutzes verlangt daher eine Antwort, die der vom Grundgesetz intendierten rechtsstaatlichen Entwicklung am meisten entspricht.

Für die rechtsstaatliche Entwicklung wäre ein verwaltungsgerichtlicher Rechtsschutz, der auch die pädagogischen und wissenschaftlichen Urteile der Schulen, Hochschulen, Prüfungsämter usw. seiner Nachprüfung unterstellte, nicht als fördersich, sondern als schädlich zu betrachten. Denn hier würden die Gerichte nicht nur Grenzen überschreiten, die, wie ich dargelegt habe, in der Natur der Sache, nämlich in dem Wesen des pädagogischen und wissenschaftlichen Urteils, liegen, sondern sie würden mit einer solchen Ausdehnung ihrer Kontrolle auch den Widerstand — und zwar den berechtigten Widerstand — der Verwaltung gegen die verwaltungsgerichtliche Generalklausel wecken. Sie würden damit eine Kritik an der Generalklausel, ja eine Gefährdung der Generalklausel[132]) hervorrufen, obwohl diese Grenzüberschreitung von

---

[130]) So übrigens auch Werner aaO. S. 342.

[131]) In der Rechtsprechung allgemein anerkannt, vgl. Bayer. VGH v. 19. 7. 1950 (DVBl. 1951 S. 147), LVG Koblenz v. 24. 7. 1951 (Amtl. Samml. Bd. 2 S. 320 ff.), LVG Koblenz v. 22. 4. 1952 (Amtl. Samml. Bd. 2 S. 323 ff. = DVBl. 1953 S. 78 ff. = NJW 1953 S. 317 ff.), LVG Hannover v. 22. 4. 1952 (DÖV 1953 S. 29 Nr. 2, nur Leitsatz), OVG Münster v. 28. 10. 1952 (Amtl. Samml. Bd. 6 S. 150 ff. = VerwRspr. Bd. 5, 1953, S. 635 ff. = MDR 1953 S. 253 f.), Bayer. VGH v. 11. 1. 1954 (VerwRspr. Bd. 6, 1954, S. 430 ff. = JZ 1954 S. 364), OVG Berlin v. 14. 4. 1954 (DVBl. 1954 S. 586 = DÖV 1954 S. 568 = JZ 1954 S. 679), BVerwG v. 21. 1. 1955 Amtl. Samml. Bd. 2 S. 22 ff.), OVG Koblenz v. 9. 2. 1956 — 2 C 49/55 — (nicht veröffentlicht).

[132]) Die Schrift von v. Turegg, Gefährliche und gefährdete Generalklausel (Prozeßrechtliche Abhandlungen Heft 22) 1956, enthält freilich zu dieser Frage so gut wie nichts. — Ein Bekenntnis

der Generalklausel nur ermöglicht wird, mit ihr aber nicht notwendigerweise verbunden ist. Wer die rechtsstaatliche Entwicklung unseres Staatswesens fördern will, muß daher darauf achten, daß sich die Verwaltungsgerichte streng an die ihnen gestellte Aufgabe des Rechtsschutzes halten und nicht in Bereiche eingreifen, die ihrem Wesen nach einem gerichtlichen Urteil verschlossen sind.

3*). Ich wende mich jetzt noch einer Frage zu, die mit den beiden bisher erörterten Fragenkreisen nur in losem Zusammenhang steht, ihrer Bedeutung wegen aber doch wenigstens angeschnitten werden soll. Es handelt sich um die Frage, ob der gerichtliche Rechtsschutz in den besonderen Gewaltverhältnissen durch die allgemeinen Verwaltungsgerichte gewährt werden soll oder ob die Einrichtung besonderer Verwaltungsgerichte für die einzelnen Gewaltverhältnisse anzustreben ist.

Verfassungsrechtliche Schranken gegen derartige besondere Verwaltungsgerichte hat nur das Grundgesetz in seinem Art. 96 Abs. 1 aufgerichtet. Diese Verfassungsbestimmung beschränkt die Zahl der oberen Bundesgerichte auf fünf. Für Bundessondergerichte läßt die Vorschrift keinen Raum, jedoch enthält Art. 96 Abs. 3[133]) einen Vorbehalt für Bundesdienststrafgerichte (für Dienststrafverfahren gegen Bundesbeamte und Bundesrichter) und Bundesdienstgerichte (für Dienststrafverfahren gegen Soldaten und für Verfahren über Beschwerden von Soldaten) und damit auch für ein oberes Bundesdienststrafgericht bzw. Bundesdienstgericht. Aus dieser Regelung — in Verbindung mit Art. 92 GG — ergibt sich, daß andere Dienststraf- oder Dienstgerichte (etwa für Schüler, Studenten, Gefangene usw.) im Grundgesetz nicht vorgesehen sind. Das schließt freilich ihre Errichtung durch die Länder nicht aus; jedoch könnte in diesem Falle die Entscheidung für den letzten Rechtszug nur einem der bestehenden oberen

---

zur Generalklausel bei Becker aaO. S. 130, Bachof VVDStL Heft 14, 1956 S. 180, Martin Baring, Erhaltet die Generalklausel! (ZBR 1956, S. 341 ff.) und neuerdings Fritz Werner, Zur Kritik an der Generalklausel (DVBl. 1957 S. 221 ff.). Ganz ohne Berücksichtigung der rechtsstaatlichen Bedeutung der Generalklausel die Forderung von Rudolf Zorn, Verwaltungsvereinfachung und Beamtenschaft (Schriftenreihe des Deutschen Beamtenbundes, Heft 13, 1956) S. 20 nach Abschaffung der Generalklausel und Rückkehr zum Enumerationsprinzip.

*) Der folgende Abschnitt (S. 173—178) konnte aus Zeitmangel mündlich nicht vorgetragen werden.

[133]) In der Fassung des Gesetzes zur Änderung des Grundgesetzes vom 19. März 1956 (BGBl. I S. 111) Art. I Nr. 11.

Bundesgerichte — einschließlich des Bundesdisziplinarhofs — zugewiesen werden. Die Frage besonderer Verwaltungsgerichte für die einzelnen Gewaltverhältnisse ist also für die Verwaltungsgerichtsbarkeit der Länder verfassungsrechtlich offen[134]).

Das bisherige Recht kannte in den Disziplinargerichten des Bundes und der Länder besondere Verwaltungsgerichte für Beamte und Richter. Diese Gerichte sind Sonderverwaltungsgerichte nicht nur wegen der Beschränkung ihrer Zuständigkeit auf Beamte und Richter, sondern auch deshalb, weil sie nur über Disziplinarsachen zu entscheiden haben. Neben ihnen scheint ein anderer Typ des besonderen Verwaltungsgerichts zu entstehen, der zwar auch auf die Angehörigen eines bestimmten Gewaltverhältnisses beschränkt ist, aber nicht nur für Disziplinarsachen, sondern auch für andere Verwaltungssachen zuständig ist[135]). Den ersten Schritt in dieser Richtung hat das Gesetz zur Ergänzung des Grundgesetzes vom 19. März 1956 (BGBl. I S. 111) getan, indem es dem Bund die Möglichkeit einräumte, Bundesdienstgerichte auch für Verfahren über Beschwerden von Soldaten zu errichten. Damit können Fragen, die im Beamtenrecht, soweit sie überhaupt gerichtlich anfechtbar sind, in die Zuständigkeit der allgemeinen Verwaltungsgerichte fallen, den auch für das Dienststrafverfahren zuständigen Dienstgerichten zugewiesen werden. Der Entwurf der Wehrbeschwerdeordnung hat das in seinem § 18 Abs. 1 getan, in dem er alle Fragen, die in den §§ 6 bis 36 des Soldatengesetzes geregelt sind, mit Ausnahme der in den §§ 24 (Haftung), 25 (Wahlrecht), 30 (Geld- und Sachbezüge, Heilfürsorge, Versorgung) und 31 (Fürsorge) behandelten Fälle, den Dienstgerichten, nämlich den Wehrdisziplinarkammern und den Wehrdisziplinarsenaten beim Bundesdisziplinarhof zugewiesen hat[135a]). § 59 Abs. 1 Satz 2 Soldatengesetz läßt diese Einschränkung des allgemeinen Verwaltungsrechtsweges zu. Würde diese Bestimmung Gesetz, so wäre für Streitigkeiten nicht nur über das Recht der freien Meinungsäußerung und seine Einschränkungen (§ 15 Soldatengesetz), sondern auch über die Genehmigung einer Nebenbeschäftigung usw. (§ 20 aaO.), über die soge-

[134]) Vgl. zu diesen Fragen meine Abhandlung „Bundessondergerichte?" (DVBl. 1953 S. 396 ff.) mit weiteren Nachweisen.

[135]) Dienstgerichte und ein Dienstobergericht für alle dienstrechtlichen Ansprüche der Beamten sah bereits der in den zwanziger Jahren von der DDP eingebrachte Entwurf eines deutschen Beamtengesetzes vor (vgl. Walter Jellinek, Der Schutz des öffentlichen Rechts usw. aaO. S. 36 f.).

[135a]) Ebenso jetzt § 17 Abs. 1 WBO, der diese Fragen den Truppendienstgerichten zuweist.

nannte Zwangsbeurlaubung (§ 22 aaO.), über das Recht auf Einsicht in die Personalakten (§ 29 Abs. 3 aaO.) und über die Erteilung einer Dienstzeitbescheinigung und eines Dienstzeugnisses (§ 32 aaO.) der Weg zu den allgemeinen Verwaltungsgerichten verschlossen und die Zuständigkeit der Wehrdisziplinarkammern begründet.

Diese Aushöhlung der allgemeinen Verwaltungsgerichtsbarkeit erscheint vor allem deshalb bedenklich[136]), weil die Wehrdisziplinarkammern schon nach ihrer Besetzung mit einem richterlichen Mitglied als Vorsitzenden und zwei militärischen Beisitzern, von denen einer ein Soldat aus der Ranggruppe des Beschwerdeführers sein muß (§ 56 Abs. 1 und 2 EWDO, § 19 Abs. 1 EWBO), für die Entscheidung grundsätzlicher wehrdienstrechtlicher Fragen nicht geeignet erscheinen. Diese Besetzung der Wehrdisziplinarkammern ist offensichtlich auf die Bedürfnisse der Disziplinargerichtsbarkeit zugeschnitten. In ihr, aber auch nur in ihr mag der militärische Beisitzer „als berufener Kenner des soldatischen Lebens" (so die Begründung zu § 55 EWDO) unentbehrlich sein.

In einer ähnlichen Richtung wie der Entwurf der Wehrbeschwerdeordnung bewegen sich die Vorschläge, die in dem Referentenentwurf für ein Deutsches Richtergesetz (Fassung vom 30. August 1955) über die Zuständigkeiten des Dienstgerichts gemacht werden. Der Rechtsweg zum Dienstgericht steht nach § 53 dieses Entwurfs offen bei Disziplinarverfahren (§ 56), Versetzung eines Richters im Interesse der Rechtspflege oder wegen Dienstunfähigkeit (§ 59) und Anfechtung einer Maßnahme der Dienstaufsicht oder Heranziehung zu Nebentätigkeiten oder Versagung der Genehmigung für eine Nebentätigkeit (§ 62). Obwohl § 52 Abs. 1 des Entwurfs für alle Klagen der Richter, Richter im Ruhestand, früherer Richter oder ihrer Hinterbliebenen, aus dem Dienstverhältnis den Rechtsweg zu den allgemeinen Verwaltungsgerichten öffnet, werden die Versetzung im Interesse der Rechtspflege in ein anderes Richteramt, die Versetzung in den Ruhestand wegen Unfähigkeit, die Heranziehung zu Nebentätigkeiten und die Versagung der Genehmigung für eine Nebentätigkeit, für die bei anderen Beamten der Rechtsweg zu den allgemeinen inneren Verwaltungsgerichten offen steht[137]), einem besonderen Verwaltungsgericht, dem Dienstgericht, zugewiesen. Dieses ist, in Abwandlung der Besetzung der Wehrdisziplinarkammer, mit einem Vorsitzen-

---

[136]) Keine grundsätzlichen Bedenken gegen Wehrmachtsonderverwaltungsgerichte hat Lerche aaO. S. 631 f.

[137]) Vgl. oben Anm. 75, 76.

den und sechs Beisitzern besetzt, von denen mindestens ein Beisitzer den gleichen Rang wie der Betroffene haben soll.

Diese Ausschaltung der allgemeinen Verwaltungsgerichtsbarkeit wird damit begründet, daß es sich in den erwähnten Fällen um Angelegenheiten handele, die aus dem besonderen Pflichtenkreis des Richters entstünden, mit Disziplinarangelegenheiten eng verwandt seien und deshalb nicht den Verwaltungsgerichten zugewiesen werden könnten, die teilweise mit Laienbeisitzern besetzt seien (so die Begründung zu § 53). Keiner dieser Gründe erweist sich bei näherer Betrachtung als stichhaltig. Wenn mit „dem besonderen Pflichtenkreis der Richter" die richterliche Unabhängigkeit gemeint sein sollte, so berührt die Versetzung im Interesse der Rechtspflege und die Versetzung in den Ruhestand wegen Dienstunfähigkeit allerdings die persönlichen Garantien der richterlichen Unabhängigkeit, die Unversetzbarkeit und die Unabsetzbarkeit. Aus diesem Grunde mag es geboten sein, die Versetzung und die Versetzung in den Ruhestand an ein streng geregeltes Verfahren zu binden, das mit ausreichenden Rechtsgarantien ausgestattet ist. Eine besondere Nähe dieser Maßnahmen zu Disziplinarangelegenheiten kann ich nicht feststellen, und noch weniger überzeugend erscheint mir das Argument, daß die allgemeinen Verwaltungsgerichte, weil sie teilweise mit Laienbeisitzern besetzt seien, für die Entscheidung dieser Streitigkeiten nicht in Betracht kämen. Offenbar soll den Laienbeisitzern das nötige Verständnis für die richterliche Unabhängigkeit abgehen. Dieser Gedanke, konsequent zu Ende gedacht, müßte dazu führen, daß z. B. über Rechtsbeugung der Richter (§ 336 StGB) nicht die große Strafkammer (§§ 74, 76 StPO), sondern das Dienstgericht zu entscheiden hätte.

Bereits dieser kurze Hinweis legt die ganze Problematik dieser besonderen Verwaltungsgerichte offen. Die Einrichtung beruht letztlich auf einem Mißtrauen gegen die allgemeine Verwaltungsgerichtsbarkeit und auf dem Bestreben, die Gerichte in ihrer Besetzung möglichst eng an die einzelnen Dienstverhältnisse und ihre Verwaltungen zu binden. Damit soll offenbar eine besonders „lebensnahe" Rechtsprechung erreicht werden. Für die Disziplinargerichtsbarkeit und für die Gerichtsbarkeit über Fragen des Betriebsverhältnisses erscheint dieser Wunsch verständlich. Die Rechtsfragen des Grundverhältnisses sind dagegen in allen Dienst- und ebenso in allen Anstaltsverhältnissen im wesentlichen die gleichen und sollten schon wegen dieser Gleichartigkeit von den allgemeinen Verwaltungsgerichten entschieden werden. Sonst würde die Rechtsprechung über Grundfragen der besonderen Gewaltverhältnisse in die Gefahr geraten, völlig zu zersplittern[138]). Dabei lasse ich die sonstigen Bedenken, die gegen diese Art Sondergerichtsbarkeit geltend gemacht werden können („privilegierte Standesgerichte") ganz außer Betracht[139]).

Aus diesem Grunde kann ich mich auch für den Gedanken besonderer Schulgerichte nicht erwärmen. Da Streitigkeiten aus dem Betriebsverhältnis nicht unmittelbar vor die Verwaltungsgerichte gebracht werden können und für diese Streitigkeiten auch kein Bedürfnis nach gerichtlichem Rechtsschutz besteht, würden die Schulgerichte in erster Linie für Rechtsstreitigkeiten aus dem Grundverhältnis zuständig sein. Für sie sollte jedoch die Kompetenz der allgemeinen Verwaltungsgerichte erhalten bleiben. Eine ganz andere Frage ist es, ob nicht — wie Hans Heckel vorschlägt[140]) — für Streitigkeiten aus dem Betriebsverhältnis ein gesetzlich geordnetes Rechtsmittelverfahren vorgeschrieben werden sollte, „das die Vorteile der rechtlichen Unabhängigkeit mit den Vorteilen der besonderen Sachvertrautheit vereinigt". Heckel sieht in solchen „Schulbeschwerdekammern" keine besonderen Verwaltungsgerichte, sondern „Schlichtungsbehörden", die, „mit Lehrer- und Elternvertretern unter dem Vorsitz unabhängiger Juristen paritätisch besetzt", ... „in einem elastischen Verfahren unter Berücksichtigung nicht nur rechtlicher, sondern auch pädagogischer und praktischer Erwägungen" zu entscheiden hätten. Dieser Vorschlag verdient m. E. ernste Beachtung, doch führt er über den hier zu behandelnden Fragenkreis hinaus.

Dagegen ist der Frage, ob der gerichtliche Rechtsschutz im Strafgefangenenverhältnis besser durch besondere Verwaltungsgerichte als durch die allgemeinen Verwaltungsgerichte oder die Strafgerichte zu gewähren ist, noch ein kurzes Wort zu widmen. Der Rechtsschutz gegen Maßnahmen des Strafvollzugs führt nach geltendem Recht entweder zu den allgemeinen Verwaltungsgerichten oder, wenn man diese Ansicht nicht teilt[141]), zu den Strafgerichten. Man hat — auch in Deutschland (Thüringen) — den Versuch gemacht, besondere Gefangenengerichte zu schaffen, die mit Beamten der Gefangenenanstalt und Gefangenen besetzt werden sollten[142]).

Dieser Gedanke ist schon deshalb zu verwerfen, weil man notorische Rechtsbrecher nicht zu Richtern machen soll[143]). Außerdem spricht die von mir vertretene Auffassung, daß in

[138]) Zur Kritik an den Dienstgerichten vgl. auch Ekkehard Geib, Gedanken zum Richterrahmengesetz (DVBl. 1955 S. 72 ff., 76).

[139]) Vgl. hierzu Bachof, Der Rechtsweg für Ansprüche aus dem Beamtenverhältnis (aaO. S. 477 ff., 482).

[140]) aaO. S. 55.

den geschlossenen Anstaltsverhältnissen die Geschlossenheit der Anstalt jedenfalls im Rechtsschutz durchbrochen werden muß, zwingend gegen Rechtschutzeinrichtungen, die mit Anstaltsangehörigen besetzt sind[144]). Es kommen deshalb nur die allgemeinen Verwaltungsgerichte oder die Strafgerichte für den gerichtlichen Rechtsschutz gegen Strafvollzugsmaßnahmen in Betracht. Daß den Strafgerichten die Entscheidung über Einwendungen gegen die Strafvollstreckung zusteht (§ 458 StPO), könnte dazu Veranlassung geben, ihnen auch die Gerichtsbarkeit über Strafvollzugsmaßnahmen zu übertragen. Andererseits läßt sich nicht verkennen, daß der Strafvollzug seinem Wesen nach mit der Strafgerichtsbarkeit nichts zu tun hat, sondern Verwaltung ist. Die im Strafvollzug auftretenden Rechtsfragen gehören in den Zusammenhang der Anstaltsverwaltung überhaupt und wären aus diesem Grunde bei den allgemeinen Verwaltungsgerichten besser aufgehoben[145]). Jedoch möchte ich zu dieser schwierigen Sonderfrage hier nicht abschließend Stellung nehmen.

III.

Damit bin ich am Schluß meines Berichtes über Probleme des gerichtlichen Rechtsschutzes im besonderen Gewaltverhältnis angelangt. Ich bin mir darüber klar, daß ich auch diese Probleme nicht erschöpft habe. Ich erwähne nur die Frage, ob allgemeine Anweisungen im besonderen Gewaltverhältnis Rechtsnormen darstellen[146]) und ob gegen diese Anweisungen als „Rechtsvorschriften" die Normenkontrolle nach § 25 VGG zulässig ist[147]), und weise auf das bisher kaum näher untersuchte — in erster Linie allerdings materiell-rechtliche — Problem hin, welche Folgen die Fehlerhaftigkeit individueller

---

[141]) Vgl. zu dieser Frage die in Anm. 102 angeführten Autoren.

[142]) Vgl. die Darstellung bei Reimer aaO. S. 92 ff.

[143]) Ebenso Reimer aaO. S. 102.

[144]) So auch Reimer aaO. S. 102.

[145]) Ähnlich Kühn aaO. S. 80 Anm. 1, Günther Schultz MDR 1956 S. 77; a. A. Röhl aaO. S. 69.

[146]) Vgl. zu dieser Frage insbes. Georg Dahm, Deutsches Recht, 1951 S. 366 f., Herbert Krüger, Rechtsverordnung und Verwaltungsanweisung (aaO. S. 211 ff.), Otto Bachof, Verwaltungsakt und innerdienstliche Weisung (aaO. S. 205 ff.), ders., Begriff und Wesen des sozialen Rechtsstaates (aaO. S. 59 f.), Obermayer aaO. S. 173 f., Reuter, Rechtsfragen um die Schulordnungen (Bayer. VerwBl. 1956 S. 227 ff., 262 ff.), Hans J. Wolff aaO. § 24 II b (S. 79 f.), § 25 VIII (S. 89 f.) mit Nachweisungen aus der Rechtsprechung der Verwaltungsgerichte.

[147]) Vgl. Krüger aaO. S. 222 f., Württ.-bad. VGH Stuttg. Sen. v. 5. 4. 1950 (DÖV 1950 S. 314 ff.).

oder allgemeiner Anweisungen im besonderen Gewaltverhältnis nach sich zieht[148]). Diese Fragen mußten hier schon aus Zeitmangel außer Betracht bleiben.

Lassen Sie mich aber noch in wenigen Worten zu einigen grundsätzlichen Einwendungen gegen den gerichtlichen Rechtsschutz im besonderen Gewaltverhältnis Stellung nehmen.

1. Man hat behauptet, daß der gerichtliche Rechtsschutz im besonderen Gewaltverhältnis die Gefahr in sich berge, das Vertrauensverhältnis zwischen Gewalthaber und Gewaltunterworfenem zu zerstören. Ein hervorragender Vertreter der Schulverwaltungen hat z. B. darauf hingewiesen, daß „durch die allzu rasche Inanspruchnahme des Gerichts" das gegenseitige Vertrauensverhältnis zwischen Lehrern und Eltern gestört und zuungunsten der Kinder getrübt werden könne[149]). An diesem Hinweis ist gewiß richtig, daß nicht jede Maßnahme eines Lehrers im Schulbetrieb Gegenstand einer verwaltungsgerichtlichen Anfechtungsklage sein darf. In ihrem grundsätzlichen Gehalt ist diese These jedoch abzulehnen, weil sie von unrichtigen Voraussetzungen ausgeht und daher in sich widerspruchsvoll ist. Denn in aller Regel werden die Gerichte erst dann in Anspruch genommen, wenn das bisherige Vertrauensverhältnis zwischen Gewalthaber und Gewaltunterworfenem bereits gestört oder sogar unheilbar zerstört ist, wobei ich die schwierige Frage ganz unerörtert lassen muß, inwieweit das Vordringen der verwaltungsgerichtlichen Generalklausel nicht überhaupt auf den Verlust an echter Autorität und d. h. doch an Vertrauen zurückzuführen ist, den die Verwaltungsbehörden als Teil des Staates im letzten Menschenalter erlitten haben. Verlorenes Vertrauen läßt sich aber gewiß nicht dadurch wiedergewinnen, daß man dem Gewaltunterworfenen von vornherein jede Möglichkeit nimmt, gegen Rechtsverletzungen durch den Gewalthaber Rechtsschutz bei einem unabhängigen Gericht zu suchen.

Allerdings kann auch das Gericht das gestörte oder zerstörte Vertrauensverhältnis zwischen Gewalthaber und Gewaltunterworfenem weder im Einzelfall noch allgemein wieder herstellen. Das Gericht kann nur Rechtsstreitigkeiten entscheiden und die durch solche Streitigkeiten herbeigeführte Störung des Rechtsfriedens beseitigen. Ob die Streitteile sich dann erneut in einem Vertrauensverhältnis zusammenfinden, hängt von ihnen selbst ab. Das Gericht kann diese Entwicklung durch sein Urteil ermöglichen oder jedenfalls begünstigen, aber nicht

148) Die einzige umfassende Erörterung dieser Fragen bei Werner Röhrs, Fehlerhafte Verwaltungsvorschriften, 1932.

149) Senator Prof. Dr. Wenke auf der Plenarsitzung der Kultusministerkonferenz am 18./19. November 1955 in Bonn.

herbeiführen. Hier sind die Grenzen des Rechts und der Rechtsprechung erreicht.

2. Diese Grenzen zeigen sich auch an der Frage, inwieweit die Gerichte in den Betrieb der einzelnen Gewaltverhältnisse eingreifen können. Die in den Kreisen der Gewaltunterworfenen oft anzutreffende Vorstellung, daß die Verwaltungsgerichte die sachlichen Entscheidungen der Gewalthaber auch inhaltlich korrigieren könnten, ist mit der Beschränkung der Gerichte auf Rechtskontrolle unvereinbar. Die Verwaltungsgerichte können den Gewalthabern weder die Entscheidungen im Grundverhältnis noch die einzelnen Maßnahmen im Betriebsverhältnis abnehmen, auch wenn sie zur rechtlichen Nachprüfung dieser Entscheidungen und Maßnahmen berufen sind[150]). Auch im allgemeinen Gewaltverhältnis liegt die sachliche, an Zweckmäßigkeitsgesichtspunkten ausgerichtete Entscheidung ausschließlich bei der Verwaltung. Die Lehre von der gerichtlichen Unüberprüfbarkeit unvertretbarer technischer Werturteile, auf denen viele Entscheidungen und Maßnahmen im besonderen Gewaltverhältnis beruhen, trägt dieser Beschränkung der Gerichte auf die Entscheidung von Rechtsfragen in besonderer Weise Rechnung. Legt man diese Grundsätze zugrunde, so erscheint die Besorgnis, daß die Verwaltungsgerichte durch ihre „richterliche Objektivität" auf die „pädagogisch erwünschten Unterschiede" zwischen den einzelnen Schulen nivellierend wirken könnten[151]), als unbegründet.

3. Die Eigenart und die Bedeutung des verwaltungsgerichtlichen Rechtsschutzes im besonderen Gewaltverhältnis beruhen vor allem darauf, daß sich die rechtliche Bindung des Gewalthabers, soweit eine gesetzliche Regelung fehlt, nur aus Wesen und Zweck des Gewaltverhältnisses ergibt — von der Bindung durch allgemeine Rechtsgrundsätze, etwa den Gleichheitsgrundsatz, einmal abgesehen. Dieser Bindung entspricht im allgemeinen Gewaltverhältnis die Bindung der Verwaltungsbehörden durch unbestimmte Rechtsbegriffe, Generalklauseln. Das besondere Gewaltverhältnis ist also rechtlich weitgehend offen, nämlich für die Entwicklung und den Wandel, der sich in den äußeren Verhältnissen und in den Anschauungen der Menschen vollzieht[152]). Dieser Entwicklung nachzugehen und

[150]) Unter diesem Gesichtspunkt halte ich die von Reuter, Schulordnung und Verwaltungsgerichtsbarkeit (aaO. S. 307) an dem Urteil des Bayer. VGH v. 17. 11. 1953 (vgl. Anm. 77) geübte Kritik für berechtigt.

[151]) Reuter, Schulordnung und Verwaltungsgerichtsbarkeit (aaO. S. 307).

[152]) Sehr schön hat hierauf schon Kahn aaO. S. 44 f. hingewiesen.

den Wandel zu rechter Zeit und in rechter Weise zu erkennen, ist eine schwierige und verantwortungsvolle Aufgabe, die den Verwaltungsgerichten bei der Entscheidung umstrittener Fragen aus dem Bereich besonderer Gewaltverhältnisse gestellt sind. Der Streit um das Farbentragen und die Bestimmungsmensur der Studenten darf als ein besonders anschauliches Beispiel hier angeführt werden[153]). Auch in diesem Streit geht es letztlich darum, das Wesen und den Zweck eines besonderen Gewaltverhältnisses näher zu bestimmen, nämlich die Stellung des Studenten in der deutschen Hochschule unserer Zeit[154]). Das ist keine im eigentlichen Sinne juristische Aufgabe, sondern eine Aufgabe, zu deren Lösung alle Zeugnisse herangezogen werden müssen, aus denen sich Wesen und Aufgabe der Hochschule im demokratischen und sozialen Staat des 20. Jahrhunderts erschließen lassen. Auch bei der Feststellung der Erziehungsmaßnahmen, die im Bereich der Schule zulässig sind, werden die Verwaltungsgerichte auf die jetzt maßgeblichen, außerrechtlichen Anschauungen über die Aufgaben der

---

[153]) Vgl. zum Verbot des Farbentragens die Rechtsgutachten von Friedrich Giese vom 31. 3. 1952 „Unterliegt das Farbentragen einer Studentenverbindung in der Öffentlichkeit der Regelung durch die Hochschule?“ und Adolf Süsterhenn vom 14. 7. 1951 über das Recht der Studenten zum Tragen von Farben, das Urteil des OVG Münster v. 12. 1. 1954 (Amtl. Samml. Bd. 8 S. 136 ff. = NJW 1954 S. 1741 f. = DVBl. 1955 S. 161 ff.), das Urteil des LVG Hannover, Kammer Hildesheim, vom 8. 7. 1954 — AH I 92, 94, 98/54 — (nicht veröffentlicht), das Urteil des VGH Freiburg v. 12. 9. 1955 (JZ 1956 S. 18 ff. = DÖV 1956 S. 639, nur Leitsätze), ferner Heinrich Maack, Akademische Freiheit und das Recht zum Farbentragen (DVBl. 1955 S. 140 ff.), Konrad Zweigert, Auswüchse des studentischen Korporationswesens und die Verwaltungsgerichte (JZ 1955 S. 533 ff.), Werner Thieme, Deutsches Hochschulrecht, 1956, S. 327 f., ders., DÖV 1956 S. 639 f., zum Verbot der Bestimmungsmensur Herbert Krüger „Sind die deutschen Universitäten kraft ihrer Anstaltsgewalt berechtigt, den Studierenden die Austragung von Bestimmungsmensuren zu verbieten und sie im Falle der Zuwiderhandlung gegen dieses Verbot zu bestrafen?“ (1953), das Urteil des LVG Hannover — Kammer Hildesheim — v. 25. 3. 1954 (DVBl. 1954 S. 680 ff. = NJW 1954 S. 1384), das Urteil des OVG Berlin v. 13. 10. 1954 (DVBl. 1955 S. 564 ff. = JZ 1955 S. 272 ff.) und Hans Gerber, Studentisches Disziplinarrecht (DVBl. 1954 S. 657 ff.), Ulrich Scheuner, Rechtsgrundlagen des Hochschulrechts (DVBl. 1955 S. 137 ff.).

[154]) Dieser Aufgabe hat sich das OVG Münster in dem in Anm. 153 angeführten Urteil allerdings dadurch entzogen, daß es das Recht studentischer Vereine zum Farbentragen als ein noch in Geltung befindliches Gewohnheitsrecht bezeichnet hat. Gegen das Bestehen eines solchen Gewohnheitsrechts Maack aaO. S. 141 f., Zweigert aaO. S. 533 f., VGH Freiburg aaO. S. 22 f. Grundsätzlich richtig Gerber aaO. S. 658 ff., Schwarz NJW 1954 S. 1742 Anm.

Schule und das Verhältnis von Schule, Schülern und Eltern zurückgreifen müssen. Hätte es schon vor 50 Jahren eine verwaltungsgerichtliche Generalklausel und eine Rechtsprechung der Verwaltungsgerichte über Maßnahmen im Schulbetriebe gegeben, so wäre diese Rechtsprechung, ähnlich wie die Rechtsprechung im Polizei- und Disziplinarrecht, eine Fundgrube für den Wandel der Anschauungen, der sich inzwischen vollzogen hat.

Die Verwaltungsgerichte sollten sich in ihrer Rechtsprechung davor hüten, Werte, die einmal gegolten haben, inzwischen aber brüchig geworden sind, unter allen Umständen erhalten zu wollen. Eine solche Erhaltung oder gar Wiederherstellung zerstörter Werte ist nicht die Aufgabe der Gerichte und geht auch über ihre Kraft. Gewiß können sie dabei helfen, der weiteren Gefährdung oder Zerstörung noch anerkannter Werte Einhalt zu gebieten, und die besonderen Gewaltverhältnisse, insbesondere das Beamtenrecht und das Schulrecht, geben hierzu manche Gelegenheit. Auf der anderen Seite sind sie nicht dazu berufen, die Umgestaltung bestehender Rechtseinrichtungen, auch der besonderen Gewaltverhältnisse, im Sinne noch nicht anerkannter neuer Rechtsgedanken voranzutreiben. Ihre Aufgabe ist hier, wie auch sonst, eine im wesentlichen bewahrende. Trotzdem gibt ihnen das besondere Gewaltverhältnis, ähnlich wie die polizeirechtliche und die disziplinarrechtliche Generalklausel, ein fruchtbares Betätigungsfeld für eine schöpferische Rechtsprechung. Möge diese Rechtsprechung vor dem Urteil der Rechtsgeschichte einmal in gleicher Weise bestehen wie die 50jährige Rechtsprechung des preußischen Oberverwaltungsgerichts zu § 10 II 17 ALR!

Leitsätze des Mitberichterstatters über: Das besondere Gewaltverhältnis

Probleme des verwaltungsgerichtlichen Rechtsschutzes im besonderen Gewaltverhältnis

I.

1. *Erst die allgemeine Einführung der verwaltungsgerichtlichen Generalklausel nach 1945 hat den gerichtlichen Rechtsschutz im besonderen Gewaltverhältnis zu einer theoretisch und praktisch gleich bedeutsamen Rechtseinrichtung gemacht.*

2. *Die Grenze zwischen verwaltungsgerichtlich anfechtbarem Verwaltungsakt und verwaltungsgerichtlich unanfechtbarer Weisung fiel auch früher nicht mit der Grenze zwischen allgemeinem und besonderem Gewaltverhältnis zusammen.*

II.

3. *Die Frage nach dem Umfang des verwaltungsgerichtlichen Rechtsschutzes ist von der Frage nach seiner Intensität zu unterscheiden.*

4. *Aus dem Wesen des besonderen Gewaltverhältnisses als eines rechtlich geordneten Lebensverhältnisses ergeben sich keine grundsätzlichen Bedenken gegen die Zulässigkeit verwaltungsgerichtlichen Rechtsschutzes.*

5. *Die sachliche Zuordnung einzelner Maßnahmen innerhalb eines Lebensverhältnisses zu einem bestimmten Lebensbereich (Wirtschaft, Technik, Pädagogik) sagt über die rechtliche Qualität dieser Maßnahmen nichts. Deshalb ist die Lehre, daß gegen Prüfungsentscheidungen und Erziehungsmaßnahmen der Verwaltungsrechtsweg verschlossen sei, abzulehnen.*

6. *Ob Art. 19 Abs. 4 GG einen uneingeschränkten gerichtlichen Rechtsschutz im besonderen Gewaltverhältnis gewährleistet, erscheint zweifelhaft. Die teleologische Auslegung dieser Verfassungsbestimmung muß zu einer differenzierenden Lösung führen.*

7. *Die Eigenart des besonderen Gewaltverhältnisses besteht in der Eingliederung des Einzelnen in einen „Betrieb" mit einer Ordnung, der er sich zu fügen hat. Daraus ergibt sich, daß im besonderen Gewaltverhältnis zwischen Grundverhältnis und Betriebsverhältnis zu unterscheiden ist.*

8. *Auch bei eingeschränktem gerichtlichem Rechtsschutz sind alle Maßnahmen, die das Grundverhältnis betreffen, verwaltungsgerichtlich anfechtbar.*

9. *Die Frage nach der Einbeziehung des Betriebsverhältnisses in den gerichtlichen Rechtsschutz ist nicht nur für alle Gewaltverhältnisse in gleicher Weise zu beantworten. Sie ist für das Beamtenverhältnis und alle offenen Anstaltsverhältnisse zu verneinen, für das Wehrdienstverhältnis und alle geschlossenen Anstaltsverhältnisse, insbesondere das Strafgefangenenverhältnis, zu bejahen. Dagegen ist die Untersuchung zwischen freiwilligen und unfreiwilligen Gewaltverhältnissen für die Rechtsschutzfrage ohne Bedeutung.*

III.

10. *Die Problematik der Intensität des verwaltungsgerichtlichen Rechtsschutzes im besonderen Gewaltverhältnis liegt in der Verbindung der umstrittenen Verwaltungsmaßnahmen mit technischen Werturteilen.*

11. *Pädagogische oder wissenschaftliche Urteile sind keine Ermessensentscheidungen, sondern Werturteile, die an einen außerrechtlichen Maßstab gebunden sind.*

12. *Pädagogische und wissenschaftliche Werturteile sind unvertretbare Leistungen, die sich aus diesem Grunde der Nachprüfung durch die Gerichte, etwa mit Hilfe von Sachverständigen, entziehen.*

IV.

13. *Die Errichtung besonderer Verwaltungsgerichte für einzelne Gewaltverhältnisse (Dienstgerichte für Richter, Beamte und Soldaten, Schulgerichte, Gefangenengerichte), die im Bund durch Art. 96 Abs. 3 GG eingeschränkt wird, dagegen in den Ländern verfassungsrechtlich offen ist, erscheint rechtspolitisch bedenklich.*

V.

14. *Gerichtlicher Rechtsschutz im besonderen Gewaltverhältnis stellt keine Gefährdung des Vertrauensverhältnisses dar,*

das zwischen Gewalthaber und Gewaltunterworfenen besteht.

15. *Auch im besonderen Gewaltverhältnis steht es den Gerichten nicht zu, die sachlichen Entscheidungen der Gewalthaber inhaltlich zu korrigieren.*

16. *Da das besondere Gewaltverhältnis rechtlich weitgehend offen ist, haben die Verwaltungsgerichte die Aufgabe, bei der Entscheidung umstrittener Fragen aus dem Bereich der besonderen Gewaltverhältnisse der Entwicklung und dem Wandel Rechnung zu tragen, der sich in den äußeren Verhältnissen und in den Anschauungen der Menschen vollzogen hat und ständig vollzieht.*

17. *Dabei kann es nicht die Aufgabe der Gerichte sein, zerstörte Werte wiederherzustellen oder neuen, noch nicht anerkannten Rechtsgedanken zum Durchbruch zu verhelfen. Ihre Aufgabe ist hier, wie auch sonst, eine im wesentlichen bewahrende.*

3. Aussprache über:

Das besondere Gewaltverhältnis

Weber-Göttingen:

Nach so glänzenden, anregenden und in mancher Hinsicht auch aufreizenden Referaten zur Diskussion zu sprechen, nötigt von vornherein zu einer starken Beschränkung auf einige Punkte, die dem jeweiligen Diskussionsredner wesentlich sind. Danach werde ich mich also richten. Ich werde insbesondere nichts zu dem Referat von Herrn Ule sagen, weil das, was ich dazu zu sagen hätte, nur Nuancen betrifft, die im Augenblick nichts zur Sache tun.

In den beiden Referaten — insbesondere in dem Referat von Herrn Krüger — ist von dem Besonderen Gewaltverhältnis im allgemeinen gesprochen worden. Obwohl zur Exemplifikation gelegentlich dieses oder jenes Besondere Gewaltverhältnis erwähnt worden ist, ist doch eine Absteckung des Kreises der in Betracht kommenden Besonderen Gewaltverhältnisse nicht erfolgt. Ich glaube, daß die Besonderen Gewaltverhältnisse, von denen die Rede war, sehr verschiedener Art sind, und daß man die Differenziertheit der gegebenen Sachverhalte sehr deutlich hervorheben muß. Ich habe mir überlegt, welche Besonderen Gewaltverhältnisse heute für uns aktuell sind. Ich glaube, daß es neben dem des Beamten, dem des Soldaten, dem des Schülers und Studenten etwa noch das des Anstaltsinsassen gibt, wobei an die Gefängnisinsassen oder die Insassen von Fürsorgeanstalten und Zwangsheilanstalten zu denken ist. Daneben taucht demnächst vielleicht noch eine besondere Kategorie des Besonderen Gewaltverhältnisses auf, nämlich die des besonderen Geheimnisträgers, etwa bei der Atomforschung usw. Wenn ich an die anglo-amerikanischen Atomzentren denke und an das, was sich dort an neuen Besonderen Gewaltverhältnissen herausbildet, so scheint mir das ein wesentlicher Punkt und ein Beweis dafür zu sein, daß das Besondere Gewaltverhältnis unter den Bedingungen der Gegenwart neue Aspekte gewinnen könnte.

Ich möchte empfehlen, nicht die schlichten Anstaltsbenutzungsverhältnisse in das Besondere Gewaltverhältnis einzubeziehen. Herr Krüger hat den Weg des Erdenbürgers von der Klinik bis zum Grabstein hier beschrieben und gemeint, er begänne mit einem Besonderen Gewaltverhältnis, nämlich der Geburt in der Klinik — wenigstens einem Besonderen Gewaltverhältnis der Mutter zur Klinik — und ende mit dem Besonderen Gewaltverhältnis des Gestorbenen oder seiner Hinterbliebenen zum Friedhof. Diese beiden Eckpfeiler des menschlichen Lebens würde ich zu den schlichten Anstaltsbenutzungsverhältnissen rechnen, auch noch manches andere, was dazwischen liegt. Zwar stellen sich auch dort bestimmte Ordnungen her, an denen man beteiligt ist und in die man sich eingliedern muß, aber alles Spezifische des Besonderen Gewaltverhältnisses, auch gerade das, was von den beiden Referenten hervorgehoben worden ist, zeigt sich hier nicht. Man braucht auch gar nicht das Besondere Gewaltverhältnis zu mobilisieren, um mit den Fragen dieser Anstaltsbenutzungsverhältnisse, auch mit der besonderen Einordnung in sie, mit der Respektierung einer gewissen Anstaltsordnung usw., fertig zu werden. Es ist höchst bezeichnend, daß diese Anstaltsbenutzungsverhältnisse sich weithin einer privatrechtlichen Benutzungordnung bedienen, sei es in bestimmten Kategorien von Anstalten ausschließlich, sei es alternativ, indem der eine Anstaltsherr sie als privates Benutzungsverhältnis, der andere als öffentlich-rechtliches Benutzungsverhältnis gestaltet. Schon da, wo diese Alternative gegeben ist, liegt ein Indiz dafür vor, daß ein Besonderes Gewaltverhältnis nicht gegeben ist. Ich glaube auch, daß die bekannte Entscheidung des Bundesgerichtshofes — so problematisch sie in ihrer Begründung auch sein mag —, die festgestellt hat, daß ein Krankenhausbenutzungsverhältnis in jedem Falle, gleichviel welche Struktur dieses Krankenhaus hat, immer ein privatrechtliches ist, und daß der Anstaltsherr sozusagen gar nicht darüber disponieren kann, ob er es als öffentlich-rechtliches oder privatrechtliches ausgestaltet, doch in unserem Zusammenhang insofern charakteristisch ist, als dem Bundesgerichtshof nach meiner Meinung mindestens im Unterbewußtsein vorgeschwebt hat: Ein Besonderes Gewaltverhältnis ist hier eben nicht im Spiel. Das sind schlichte Anstaltsbenutzungsverhältnisse; sie gehören in ein anderes Kapitel, wozu ich übrigens auch das Postbenutzungsverhältnis rechnen möchte, obwohl unsere Judikatur sich kräftig darum bemüht, den extrem hoheitlichen Charakter dieses Postbenutzungsverhältnisses immer wieder herauszustellen.

Wenn man diesen Bereich ausschaltet, dann kommt man doch den spezifischen Fragen des Besonderen Gewaltverhältnisses etwas näher. In diesem Zusammenhang möchte ich übrigens erwähnen, daß das Problem dieser Besonderen Gewaltverhältnisse vielleicht auch insofern eine besondere Aktualität hat, als unser politisches Parteienwesen und unser politisches Gruppenbildungssystem die Tendenz in sich trägt, Gefolgschaftsverhältnisse von stärkerer Dichte herauszubilden — Herr Krüger hat das schon angedeutet —, in denen so etwas Ähnliches wie ein Besonderes Gewaltverhältnis zur Darstellung kommt, wobei ferner in bezug auf das Kirchenrecht — insbesondere in der besonderen Stellung des Klerus oder in der besonderen Stellung der Orden und ihrer Angehörigen — doch mindestens ein Parallelphänomen festzustellen ist; das sind allerdings — wenn ich mich dieses Ausdruckes hier überhaupt bedienen darf — „Besondere Gewaltverhältnisse", die sicher nicht vom Staate oder jedenfalls nicht in ausgesprochener Weise vom Staate herkommen, wie es Herr Krüger dargestellt hat.

Ich möchte noch einmal besonders betonen, daß die verschiedenen Besonderen Gewaltverhältnisse des Beamten, des Soldaten, des Schülers und des Anstaltsinsassen, der aus irgendwelchen Gründen eingesperrt ist, unter sich doch sehr unterschiedlich sind und daß wir vielleicht in den heutigen Referaten der Vereinfachung wegen, um nämlich die Referate in erträglichen Dimensionen zu halten, etwas zu sehr generalisiert haben. Deshalb ist es aber vielleicht nicht falsch, deutlich darauf hinzuweisen, daß der Beamte, der Student, der Schüler, der Soldat und erst recht der Anstaltsinsasse jeder seine eigene Ordnung hat. Was dem Beamten und dem Soldaten im Rahmen seines Besonderen Gewaltverhältnisses recht ist, das ist noch lange nicht dem Fürsorgezögling oder dem Strafgefangenen billig. Das gilt für das Recht auf den Kanarienvogel, den Lautsprecher und das, was es da alles gibt, auch für die Gestaltung des Rechtsschutzes.

Was mir besonders wichtig zu sein scheint und auch Herr Krüger mit Deutlichkeit hervorgehoben hat — diese Feststellung wird dann besonders deutlich, wenn man gerade die schlichten Anstaltsbenutzungsverhältnisse ausklammert —, ist, daß in all diesen Fällen Besonderer Gewaltverhältnisse ausgesprochene Personalbeziehungen vorliegen, wobei man vor allen Dingen daran denken muß, daß die Person als solche ergriffen wird. Das Verhältnis braucht nicht sehr stark gefühlsmäßig angefüllt zu sein. Natürlich liegt dort, wo ein personales Verhältnis vorliegt, auch z. B. immer eine Fürsorgepflicht vor; aber „personal" ist hier zu verstehen im Sinne von „die Person als solche", d. h. — potentiell — sie universell ergreifend, nicht überall in gleichem Grade, beim Schüler und Studenten nicht so stark wie beim Soldaten und Beamten, aber doch im Ansatz überall. Einer von den Herren Referenten hat auf den Charakter dieses Verhältnisses als Pflichtenverhältnis hingewiesen. Ich möchte die Frage aufwerfen, ob man nicht in diesem Zusammenhang von einem Status-Verhältnis sprechen sollte; denn in der Tat befinden sich ja alle diese Glieder Besonderer Gewaltverhältnisse in einem besonderen Status, dem des Beamten, dem des Soldaten, dem des Schülers und des Studenten und auch dem des Strafgefangenen. Dieser Status braucht nicht bloß ein aktiver Status zu sein, er braucht nicht ein Status besonderen Ranges oder besonderer Ehrenstellung zu sein, sondern er kann sich auch als Status in der besonders dichten Pflichtenstellung und der besonders starken Beschränkung der persönlichen Freiheit — etwa beim Strafgefangenen oder sonstigen Erziehungsgefangenen — auswirken.

Ich möchte Herrn Krüger nicht darin zustimmen, daß diese Besonderen Gewaltverhältnisse noch nicht rechtlich durchformt seien und daß es sich hier noch, vom Standpunkt rechtlicher Durchdringung aus betrachtet, um Urwaldgebiete handele. Mindestens einige dieser Besonderen Gewaltverhältnisse sind außerordentlich stark rechtlich durchfurcht, rechtlich verarbeitet und rechtlich abgesteckt, insbesondere das Beamtenverhältnis. Da gibt es ja kaum irgendeine Beziehung — jedenfalls in dem, was Herr Kollege Ule als das „Grundverhältnis" bezeichnet hat —, die nicht sogar positiv-gesetzlich abgesteckt wäre. Es gehört sogar zu den hergebrachten Grundsätzen des Beamtentums im Sinne des Artikels 33 des Grundgesetzes, daß diese positivgesetzliche Fixierung des ganzen Grundverhältnisses existiert. Wenn wir uns fragen, was ist denn da überhaupt noch nicht rechtlich festgelegt, dann kommen wir zu dem ganz schmalen Bereich der Gehorsamspflicht, der Unterwerfung unter Anweisungen für die dienstliche Tätigkeit. Schon bei der Versetzung des Beamten hört es auf. Beim Studenten und beim Schüler sagt man allerdings: Aber da ist nichts an rechtlich ausgeformter Ordnung vorhanden. Doch, da ist auch vieles vorhanden! Nur hat unsere Entwicklung nicht dazu geführt, daß die rechtliche Durchformung dieser Besonderen Gewaltverhältnisse sich in positiv-gesetzlichen Vorschriften geäußert hat. Das war auch hier nicht nötig, denn das hängt mit Entwicklungen zusammen, die gestern hier angedeutet worden sind: nämlich mit der Prolongation von Vorstellungen einer absolutistischen Exekutive im Schulverwaltungssystem. Aber niemand kann daran zweifeln, daß beispielsweise das Verhältnis des Studenten zur Universität, innerhalb der Korporation der Hochschule, in einem rechtlichen Gefüge steht, das durchaus klar ist und sicher abgetastet werden kann. Es gibt natürlich eine Reihe von Grenzfällen. Wir wissen nicht immer ohne weiteres, ob die Universität dem Studenten aufgeben kann, auf das Couleurtragen auch außerhalb der Universität zu verzichten. Wir befinden uns hier noch in Entwicklungen, auf die Herr Kollege Ule am Schluß seines Referates hingewiesen hat. Aber solche Zweifel haben wir auch auf den Gebieten, die nach unserer Meinung kodifikatorisch bis ins letzte positiv-gesetzlich durchgeformt sind. Im ganzen werden gerade wir, die wir im aktiven Leben der Hochschulverwaltungen stehen, nicht leugnen können, daß wir es hier mit einem durchaus geordneten rechtlichen Gefüge zu tun haben. Auch das Verhältnis des Schülers zur Schule, und zwar zur Schule aller Gattungen, ist ein rechtlich durchformtes, jedenfalls im Grundverhältnis, wenn ich mich dieser Terminologie bedienen darf. Man darf nicht der Annahme verfallen, als ob die Tatsache, daß für die Sichtbarmachung der hier gegebenen Ordnung seit jeher Zirkulare oder Runderlasse der Schulbehörden vorherrschend gewesen sind, dafür spreche, daß hier gar keine rechtlich geformte Ordnung bestände.

Beim Soldaten ist ja jetzt diese Frage neu gestellt. Es wird sich an der Neuausgestaltung des Militärdienstverhältnisses, und zwar sowohl für den Berufssoldaten wie auch für den Wehrpflichtsoldaten, entscheiden, wieweit man die Ordnung dieses Besonderen Gewaltverhältnisses positivieren kann. Jedenfalls ist es nicht richtig, zu meinen, hier sei ein völliger Urwald gegeben und hier hätten sich weite Bereiche überhaupt der Formung durch die Rechtsordnung und durch rechtliche Fixierungen entzogen. Hier sind vielmehr Teilordnungen des öffentlichen Lebens vorhanden, die ein sehr reales Ordnungsgefüge aufweisen, das teilweise positiv-rechtlich formuliert ist wie beim Beamtenrecht, teilweise als ungeschriebene Ordnung, aber doch durchaus abhebbar und ermittlungsfähig existiert. In allen diesen Ordnungen ist allerdings die Verbindung mit einem besonderen Status derjenigen, die zu ihr gehören, charakteristisch. In diesem Zusammenhang ist auch mit Recht von einem Referenten auf die Ehe hingewiesen worden. Ich möchte auch auf die Elternschaft hinweisen, d. h. auf das Eltern- und Kinderverhältnis, wo wir auch ganz bestimmte sichere und klare Ordnungen positiv-rechtlich abgesteckt haben und wo ebenfalls statt der Lockerheit bloßer Rechtsbeziehungen hin und her klare und sichere Status-Verhältnisse — Elternverhältnisse, Eheverhältnisse — existieren. Hier würden sich aus der Parallelität solcher Status-Verhältnisse auch manche Rückschlüsse auf das Besondere Gewaltverhältnis ziehen lassen. Auch der besondere personale Gehalt ist bei Ehe und Familie, also Elternschaft, ebenso ausgeprägt wie bei diesen Besonderen Gewaltverhältnissen. Ich glaube, man müßte sich daran gewöhnen, die seinerzeit sicherlich praktikable verallgemeinernde Formel vom Besonderen

Gewaltverhältnis sozusagen einmal zu suspendieren, damit man sich nicht zu stark durch den Sog dieser Begriffsprägung bestimmen läßt, die zur Zeit ihrer Entstehung einmal eine wichtige Funktion hatte, aber heute diese Funktion nicht mehr so charakteristisch erfüllt. Ich glaube nicht, daß es sich damals und heute im wesentlichen darum handelt, daß hier neben dem Allgemeinen Gewaltverhältnis des Staatsbürgers ein Besonderes Gewaltverhältnis als solches besteht, sondern daß innerhalb der allgemeinen Staatsbürger-égalité in unserer öffentlichen Lebensordnung doch Status-Verhältnisse bewahrt worden sind.

Das führt mich zum Letzten, nämlich zu der Frage, ob die Empfehlung des Herrn Kollegen Krüger richtig sein kann, das Besondere Gewaltverhältnis abzubauen und das Allgemeine Gewaltverhältnis statt dessen zu verdichten. Die Konzeption des Herrn Kollegen Krüger war ja die — ich muß eingestehen, daß sich auch mir die Dinge weithin so dargestellt haben —: Was das Allgemeine Gewaltverhältnis an Aktionsmöglichkeiten für die obrigkeitliche Gewalt nicht hergibt, das muß sich die obrigkeitliche Gewalt sozusagen durch die Hintertür Besonderer Gewaltverhältnisse verschaffen. Nun, diesem Mangel kann man leicht abhelfen: man ebnet beide etwas stärker ein. — Das war ungefähr die Schlußthese, die Sie, Herr Krüger, hier geäußert haben. Ich halte diese Schlußthese für bedenklich, so sehr ich Ihnen im Ausgangspunkt insofern zustimme, als wir das Allgemeine Gewaltverhältnis für notwendige Dispositionen der obrigkeitlichen Gewalt so undurchdringlich gemacht haben, daß man da manche Änderung für nützlich halten kann. Aber die Verdichtung des Allgemeinen Gewaltverhältnisses zu Lasten einer Auflösung des Besonderen Gewaltverhältnisses führt doch dazu, den Gedanken aufzugeben, daß wir eine öffentliche Lebensordnung haben, in der es Status-Verhältnisse und besondere Ordnungen gibt. Wir führen dann sozusagen den Gedanken der égalité, um nicht zu sagen der Atomisierung des Einzelnen bis ins Letzte fort. Wir konfrontieren diesen atomisierten Einzelnen einer einheitlichen Staatsgewalt, die nach Ihrer Meinung eine etwas stärkere Einwirkungsmöglichkeit auf den atomisierten Einzelnen haben soll, als sie es gegenwärtig gemeinhin hat; aber wir leugnen damit, daß es in unserem Staats- und Volksleben Institutionen gibt: Eine Institution des Beamtentums, eine Institution Universität, eine Institution Schule usw., und daß es Status-Verhältnisse in diesem öffentlichen Leben gibt, die nun einmal eine Reihe von Konsequenzen involvieren, die ich dann freilich nicht schlechthin nach der Rolle des atomisierten Einzelbürgers betrachten darf. Das zu betonen, ist mir ein besonderes Anliegen, weil hier die Frage berührt wird, die gestern Herr

Forsthoff angeschnitten hat, nämlich die Frage nach dem Staatsbewußtsein, nach den durch Überlieferung als notwendig erwiesenen Ordnungen und Institutionen. Unser Leben läßt sich nicht allein verstehen als eine Summe von Individualexistenzen, die alle in einem funktionalisierten und abstrakt definierten Allgemeinen Gewaltverhältnis stehen.

Merk-Tübingen:

Bei der Kürze der Zeit ist es mir leider nicht möglich, zu all den Anregungen, welche die beiden Vorträge heute morgen gegeben haben, eingehend Stellung zu nehmen. Ich muß mich damit begnügen, hier aus Randbemerkungen, die ich mir dazu gemacht habe, einige Punkte vorzutragen.

1. Herr Krüger hat zunächst ausgeführt, daß wir es bei den besonderen Gewaltverhältnissen sozusagen mit „Urwaldgebilden" zu tun hätten im Gegensatz zum allgemeinen Gewaltverhältnis der Bürger zum Staat. Das scheint mir jedenfalls für den sozialen Rechtsstaat nicht zuzutreffen; m. E. sind diese sog. Urwaldgebilde eingebaut in den „Hochwald des sozialen Rechtsstaates". Wenn dazu bemerkt wurde, würden diese besonderen Gewaltverhältnisse „verfaßt", wie es der Staat mit seiner Verfassung sei, dann gäbe es keine besonderen Gewaltverhältnisse mehr, sondern nur noch örtliche Besonderheiten, so scheint mir auch dies nicht zuzutreffen; wir können m. E. von bes. GV solange sprechen, als noch ein „Mehr" an Gewaltverhältnis, insbesondere an besonderen Pflichten, und gegebenenfalls Rechten, vorhanden ist gegenüber dem allgemeinen GV zum Staat. Dies gilt namentlich z. B. auch für das Beamtenverhältnis, das durch Beamtengesetze eingehend geregelt ist; hier kann man doch wirklich nicht sagen, es sei von einem bes. GV keine Rede mehr, weil es rechtlich geregelt und daher wohl i. S. von Herrn Krüger „verfaßt" ist.

2. Nun ein anderer Punkt. Es ist davon gesprochen worden, die bes. GV seien Verhältnisse zwischen Personen. Das ist gewiß richtig; aber wir haben doch genauer neben den rein persönlichen, eng an die Person anknüpfenden GV, den persönlichen GV i. e. S., auch sachliche oder räumliche GV, wie bei den öffentlichen Anstalten und Einrichtungen, bei denen das Verhältnis durch den Eintritt bzw. Aufnahme in die Anstalt usf. begründet und mit dem Austritt aus ihr beendet wird, also jedenfalls ein nicht über den Bereich der Anstalt hinausreichendes, d. h. ein mehr oder weniger nur vorübergehendes persönliches Verhältnis besteht, das im Gegensatz zu den rein persönlichen GV hinter dem Sachlich-Zwecklichen der öffentlichen Anstalt oder

Einrichtung zurücktritt. Im übrigen ist es überspitzt, zu sagen, durch ihre persönliche Natur stünden die bes. GV im Gegensatz zur Staatsgewalt als der Gewalt einer Einrichtung und nicht einer Person (Leitsatz I, 8); denn es ist doch auch das allg. GV ein persönliches Verhältnis zum Staate und es handelt sich doch auch bei dem bes. GV um eine Einrichtung, wie deutlich namentlich auch bei den öff. Anstalten und Einrichtungen in die Erscheinung tritt. — Rechtsgeschichtlich führt bei uns das Rechtsgebilde des bes. GV bei den rein persönlichen Verhältnissen auf das altgermanische Gefolgschaftverhältnis zurück, auf dessen Grundlage sich besondere Treudienstverhältnisse, das Vasallitätsverhältnis und der Dienstvertrag insb., herausentwickelt haben, wie vor allem Otto v. Gierke dargelegt hat. Das Beamtenverhältnis hat zweifellos davon viel Gedankliches mit seiner besonderen Treupflicht übernommen. Dagegen finden wir die bes. GV bei den öff. Anstalten und Einrichtungen zuerst bei der Kirche, erst viel später in den Städten, dann insb. seit der Neuzeit auch beim Staate, zum guten Teil zunächst unter Übernahme oder Nachbildung von bisher kirchlichen oder städtischen Anstalten und E., wie Schulen, Krankenanstalten usw. Diese Anstalten und E. waren und sind öffentlichrechtliche Rechtsgebilde, wenn sie auch ihre Benutzung nicht nur in öff.-rechtlicher, sondern z. T. auch in bürgerlichrechtlicher Form gewähren. Es war eine besondere Eigentümlichkeit der liberalen Zeit, daß vielfach öff. Anstalten und E. vom Staate geschaffen wurden, deren Benutzung grundsätzlich der Freiheit des Einzelnen überlassen war, soweit nicht in gewissen Fällen aus überragenden Gründen des öff. Wohls ein Zwang zur Benutzung vorgesehen war, wie bei den Volks- und Fortbildungsschulen, von den öff. Zwangsanstalten, Strafanstalten usw., hier abgesehen. Unbeschränkte GV lagen bei den bes. GV auch früher nicht vor, sondern es handelte sich um Rechtsverhältnisse, die z. T. gewohnheitsrechtlich oder durch gesetztes Recht geregelt waren; so war ja auch das Gefolgschafts- und Vasallitätsverhältnis ein gegenseitiges, auf kriegerische und höfische Dienste und Treue bzw. Schutz abgestelltes Rechtsverhältnis. Z. T. noch im unbeschränkten Fürstenstaat in der Aufklärungszeit, vor allem aber im Verfassungs- und Rechtsstaat hat sich dann insb. ein „Beamtenrecht", ferner ein Schulrecht und Soldatenrecht wieder herausentwickelt.

3. Es ist weiter gesagt worden, in der Verfassung seien die bes. GV nicht erwähnt. Nun ist richtig, daß die Verfassungen das staatliche Leben nicht immer erschöpfend regeln, sondern in gewisser Hinsicht Lücken aufweisen; z. T. werden insb. lang überkommene Einrichtungen einfach vorausgesetzt oder in

ihrem Bestande stillschweigend belassen. Aber z. B. beim GG hat doch nicht eine völlige Außerachtlassung stattgefunden; wenn dort z. B. — im Sinne einer sog. Einrichtungsgewähr — bestimmt ist, daß der öff. Dienst unter Berücksichtigung der hergebrachten Grundsätze des Berufsbeamtentums zu regeln ist und daß der Bundespräsident die Bundesbeamten ernennt und entläßt, dann wird doch hier auf diese Einrichtung Bezug genommen; im übrigen ist das Nähere durch Beamtengesetze geregelt. Ähnlich steht es z. T. mit dem Schulverhältnis und jetzt wieder mit dem Soldatenverhältnis. Freilich sind die bes. GV außer durch Gesetz oder auch ohne solches — wie insb. bei öff. Anstalten und E., Krankenanstalten, Bädern, Büchereien, Kunstsammlungen — auch durch bloße innere Verwaltungsvorschrift, allg. Dienstvorschrift und Anstaltsordnung, geregelt; im übrigen kommen noch Dienstbefehle oder Weisungen im Einzelfalle in Betracht.

4. Ein Punkt ist in diesem Zusammenhang gar nicht erwähnt worden. Diese öff. bes. GV sind nämlich auch für das Haushaltsrecht von Bedeutung; denn alle diese Dinge, das bes. GV der Beamten und Soldaten, der öff. Anstalten u. E. kosten doch etwas, und zwar nicht wenig; es müssen beträchtliche öff. Mittel dafür im Haushaltsplan jährlich bereitgestellt werden. Die Volksvertretung kann also im sozialen Rechtsstaat bei der Bewilligung und Überwachung dazu Stellung nehmen und, wenn sie es für notwendig hält, auch eine gesetzliche Regelung in die Wege leiten. So sind denn auch überall dort, wo weitgehende Eingriffe in Freiheit und Eigentum in Frage kamen, im Laufe der Zeit gesetzliche Regelungen erfolgt, wie beim Beamtenverhältnis, dem Soldatenverhältnis — vgl. jetzt auch Art. 17a GG — und den Zwangsanstalten. Wo aber der Eintritt in das bes. GV völlig dem freien Willen des einzelnen überlassen ist, hat man im allgemeinen bisher ein Bedürfnis für eine solche Regelung nicht für gegeben erachtet, wie vielfach bei öff. Anstalten u. E. Also so „unverfaßt" ist das alles doch wirklich nicht und es geht nicht an, hier schlechtweg von „Überresten einer unverfaßten Staatsgewalt" zu sprechen.

5. Es ist dann weiter das Bedenken dagegen erhoben worden, daß „eine verfaßte Gewalt unverfaßte Gewalten" aus sich heraus setzen könne, und zwar auch zu dem Zweck, sich dem Verfaßtsein zu entziehen und eine ungebrochene, lediglich an einen ungefaßten Zweck unmittelbar gebundene, Freiheit zu gewinnen (Ziff. II, 10 d. Leitsätze). Aber bei den bes. GV steht es, im Grunde genommen und aufs Ganze gesehen, doch nicht anders als beim Staate; es handelt sich z. T. um Einrichtungen, die, wie z. B. die Universitäten, Schulen usw., im Flusse der Jahr-

hunderte stehen und in denen sich die Rechtsentwicklung des Staats im wesentlichen sozusagen im Kleinen widerspiegelt, wie schon ausgeführt. Wenn weiter gesagt wird, daß der Staat bei den bes. GV sich im weitesten Umfang in die Gestalt des Fiskus verwandle, um sich wie ein gewöhnlicher Privatmann aufführen zu können, so ist dies doch nur z. T. richtig; denn es handelt sich doch bei den bes. GV überall um öff.-rechtliche Verhältnisse, bei den Beamten, den Soldaten usw. wie auch bei den öff. Anstalten u. E.; wenn diese z. T. auch in bürgerlichrechtlicher Weise benutzt werden können, so bleiben sie doch öff. Anstalten u. E. und mit Bezug auf diese bürg.-rechtlichen Nutzungsverhältnisse liegt dann insoweit kein bes. GV mehr vor, sondern eben ein bürgerlich-rechtliches Rechtsverhältnis. Das gleiche gilt entsprechend, wenn an Stelle von Beamten Angestellte und Arbeiter eingestellt werden. Aber selbst wenn hier bürgerliches Recht von Bedeutung wird, dann besteht doch gerade die rechtliche Gebundenheit durch das bürg. Recht, so daß also hier auf alle Fälle von einer rechtlichen Regelung, also insoweit von einer „Verfaßtheit", zu sprechen ist.

6. Sodann ist bezweifelt worden, daß die dem bes. GV anhaftenden „verfassungsstaatlichen Mängel" durch Einwilligung behoben werden könnten (Leits. II, 13). Zunächst sehe ich, wie z. T. schon erwähnt, diese Mängel im wesentlichen nicht zufolge der Natur unseres Staates als eines sozialen Rechtsstaats unter Berücksichtigung des Gebots der Achtung der Menschenwürde und der Grundrechtsbestimmungen, mögen diese auch, insb. mit ihren Freiheitsbestimmungen, eine gewisse Einschränkung erfahren. Allerdings, eine allgemeine verfassungsrechtliche Grundlage für die bes. GV besteht nicht und ist jedenfalls bis jetzt bei den freiwillig eingegangenen bes. GV nicht für notwendig erachtet worden. Im übrigen sehe ich nicht ein, warum hier nicht auf Grund der freien Einwilligung weitergehende Pflichten als nach dem allg. GV sollen begründet werden können. Da es sich bei den bes. GV um die Staatsgewalt selbst — unmittelbar oder mittelbar — handelt, ist der Einwand, bei der gegenteiligen Meinung sei man nicht im Einklang mit dem Grundsatze, daß alle Gewalt vom Volke ausgehen müsse, hinfällig; man kann doch diesen Grundsatz nicht auf alles und jedes beziehen, sonst dürfte es z. B. auch keine Beamtenernennung mehr geben. Der einzelne begründet ja auch nicht das bes. GV als solches; dazu bedarf es der Einstellung bzw. Zulassung seitens des Trägers des bes. GV. Wenn hier nicht auf Grund des allg. GV und des Vorbehalts des Gesetzes durch den Staat in Freiheit und Eigentum eingegriffen wird, sondern es dem einzelnen überlassen wird, ob er sich in das bes. GV begeben

will — von den Zwangsanstalten hier abgesehen —, dann bildet die Einwilligung bisher unangefochten die Rechtsgrundlage für dieses Verhältnis, das in Wahrheit ein Rechtsverhältnis ist. Man unterwirft sich ja auch nur nach bestimmter Richtung hin diesem bes. GV. Auch beim Beamten und Soldaten verbleibt doch ein privater Bereich neben dem Dienst; bei den öff. Anstalten u. E. unterwirft man sich nur mit Bezug auf einen bestimmten Zweck der Anstaltsgewalt. Ich trete z. B. in eine öff. Krankenanstalt ein, um mich ärztlich behandeln und heilen zu lassen, aber doch nicht zu unbeschränkten Zwecken; ähnlich ist es bei den Schulanstalten jeder Art mit Bezug auf den Unterrichts- und Erziehungszweck. Schon in dem Namen der betr. Anstalt u. E. kommt regelmäßig ihre besondere Zweckbestimmung zum Ausdruck (Schule, Krankenanstalt usw.). Von „ungefaßten Zwecken" zu reden, hat hier wohl nicht viel Sinn, jedenfalls ist der Ausdruck nicht klar. — Eine Ermächtigung entsprechend Art. 80 GG für die Verordnungen als Grundlage für die Einrichtung von bes. GV vermag ich rechtspolitisch nicht zu befürworten; es handelt sich nicht um einen Ausfluß der gesetzgebenden Gewalt und im übrigen würde sich m. E. ein unnötiger Hemmschuh für die Neuschaffung bes. GV ergeben, jedenfalls, soweit die Eingehung auf Freiwilligkeit beruht — von besonderen Verhältnissen hier abgesehen —; man denke an öff. Kunstsammlungen, Büchereien, Bäder, Krankenanstalten usw.

7. Wenn sodann in Ziff. II, 14 der Leitsätze des Herrn Krüger gesagt ist, daß durch die „Vervielfachung der ihrer Natur nach an sich einzigen Gewalt" (des Staates) durch die bes. GV ein Widerspruch (eine „Antinomie") bewirkt werde, dem man mit dem Rechtsgebilde der Aufsicht nicht mehr entgehen könne, so erscheint mir auch dies nicht unbedenklich. In Wahrheit handelt es sich doch nur um besondere Äußerungsformen der einheitlichen Staatsgewalt in diesen bes. GV, um gewisse öffentliche Aufgaben zweckmäßig und wirkungsvoll wahrnehmen zu können: es ist der Staat selbst, wie bereits bemerkt, der in diesen bes. GV, im Beamten-, Soldatenverhältnis usf., in den öff. Anstalten u. E. tätig wird. Die politisch-parlamentarische Aufsicht bzw. die Verantwortlichkeit der Minister und der Regierung besteht auch insoweit im vollen Umfang, bezüglich der bes. GV der Selbstverwaltungskörperschaften freilich abgeschwächt infolge der bloßen sog. Rechtsaufsicht.

8. Von einer „Götterdämmerung" mit Bezug auf die bes. GV zu sprechen, nämlich, daß sie als persönliche Verhältnisse „zum Untergang verurteilt" seien und absterben sollen, weil Unterordnungsverhältnisse von Person zu Person nicht mehr gewünscht werden, wie gesagt worden ist, scheint mir gleichfalls

nicht angebracht. Was soll denn aus diesen bes. GV werden? Wie soll man sich vorstellen, daß bei uns das Beamtenverhältnis, das Soldatenverhältnis, die öff. Anstalten und Einrichtungen einfach verschwinden oder unter Wahrung gewisser „örtlicher Besonderheiten" in das allgemeine GV, woran Herr Krüger offenbar denkt, übergeführt werden sollen? Wir sehen doch z. B. auch bei den öff. Anstalten u. E. auf dem Gebiet der Wohlfahrts- und Kulturpflege, den Schulen, Universitäten usf. wirklich keine Abnahme, sondern eher eine ständige weitere Zunahme. Wir werden also m. E. nur sagen können: Es mag wohl mehr und mehr noch eine weitere gesetzliche Regelung von bes. GV erfolgen, wie dies schon beim Beamtenverhältnis, Soldatenverhältnis, zum Teil beim Schulverhältnis geschehen ist; aber es werden doch verschiedentlich nur gesetzliche Rahmen oder Ermächtigungen in Frage kommen und der freien pflichtmäßigen Betätigung der öffentlichen Gewalt zur wirksamen Wahrnehmung der in Betracht kommenden besonderen öffentlichen Zwecke ein genügender Spielraum gelassen werden müssen, wie im allgemeinen auf dem Gebiete der Wohlfahrts- und Kulturpflege. Ich meine, wir sollten in dem Gedanken der gesetzlichen Durchdringung der bes. GV nicht zu weit gehen. Herr Krüger hat selbst am Schlusse seiner Leitsätze auf die Nachteile einer allzu großen Verrechtlichung des allg. GV für eine wirkungsvolle Staatsverwaltung hingewiesen; sollte dies nicht auch für die bes. GV gelten, mit deren Fortbestand nun doch einmal auf unabsehbare Zeit zu rechnen ist? Nur soweit ein wirkliches Bedürfnis vorliegt, sollte hier mit gesetzlichen Regelungen vorgegangen werden. — Nun noch ein paar Worte zu den Ausführungen von Herrn Ule.

9. Herr Ule hat mit Recht hervorgehoben, daß die bes. GV Rechtsverhältnisse sind und daß sich aus dem Wesen des bes. GV als eines rechtlich geschützten Lebensverhältnisses keine grundsätzlichen Bedenken gegen die Zulässigkeit verwaltungsgerichtlichen Rechtsschutzes ergeben. In der Tat kann man sich nicht vorstellen, wie man sonst von besonderen Pflichten und Rechten, die da entstehen und vielleicht rechtlich geschützt sein sollen, sprechen könnte. Ich glaube auch, daß seiner Unterscheidung zwischen dem „Grundverhältnis" und dem „Betriebsverhältnis" ein richtiger Gedanke zugrunde liegt, wenn ich auch diese Bezeichnungen und ein besonderes „Betriebsverhältnis" neben dem „Grundverhältnis" im bes. GV (Leits. II, 7) nicht annehmen möchte. Was aber damit gemeint ist, ist klar. Es soll unterschieden werden zwischen der Gestaltung innerdienstlicher Verhältnisse bzw. der Betätigung der Anstaltszwecke als solcher im Gegensatz zu der Gestaltung, durch die „nach außen" unmittel-

bar auf den Rechtsstand des Beteiligten — Beamten usf. — selbst i. S. der Begründung, Änderung oder Beendigung von Rechtsverhältnissen eingewirkt wird, wo also dann die allg. Rechtsmittel, insb. die verwaltungsgerichtliche Klage bei Verletzung in „seinen Rechten", in Betracht kommen. Wo man die Grenze zu ziehen hat, mag im Einzelfalle zweifelhaft sein; ich vermag wohl z. B. die Nichtversetzung in eine höhere Klasse einer Oberschule — nicht nur die Versagung des Reifezeugnisses —, jedoch im Gegensatz zu Herrn Ule nach geltendem Recht nicht auch die „Abordnung" und die „Versetzung" im Beamtenverhältnis als zu dieser 2. Gruppe gehörig aufzufassen: hier kommen doch vor allem innerdienstliche Gesichtspunkte in Betracht, wie allseitige Ausbildung, Verwendung des geeigneten Beamten am geeigneten Ort usf., und andrerseits besteht kein „Recht am Amt" als solchem; hier eine Anfechtung mit Rechtsmitteln zulassen, hieße die Wirksamkeit des Beamtenverhältnisses für das öffentliche Wohl weitgehend erschüttern. Anders stünde es z. B. mit der Einstufung in eine niedrigere Gehaltsstufe. Zutreffend aber wurde bei den Beamtenverhältnissen und den offenen Anstaltsverhältnissen der gerichtliche Rechtsschutz mit Bezug auf innerdienstliche Verhältnisse verneint; ich vermag aber nicht einzusehen, warum da eine Unterscheidung zwischen den Verhältnissen der offenen und geschlossenen Anstalten, insb. der Strafgefangenen, — also anscheinend nicht einmal lediglich der Zwangsanstalten — mit Bezug auf den Rechtsschutz gemacht werden soll. Was hat diese Unterscheidung der Geschlossenheit oder Offenheit der Anstalten zu tun mit der Frage, ob bestimmte innerdienstliche oder inneranstaltsmäßige Weisungen verwaltungsgerichtlich angefochten werden können? Da scheint mir doch ein außerhalb der Sache liegender Gesichtspunkt herangezogen zu sein.

10. Wenn endlich gesagt ist (Ziff. III, 11 d. Leits.), daß schulische und wissenschaftliche Entscheidungen, z. B. bei Zeugnissen und Prüfungen, keine Ermessensentscheidungen sind, sondern an außerrechtliche Maßstäbe gebundene Werturteile, so stimme ich dem wenigstens insofern zu, als hier etwas Außerrechtliches — Wertungen — in Frage steht, das gerichtlicher Nachprüfung grundsätzlich nicht unterliegt, von Ermessensmißbrauch, wie insb. bei willkürlichen, auf sachfremden Beweggründen beruhenden Entscheidungen, und Ermessensüberschreitung abgesehen.

Zum Schlusse möchte ich noch bemerken, daß meine Ausführungen, in denen ich verschiedentlich gegenüber den beiden Rednern eine abweichende Auffassung vertreten habe, den Wert der geist- und gehaltvollen Vorträge im ganzen nicht in

Abrede stellen wollen; vielmehr sei dafür auch meinerseits aufrichtiger Dank ausgesprochen.

Herrfahrdt-Marburg:

Ich war am Anfang des Referates von Herrn Krüger überrascht, daß er die „besonderen Gewaltverhältnisse" als unverfaßt oder entverfaßt charakterisierte. In der Geschichte sind ja gerade die besonderen Verhältnisse die älteren; sie haben gewachsene Verfassungen, nicht kodifizierte, und erst über ihnen ist die einheitliche Staatsgewalt aufgebaut worden. Ich empfand insofern einen Zwiespalt, als Herr Krüger von der einheitlichen, vom Volke ausgehenden Staatsgewalt sprach, die Einzelheiten seines Referats dann aber zeigten, daß die „besonderen Gewaltverhältnisse" eine viel größere Lebendigkeit haben, auch im Sinne rechtlichen Verfaßtseins. Vielleicht ist es schon eine Verfälschung, hier von „Gewaltverhältnissen" zu sprechen; es sind gewachsene Gemeinschaften, die allerdings auch etwas von Autorität in sich tragen.

Inwieweit ist es nun dem Staat, zunächst der absoluten Monarchie, dann dem parlamentarischen Staat gelungen, diese besonderen Gemeinschaften in sich einzufügen? Unsere heutige Ordnung, soweit sie wirkliche Ordnung ist und nicht nur auf dem Papier steht, beruht auf einem Nebeneinanderleben vieler solcher Gemeinschaften, und die Aufgabe der Staatsgewalt ist wesentlich die einer Koordinierung. Eine solche findet zunächst auch ohne Hilfe des Staates statt, zwischen den Gemeinschaften selbst. Wo der Staat die Koordinierung in die Hand nimmt, bleibt die Frage offen, wieweit er sich damit durchsetzt. Die Wirksamkeit eines vom Parlament beschlossenen Gesetzes hängt wesentlich davon ab, ob es gelungen ist, eine Koordinierung der verschiedenen Gemeinschaften herbeizuführen. Vom Idealbild des modernen Staates her fordert man, daß die Sondergemeinschaften sich immer mehr in die einheitliche Ordnung einfügen. Ich möchte nicht die großen Leistungen des modernen Staates verkleinern. Unsere wirtschaftliche Entwicklung ist erst möglich geworden, seit das frühere Chaos vieler kleiner Gemeinschaften durch eine einheitliche Staatsgewalt überwölbt worden ist. Aber war dieses Sich-Durchsetzen der Staatsgewalt nicht gerade dadurch bedingt, daß sie das Eigenleben der Gruppen achtete? Wird nicht auch in Zukunft die Koordinierung der Gruppen das Wesentliche sein, also eine Rückkehr des Staates zur alten Aufgabe des „Friedenswahrers"?

Ich arbeite gern mit den drei Begriffen Selbstverwaltung (innerhalb homogener Gruppen) — Arbeitsgemeinschaft (zwischen verschiedenen Gruppen ohne Hilfe des Staates) — schiedsrichterliche Führung (als eigentliche Aufgabe des Staates). Es ist keine Schädigung, sondern eine Förderung der Kraft des modernen Staates, wenn das Eigenleben der Gruppen wieder mehr geachtet wird.

Ipsen-Hamburg:

Das Entscheidende der beiden Referate war das Postulat, das Herr Krüger in LS 19 an den Schluß stellte, nämlich einer Umstrukturierung des Verfassungs- und Verwaltungsrechts unter dem Aspekt der besonderen Gewaltverhältnisse nachzuspüren, und die Antwort, die Herr Ule auf diese Fragestellung in einer sehr praktikablen und meßbaren Weise gegeben hat.

Beipflichten kann ich beiden Herren Referenten darin, daß nur eine differenzierende Lösung das Wesentliche der Sache trifft. Darin finde ich mich eins mit den Bemerkungen, die Herr Weber gemacht hat, so auch in seinem Bemühen, die schlichten Anstaltsbenutzungs- und -nutzungsverhältnisse aus diesem Komplex auszuklammern, weil ihnen das Besondere, das uns hier am Herzen liegt, schwerlich innewohnt.

Zum LS 13 von Herrn Krüger, der Einzelne dürfe nicht über die Legitimierung und Begründung öffentlicher Gewalt verfügen, etwa durch seine Einwilligung, nehme ich an, daß er damit im Prinzip das Wesentliche trifft, dies aber doch für die schon von Herrn Weber ausgeklammerten schlichten Anstaltsbenutzungsverhältnisse nicht von Belang sein darf, weil hier ohne Bedenken auf die Freiwilligkeit der Begründung der Rechtsbeziehung abzustellen ist.

Parallelen — wie Herr Ule empfohlen hat und Herr Weber guthieß — zu statusartigen Verhältnissen mit Persönlichkeitsgehalt aus dem Zivilrecht zu suchen, scheint mir dagegen nicht von gleicher Folgerichtigkeit zu sein; denn wir würden dabei doch den Unterschied verkennen, der darin liegt, daß der Partner eines derartigen zivilrechtlichen Verhältnisses eben nicht imstande ist, selbstgestaltend verbindlich zu entscheiden wie der Staat oder der sonstige Gewalthaber eines öffentlichen Gewaltverhältnisses.

(Zuruf: Der Vater gegenüber dem Kinde!)

Der Vater gegenüber dem Kinde? Unter Ausschluß jeder gerichtlichen Kontrollmöglichkeit doch wohl nicht!

Wichtiger aber als dies ist mir das in LS 19 von Herrn Krüger zum Ausdruck Gebrachte: es sei undenkbar, die Verrechtlichung der Staatstätigkeit ohne Rücksicht auf ihre Ergiebigkeit, ihre Effizienz, zu betreiben. Das unterstreiche ich nachdrücklich, aber ich unterstreiche es auch in bezug auf jene staatliche Tätigkeit, die durch die Gerichte ausgeübt wird. Das Problem ist eben dieses: ob wir uns mit der Einebnung der besonderen Gewaltverhältnisse in eine allgemeine Rechtsbeziehung nicht der Gefahr gegenübersehen, die Effizienz der Tätigkeit der rechtsprechenden Gewalt in Frage zu stellen.

Die Sorgen, die wir in dieser Beziehung haben müssen, finden ihren Ursprung in Art. 19 Abs. 4 des Grundgesetzes. Ich kann daher einmal Herrn Ule nachdrücklich darin beipflichten, daß Art. 19 Abs. 4 und die entsprechenden Bestimmungen der Landesverfassungen, die den Rechtsweg subsidiär wieder zu den Verwaltungsgerichten eröffnen, nicht dazu zwingen, eine jede Ausübung von Hoheitsgewalt justiziabel zu machen. Erforderlich ist in jedem Falle eine Rechtsbeeinträchtigung, und ich bin davon überzeugt, daß es einen Bereich irgendwie umgrenzbarer Art von Hoheitsgewalt gibt, der nicht der Gerichtskontrolle erschlossen ist — von den Regierungsakten bis hin zu denen, die hier in Frage stehen.

Erlauben Sie mir, mit einigen Sätzen aus einem kleinen Bereich etwas Statistisches hier anzuführen, das die Dinge illustriert. Hamburg zeichnet sich dadurch aus, daß dort die Problematik der Verwaltungsgerichtsbarkeit über Schulakte und solche aus dem Strafvollzug besonders in den Vordergrund gerückt ist, wobei mir nicht ganz erklärlich ist, warum das alles gerade in Hamburg passiert.

(Zuruf: Ein rechtsstaatlicher Vorkämpfer!)

Bei den Schulen erklärt es sich vielleicht aus der Einführung der sechsjährigen Grundschule und den Sorgen der Eltern, die Kinder in die höhere Schule zu bringen. Bei den Gefängnisinsassen kann ich mir nur erklären, daß sie alle sehr dicht beieinander sitzen und die Chancen der verwaltungsgerichtlichen Rechtsverfolgung sich durch die Zellen hindurch herumsprechen. Es handelt sich nicht nur um die Erlaubnisse, Kanarienvogel zu halten, die die Gerichte beschäftigen, sondern auch um die Bereitstellung bestimmter Einrichtungen, die in der einen Zelle weniger schön sind als in der anderen, um die Bewilligung einer Sonnenzelle oder um die Bereitstellung von Kommentaren zur Prozeßführung. Wir haben seit 1955 85 derartige Prozesse vor den Hamburger Verwaltungsgerichten anhängig und stehen in der Tat vor der Frage, ob hier die Einebnung der besonderen Gewaltverhältnisse der Insassen einer Strafanstalt nicht zu Lösungen führt, die die Effizienz der Rechtspflege in Frage stellen könnten.

Die Vorschläge von Herrn Ule halte ich in weitem Umfange für praktikabel, zumal sie ja in die Richtung weisen, die auch die Judikatur bisher verfolgt hat: also entweder Ablehnung der Charakterisierung des fraglichen Aktes im Sinne eines Rechtsaktes oder Ablehnung des Rechtsschutzbedürfnisses, wobei mir die Wendung, die Herr Ule gebrauchte — die Behauptung der Rechtsbeeinträchtigung genüge, um die Klage zulässig zu machen — allerdings noch zu weit zu gehen scheint. Brauchbar ist auch der Gedanke, daß immer die spezielle Gerichtsbarkeit, die mobilisiert werden könnte, den Vorrang genießen muß vor der Verwaltungsgerichtsbarkeit, wobei für den Strafgefangenen § 458 StPO in Betracht kommt und so weit wie möglich ausgedehnt werden sollte, damit jener Gefangene, der das „Sonnenzimmer" haben möchte, wegen seiner vermeintlichen Rechtsverletzung wieder vor den Richter kommt, der ihn aus seinem Strafverfahren kennt, nicht aber vor den Verwaltungsrichter.

Die Unterscheidung „Grundverhältnis : Betriebsverhältnis" halte ich für verwendbar, infolgedessen auch die LS 10 bis 12, die Herr Ule angeboten hat, wobei mir deutlich wird, daß der Gedanke einer technischen, unvertretbaren Wertbeurteilung der Verwaltung (die für die Gerichte nicht überprüfbar ist) im Grunde ein Institut erneuert, das wir aus dem Amtshaftungsrecht mit der Konflikterhebung und aus ähnlichen Zusammenhängen her kennen.

Der Gedanke der Differenzierung der Gewaltverhältnisse in der Frage des Rechtsschutzes ist für den Strafgefangenen besonders angebracht. Denn hier sollte es eine Rolle spielen, daß die Begründung seines besonderen Gewaltverhältnisses bereits auf einem Richterspruch beruht; seine Verbringung in das besondere Gewaltverhältnis durch einen Richterspruch kann ein Präjudiz dafür darstellen, daß die Vollziehung dieses Richterspruches manche gerichtliche Überprüfung entbehrlich macht, die in Fällen anders begründeter Gewaltverhältnisse geboten sein mag.

Eine Aufgabe, die noch vor uns liegt, ist in der Anregung von Herrn Krüger zu erblicken, die Prinzipien des Art. 80 des Grundgesetzes zu übertragen auf die innere rechtssatzmäßige Ausgestaltung der Gewaltverhältnisse, nämlich in Form der Juridifizierung der allgemeinen Weisungen, der Anstaltsordnungen usw., wobei der Staat durch Wahrnehmung einer sachgerechten Aufsicht in der Genehmigung und Kontrolle derartiger Erlasse eine rechtsstaatlich segensreiche Rolle spielen sollte.

Zwischen den LS 16 und 17 von Herrn Ule schließlich scheint mir ein gewisser Widerspruch zu liegen, wenn man die konservierende Aufgabe der Rechtsprechung dem Postulat gegenüberstellt, sich den neuen Gegebenheiten anzupassen.

Bachof-Tübingen:

Herr Krüger hat sich heute morgen in der angeblich aussichtslosen Position eines Läufers gezeichnet, der gegen die Verfechter der überkommenen Unterscheidung zwischen Innen- und Außenfunktionen anrennen müsse. Ich bin sicher, daß Herr Krüger seine Position in Wirklichkeit keineswegs so pessimistisch beurteilt hat. Jedenfalls hat er aber mit raumgreifenden Schritten Boden wettzumachen und die Verfechter jener Theorie nun seinerseits zu überrennen unternommen. Es läge also für mich nahe, ihm nun wieder einige Schritte abgewinnen zu wollen. Aber das brauche ich kaum noch zu tun; denn Herr Ule hat mir dieses Rennen im großen und ganzen schon abgenommen.

Die alte Unterscheidung zwischen „Innen" und „Außen" — an dem Namen hängt es nicht entscheidend — ist wohl weitgehend die gleiche, wie sie Herr Ule zwischen „Grundverhältnis" und „Betriebsverhältnis" vornimmt, zumal Herr Ule den Rahmen des Grundverhältnisses und derjenigen Maßnahmen, die er dazu rechnet, sehr weit gezogen hat. Er hat mit dem Grundverhältnis praktisch fast alles das erfaßt, was ich (Laforet-Festschrift S. 285 ff.) zu den „Außenfunktionen" gerechnet habe. Herrn Ules Terminologie halte ich für glücklich, sie ist plastischer als die bisherige. Worin ich mich von Herrn Ule unterscheide, ist im wesentlichen wohl nur folgendes: Herr Ule hat einerseits die Akte im Grundverhältnis dem Verwaltungsrechtsschutz vollständig unterwerfen wollen; in dieser Frage besteht Einigkeit zwischen uns. Er hat aber andererseits innerhalb der Akte des Betriebsverhältnisses unterschieden, indem er die Betriebsakte im Beamtenverhältnis und im offenen Anstaltsverhältnis ganz vom Rechtsschutz ausnehmen, Betriebsakte in geschlossenen Anstaltsverhältnissen und im Wehrverhältnis dagegen im vollen Umfange dem Rechtsschutz unterwerfen will. Hier kann ich nicht folgen: Mir geht das eine zu weit und das andere zu wenig weit. Ich möchte mich auf die geschlossenen Anstalten beschränken: Gerade die Beispiele, die Herr Ipsen gebracht hat, haben meine Bedenken verstärkt, gegen alle Betriebsakte im geschlossenen Anstaltsverhältnis — etwa im Strafvollzug — den Verwaltungsrechtsweg zu eröffnen. Im einzelnen will ich darauf hier nicht eingehen. —

Herr Krüger greift die Unterscheidung zwischen Innen- und Außenfunktionen des Besonderen Gewaltverhältnisses — ich nehme an, daß er dasselbe mit der Unterscheidung von Betriebsverhältnis und Grundverhältnis tun wird — im wesentlichen deshalb an, weil es sich dabei um eine rein formale Unterscheidung handele. Herr Krüger will nach einem materiellen Kriterium unterscheiden. In dieser Forderung pflichte ich Herrn Krüger grundsätzlich bei; nur bin ich der Ansicht, daß auch die Unterscheidung zwischen Innen- und Außenfunktionen, richtig verstanden, durchaus nicht an formalen, sondern an materiellen Kriterien orientiert ist. Denn die Frage, was im einzelnen zum Grundverhältnis und was zum Betriebsverhältnis, oder was zum Innenverhältnis und was zum Außenverhältnis gehört, kann nur an Hand wertender Gesichtspunkte gelöst werden, und durch nichts anderes.

Herr Krüger will so abgrenzen, daß er Akte im Besonderen Gewaltverhältnis dann als anfechtbare Verwaltungsakte ansieht, wenn sie rechtswidrig sind. Dagegen wehre ich mich nach wie vor. Die Frage, ob ein angefochtener Verwaltungsakt rechtmäßig oder rechtswidrig ist, bildet ja gerade den Gegenstand der materiellrechtlichen Prüfung des Gerichts, kann daher nicht den Verwaltungsaktbegriff berühren. Wenn Herr Krüger seine These dadurch einschränkt, daß der Akt „prima facie" als unrechtmäßig erscheinen müsse, so nähert er sich damit freilich im praktischen Ergebnis meiner Auffassung; denn Akte, die ihrer Art nach zum Betriebsverhältnis gehören, aber wegen einer ihnen anhaftenden Besonderheit aus dem normalen Betriebsablauf herausfallen, werden in der Tat oft wegen dieses Herausfallens unrechtmäßig sein und auch bereits auf den ersten Blick als unrechtmäßig erscheinen. Aber das braucht nicht so zu sein. Auch Weisungen, die aus dem normalen Betriebsablauf völlig herausfallen und daher üblicherweise nicht durch das Betriebsverhältnis gedeckt wären, können — z. B. in Katastrophensituationen — auch einmal rechtmäßig sein. Wenn ich einmal das so viel zitierte (von mir bisher wegen seiner Unwahrscheinlichkeit nie verwendete) Beispiel der einem Regierungsrat erteilten Weisung zum Instandsetzen eines Kraftwagens aufgreifen darf: auch eine solche Weisung kann in außergewöhnlichen Situationen einmal rechtmäßig sein. Der Unrechtsgehalt eines Aktes — auch der prima-facie-Unrechtsgehalt — ist daher kein geeignetes Kriterium für die Abgrenzung von Verwaltungsakt und Nichtverwaltungsakt. Das objektive Herausfallen aus dem Bereich, der normalerweise durch das Betriebsverhältnis gedeckt wird, nicht der (wirkliche oder potentielle) Unrechtsgehalt ist das entscheidende Kriterium. —

Herr Ule hat bei der Interpretation des Art. 19 IV GG eine betont teleologische, wertende Abgrenzung zwischen anfechtbaren und nicht anfechtbaren Akten vorgenommen. Methodisch pflichte ich ihm darin voll und ganz bei. Die gleiche Methode muß selbstverständlich für die Interpretation der Verwaltungsgerichtsgesetze und ihren Begriff „Verwaltungsakt" gelten. Ich sehe entgegen Herrn Krüger nicht ein, warum eine Rechtsprechung, die derart teleologisch die Akte im Besonderen Gewaltverhältnis scheidet und einen Teil von ihnen zu den anfechtbaren Verwaltungsakten rechnet, einen anderen Teil nicht, einen „reinen Machtspruch" darstellen solle. Das ist dann kein Machtspruch, wenn dieser Rechtsprechung die vorgezeichneten Wertungen der Verfassung zugrundegelegt werden. Wenn Herrn Krügers Ansicht richtig ist, daß der Gesetzgeber davon Abstand genommen habe, seinerseits eine generelle Entscheidung zwischen den widerstreitenden Gesichtspunkten möglichster Verrechtlichung der Staatstätigkeit einerseits und ihrer Ergiebigkeit (Effizienz) andererseits zu treffen — ob er sie überhaupt generell und abstrakt hätte treffen können, sei dahingestellt —, dann bleibt doch dem gesetzanwendenden Richter nichts anderes übrig, als nun seinerseits diese Entscheidung zu treffen. Ich kann darin nichts Illegitimes finden, sofern der Richter die notwendige Abwägung an Hand der im GG vorgezeichneten Werte vornimmt: des Rechtsstaatsprinzips einerseits, der (auch ungeschriebenen vorausgesetzten) Effizienz jeder Staatstätigkeit andererseits, die übrigens im Sozialstaatsprinzip doch auch wohl ausdrücklich angesprochen wird. Solange der Gesetzgeber nicht präzisiert, was ein anfechtbarer Verwaltungsakt ist, muß diese Frage von Wissenschaft und Rechtsprechung beantwortet werden. Eine solche Entscheidung, die unter wertenden Kriterien einen Teil der Akte im Besonderen Gewaltsverhältnis als Verwaltungsakte anspricht und damit dem Rechtsschutz unterstellt, einen anderen Teil dagegen als Nichtverwaltungsakte qualifiziert, darf als legitim gelten. —

Ich nehme an, daß die Berichterstatter die schwierige Frage des Verhältnisses der Grundrechte zum Besonderen Gewaltverhältnis mit voller Absicht aus ihren Referaten ausgeklammert haben, obwohl es sich dabei um eine Frage handelt, die trotz aller bisherigen Erörterungen keineswegs ausgetragen ist, und die für die Praxis eines der wesentlichsten Probleme des Besonderen Gewaltverhältnisses darstellt. Ich will die Frage heute nicht grundsätzlich anschneiden, weil sie die Diskussion außerordentlich ausweiten müßte. Nur auf eine damit zusammenhängende Einzelfrage möchte ich hinweisen, in deren Beurteilung zwischen Herrn Scheuner und mir eine Kontroverse besteht und die mir von besonderer Aktualität zu sein scheint. Es handelt sich um die Frage, ob der Zweck des Besonderen Gewaltverhältnisses sich an den Grundrechten auszurichten hat, oder ob umgekehrt die Grundrechte nur nach Maßgabe des Zweckes des Besonderen Gewaltverhältnisses gelten. Herr

Scheuner vertritt die Ansicht, daß eine Berufung auf die Grundrechte, insbesondere auf Art. 2 I GG, nur nach Maßgabe des vorgegebenen Zweckes des Besonderen Gewaltverhältnisses möglich sei. Dem muß die Frage entgegengehalten werden, von wem eigentlich dieser Zweck bestimmt wird und woraus er sich ergibt. Herr Ule hat gemeint, der Zweck werde „durch die Natur des zu regelnden Lebensverhältnisses“ vorgezeichnet. Das ist sicher richtig, wenngleich kaum erschöpfend. Es erhebt sich aber sogleich die Frage, wer denn eigentlich den so „vorgezeichneten“ Zweck des Besonderen Gewaltverhältnisses ermittelt und feststellt. Und ferner: die zu regelnden Lebensverhältnisse lassen oft eine recht erhebliche Variationsbreite der Zwecksetzungen zu. Soll also — soweit eine gesetzliche Regelung fehlt — die Verwaltung als Gestalter eines Besonderen Gewaltverhältnisses dessen Zwecksetzung verbindlich festlegen können mit der Folge, daß demgegenüber eine Berufung auf die Grundrechte an solcher autoritativ festgelegten Zwecksetzung von vornherein scheitert? Das schiene mir eine völlige Verkehrung des grundgesetzlichen Verteilungsprinzips zwischen Freiheit und Staatsmacht zu sein. Sie wäre um so bedenklicher, als die Verwaltung als Gestalter des Besonderen Gewaltverhältnisses weitgehend ohne erweisbare demokratische Legitimation und ohne demokratische Kontrolle handelt — sehr im Gegensatz zum Allgemeinen Gewaltverhältnis, dessen Inhalt und Schranken durch den demokratisch legitimierten und kontrollierten Gesetzgeber bestimmt werden. Um so notwendiger ist es, beim Besonderen Gewaltverhältnis von vornherein die Grundrechtsschranken ins Spiel zu bringen, und zwar schon gegenüber der Zweckbestimmung dieses Verhältnisses. Will man die Grundrechte nicht völlig aushöhlen, so darf man nicht sagen: „Grundrechte nur nach Maßgabe der von der Verwaltung autonom bestimmten Zwecke“; sondern es muß umgekehrt lauten: „Zwecksetzungen nur nach Maßgabe der Wertungen der Verfassung und insbesondere nach Maßgabe ihrer freiheitsgewährleistenden Grundrechte.“

Wacke-Hamburg:

Auf zwei Bemerkungen zur Beleuchtung unseres Themas möchte ich mich beschränken.

Einmal wollte ich mir erlauben, darauf aufmerksam zu machen, daß wir eine gesetzliche Definition des Besonderen Gewaltverhältnisses besitzen, eine sehr alte Definition, die bis 1937 positiv gegolten hat und dem Sinne nach auch heute noch Geltung besitzt. Sie ahnen es vielleicht: sie findet sich in dem sprachlich schönsten und wohl auch größten Gesetzbuch deutscher Zunge, das ich so liebe, in dem unvergessenen Preußischen Allgemeinen Landrecht von 1794. In diesem Allgemeinen Landrecht ist zum ersten Male das gesamte staatliche Dienstrecht kodifiziert worden in Teil II, Titel 10, das gesamte Dienstrecht, nicht nur das Beamtenrecht. Der Titel hat zwei Teile und befaßt sich hauptsächlich mit dem Recht der Zivilbedienten, dem Recht der Beamten; vorher aber finden sich einige Dutzend Paragraphen über das Recht der Militärbedienten, wohl die erste Darstellung des gesamten Wehrrechts, des Rechts der Offiziere, Unteroffiziere, Soldaten, Reservisten und Heeresbeamten, woran man heute einmal erinnern darf. Beiden Teilen vorangestellt, also für Militärbediente und Zivilbediente in gleicher Weise gültig, finden sich einige gemeinsame Anordnungen, und dort heißt es nach meiner Erinnerung wörtlich: „Dergleichen Bediente sind, außer den allgemeinen Untertanenpflichten, dem Oberhaupte des Staates besondere Treue und Gehorsam schuldig."

Dies aber ist genau das Besondere Gewaltverhältnis, das uns die beiden Referenten geschildert haben. Herr Krüger hat von der Haus- und Herrengewalt gesprochen; Herr Ule hat gesagt, daß im Besonderen Gewaltverhältnis die Pflichten voranstehen. Das ALR bringt mit der genannten Vorschrift das Pflichtenverhältnis so schön zum Ausdruck, wenn es sagt, die Beamten seien, außer den allgemeinen Untertanenpflichten besondere Treue und Gehorsam schuldig. Der ganze Titel ist, wenn ich mich recht erinnere, mit der Überschrift versehen „Von den Rechten und Pflichten der Diener des Staates", die Pflichten sind also jedenfalls deutlich hervorgehoben. Es würde sich gewiß lohnen, diese Vorschrift des ALR einmal exegetisch zu untersuchen. —

Zweitens: Herr Krüger hat in einer These deutlich auseinandergesetzt, daß die Einwilligung des Betroffenen nicht die verfassungsrechtlichen Bedenken beheben kann, die in dem Besonderen Gewaltverhältnis liegen. Bei dieser Einwilligung des Betroffenen denken wir wohl alle an eine Art öffentlich-rechtliches Zustimmungsgeschäft, so schwierig dieses auch im einzelnen zu konstruieren sein mag, wenn wir uns an die verschiedenen Lehren über die Begründung des Beamtenverhältnisses erinnern. Wir haben also wohl alle bisher vorausgesetzt, daß diese Besonderen Gewaltverhältnisse, von denen wir handeln, solche öffentlich-rechtlicher Art sind. Aber wie wäre es, wenn es vielleicht auch ein privatrechtliches Besonderes Gewaltverhältnis gäbe, das dem Staate gegenüber begründet worden ist? Vielleicht merken Sie, worauf ich hinaus will:

Vom Beamten war oft die Rede, aber ich frage mich, wie steht es mit seinem zahlreicheren Kompagnon, dem Angestellten und — abgeschwächt — dem Arbeiter im staatlichen Dienst? Man sollte ruhig einmal die Frage aufwerfen, ob dieses Verhältnis nicht auch ein Besonderes Gewaltverhältnis ist. In der Tat ist diese Frage durchaus ernsthaft zu stellen. Denn wenn wir überlegen, welchen besonderen Beschränkungen diese Personen des öffentlichen Dienstes unterliegen, so sind diese Beschränkungen doch ganz deutlich zu sehen. In ihrem politischen Verhalten sind die Dienstnehmer keineswegs frei, sie legen ja mehrfache besondere Treueversprechen ab; sie werden teilweise vereidigt, immer aber leisten sie ein Gelöbnis und Handschlag sowie protokollarische Unterschrift auf ihre Dienstpflichten und unterwerfen sich damit scharfen besonderen Strafbestimmungen. Das Gesetz verlangt auch von ihnen, daß sie sich durch ihr gesamtes Verhalten zur demokratischen Staatsauffassung bekennen. Außerdem legt das Gesetz ihnen viele besondere Pflichten auf, genau wie den Beamten: die Haftung für Amtspflichtverletzungen gilt für sie bekanntlich genau wie für die Beamten. Sie unterliegen weiter der Haushaltshaftung nach der Reichshaushaltsordnung und der Deutschen Gemeindeordnung. Sie unterfallen auch ausdrücklich dem Erstattungs- oder Defektenrecht nach dem Erstattungsgesetz. In vielen Fällen besteht für sie auch eine besondere disziplinäre Verantwortlichkeit. Schließlich unterliegen sie einer besonderen strafrechtlichen Verantwortung; der besondere Begriff des Beamten im Sinne des Strafrechts sagt dies ja. Wir besitzen außerdem die berühmte Verordnung vom Jahre 1917, erneuert 1943, die den Angestellten stärkere strafrechtliche Normen auferlegt als den Beamten, bei Geheimnisverletzung und bei Verletzung der Pflicht zur Unbestechlichkeit. Durch eine große Zahl typisch öffentlich-rechtlicher und zwingender Gesetze ist also hier eine starke hoheitliche Einordnung vorgenommen.

Dieses Besondere Gewaltverhältnis scheint mir aber auch in unserem heutigen Verfassungsrecht statuiert zu sein. In Art. 137 des Grundgesetzes heißt es, daß nicht nur die Wählbarkeit der Beamten, sondern ausdrücklich auch die Wählbarkeit der Angestellten des öffentlichen Dienstes in das Parlament beschränkt werden kann. Das Grundgesetz und auch einige unserer Landesverfassungen beschränken somit für die Angestellten das wichtigste Status-Recht, das wir kennen, nämlich das passive Wahlrecht, und zwar wegen der dienstlichen Tätigkeit der Angestellten, weil sie als Träger der Zweiten Gewalt aufgefaßt werden. Wenn ich weiter den Artikel nenne, der die 131er geschaffen hat, diese neue Spezies des homo sapiens — der wir teilweise auch angehört haben —, so ist dies ja auch eine verfassungsmäßige Beschränkung der an sich bestehenden Rechte, auch ein Besonderes, wartestandsähnliches Gewaltverhältnis; denn der Sinn des Art. 131 ist zunächst die Sperrklausel und die erst für die Zukunft versprochene „Regelung"; Art. 131 aber bezieht sich ausdrücklich auch auf Angestellte und Arbeiter des Staates. Nehmen wir den Artikel 130 des Grundgesetzes, so ist dort von Disziplinar-Vorgesetzten der Angestellten die Rede, womit ihr Dienststrafrecht anerkannt wird. In Art. 132 ferner wird eine vorzeitige Aufhebung des Dienstverhältnisses im Widerspruch zu den Vorschriften des bürgerlichen Rechts zugelassen. Überall sind hier also starke Beschränkungen der sonst bestehenden Rechte durch die Verfassung angeordnet.

Auch eine Beschränkung der Grundrechte ist bei den Angestellten — wie wohl schon angeklungen ist — in erheblichem Grade vorhanden. Das Grundgesetz spricht es zwar nicht aus, aber die Länderverfassungen sagen es z. T. ganz deutlich, daß auch den Angestellten und Arbeitern die Aufgabe zukommt, ausschließlich Diener des Staates zu sein; sie dürfen Befehlen außerstaatlicher Mächte nicht gehorchen. Das Bundesbeamtengesetz hat übrigens diesen Mangel des Grundgesetzes wieder ausgeglichen. Und die Tarifordnungen der Angestellten und Arbeiter — es sind Rechtsverordnungen, die heute positivrechtlich weiter gelten — sowie das vorläufige Bundespersonalgesetz von 1950 legen den Angestellten genau die gleichen Pflichten wie den Beamten auf: Treue, Gehorsam, Unbestechlichkeit, Dienstverschwiegenheit. Dort ist gesagt, daß den Angestellten von seinen Dienstpflichten keine andere persönliche Bindung befreien kann, daß seine Dienstpflichten jeder anderen persönlichen Gehorsamsbindung vorgehen. Nach richtiger Ansicht dürfen die Angestellten und Arbeiter des öffentlichen Dienstes wegen dieser ihrer Treuepflicht, die sie gelobten, auch von Arbeitskampfmitteln nicht beliebig Gebrauch machen, insbesondere dürfen sie nicht streiken. Man sieht also deutlich: ein starkes Gewaltverhältnis.

Aber wie ist dieses merkwürdige Besondere Gewaltverhältnis juristisch zu konstruieren? Herr Weber hat im vorigen Jahre in der Zeitschrift für Beamtenrecht ausgeführt, daß das Dienstverhältnis der Angestellten in der Sozialversicherung, sicher das am meisten nach dem Beamtenrecht orientierte Verhältnis des öffentlichen Dienstes, als ein öffentlich-rechtliches Verhältnis aufgefaßt werden kann. Ich selbst war so verwegen, Herrn Weber an der gleichen Stelle zu widersprechen. Anschließend hat die Rechtsprechung sich mit dieser Frage befaßt und Herrn Weber leider darin nicht recht gegeben (Zwischenruf von Herrn W e b e r : ich bedanke mich für das „leider"; Heiterkeit). Alle hohen Gerichte, Bundesverwaltungsgericht, Bundesarbeitsgericht, Bundessozialgericht, haben nämlich im Laufe des letzten Jahres entschieden: Auch das Dienstverhältnis dieser Gruppe von Angestellten des öffentlichen Dienstes ist ein zivilrechtliches, es ist kein öffentlich-rechtliches Dienstverhältnis. Wir kommen also dahin, sagen zu müssen, daß die Einwilligung, von der Herr K r ü g e r gesprochen hat, eine zivilrechtliche Erklärung wäre, daß ein bürgerlich-rechtlicher Anstellungsvertrag zugrunde liegt, der zu dem Besonderen Gewaltverhältnis führt.

Dies hätte auch Folgen für den Rechtsschutz. Herr U l e hat am Rande bemerkt, daß auch bei den Beamten in besonderen Fällen an einen zivilrechtlichen Rechtsschutz zu denken ist. Für das hier geschilderte Besondere Gewaltverhältnis, das ja nach alledem ein zivilrechtliches Verhältnis wäre, würde aber der gesamte eigentliche Rechtsschutz im zivilprozessualen, im arbeitsrechtlichen Klagewege liegen.

Ich meine, es war gewiß verdienstlich, daß Herr W e b e r vorhin in der Diskussion darauf hingewiesen hat, man müsse sich die Besonderen Gewaltverhältnisse einmal einzeln nach ihrem Inhalte näher ansehen. In dem von mir geschilderten Dienstverhältnis liegt sicher ein ganz besonders eigentümlich ausgeformtes Gewaltverhältnis vor, das als ein Status-Verhältnis auch verfassungsrechtlich selbständige Bedeutung hat und dessen nähere Betrachtung unserem Thema sicher noch eine besondere Beleuchtung geben würde.

P a r t s c h -Bonn:

Vieles von dem, was ich sagen wollte, hat Herr Weber schon ausgeführt. Ich möchte hier nur auf eine der Grundthesen von Herrn Krüger zurückgreifen. Mir scheint, daß der Punkt 3 von Herrn Krüger wesentlich ist. Herr Krüger setzt dort den Begriff der Gewalt im Besonderen Gewaltverhältnis der Staatsgewalt entgegen und man erwartet fast, daß er seinen Thesensatz Nr. 3 mit dem Hinweis auf den Satz „Nemo plus juris transferre potest quam ipse habet" schließt; ein Satz, der in der staatsrechtlichen Diskussion der letzten Jahre — ich denke dabei an die Diskussion über den Artikel 24 GG — eine unheilvolle Rolle gespielt hat. Der Grundsatz von Herrn Krüger scheint mir hier den tatsächlichen Gegebenheiten nicht gerecht zu werden. Ich kann mich nicht damit abfinden, daß man sagt: Wenn der Staat, die Staatsgewalt, nur die Größe X hat, dann kann die Besondere Gewalt nicht die Größe Y haben. — Die beiden Begriffspaare, die hier gegenüberzustellen sind, sind nicht die beiden Gewalten, sondern die beiden Verhältnisse. Es handelt sich um soziale Tatbestände, und zwar einerseits das allgemeine Verhältnis des Bürgers zum Staat und anderseits das besondere Verhältnis einer konkreteren, durch starke personalistische Elemente bestimmten Gemeinschaft. Beide Lagen werden gemeistert mit Mitteln, die aus der Staatsgewalt fließen.

Wenn man davon ausgeht, muß man zu einem ganz anderen Ergebnis wie Herr Krüger kommen. Es bestehen zwar Strukturunterschiede, aber nicht zwischen den Gewalten, sondern Strukturunterschiede zwischen den Verhältnissen. Das Verhältnis des Bürgers zum Staat ist recht künstlich — selbst wenn man den Mangel an Staatsgefühl nicht in dem Umfange bejahen zu müssen glaubt, wie das gestern hier geschehen ist — während das andere Verhältnis sehr viel natürlicher und viel stärker personalistisch bestimmt ist. Das war ja, wie Herr Krüger sehr einleuchtend ausführte, der Grund, warum sich die Rechtsordnung dieses Verhältnisses in sehr viel geringerem Maße annehmen mußte als des allgemeinen Verhältnisses. Solange nämlich natürliche Bindungen und Loyalitätspflichten auf beiden Seiten, sowohl bei dem der Gewalt Unterworfenen wie bei dem die Gewalt Ausübenden, vorhanden sind und funktionieren, ist es nicht nötig, daß die Rechtsordnung in dem gleichen Umfange in diese Verhältnisse eingreift, wie dies bei dem allgemeinen Gewaltverhältnis erforderlich ist.

Herr Bachof hat eben schon die Grundrechtsfrage angeschnitten, die wohl an sich außerhalb der Diskussion bleiben sollte; aber man wird wohl doch nicht darum herumkommen — wenn man die Grundrechte nicht völlig zunichte machen will —, zum mindesten für die Ausübung der Grundrechte derjenigen, die in einem besonderen Gewaltverhältnis stehen, eine bestimmte Grenze ziehen. M. E. kann man die Ausgestaltung dieser besonderen Verhältnisse nicht von den Grundrechten aus vornehmen. Denken Sie an den Fall der Einschränkung der Meinungsfreiheit des Beamten. Ich habe einmal in einer wissenschaftlichen Arbeit zu der Frage der Kompetenzverteilung zwischen Regierung und Parlament Stellung nehmen wollen, aber in einem sehr kritischen Augenblick, als nämlich eine Diskussion über diese Frage zwischen der Regierung und dem Parlament stattfand. Das hat mir mein Dienstherr verboten. Ich bin der Meinung, mit Recht; denn er hat mich an eine Loyalitätspflicht gemahnt, die ich als Beamter einhalten muß. Aber ich möchte nicht darauf verzichten, zu der Frage öffentlich Stellung zu nehmen, wenn ich einmal von den Bindungen des besonderen Gewaltverhältnisses freigeworden sein werde.

P f e i f e r - Wien:

Ich kann mich im wesentlichen dem anschließen, was mein unmittelbarer Vorredner gesagt hat. Ich möchte mich nur mit einigen Grundfragen des Referates von Herrn Krüger befassen. Ich stehe auch auf dem Standpunkt, daß hier die Dinge nicht ganz richtig gesehen worden sind und man nicht gegenüberstellen kann die Staatsgewalt als verfaßte Gewalt und das Besondere Gewaltverhältnis als nicht-verfaßt. Man kann auch nicht gegenüberstellen, daß bei dem Besonderen Gewaltverhältnis eine persönliche Gewalt vorliege und in dem anderen Falle nicht. Ich bin also nicht der Meinung, daß diese prinzipiellen qualitativen Unterschiede vorliegen, sondern daß in dem einen oder anderen Fall eben Rechtsverhältnisse vorliegen, und zwar allgemeine Rechtsverhältnisse und Rechtsverhältnisse besonderer Natur, und daß der Unterschied kein qualitativer, sondern eher ein quantitativer und gradueller ist. Daß hier bei dem sogenannten Besonderen Gewaltverhältnis ein intensiveres Rechtsverhältnis auf gewissen Gebieten gegeben ist und besondere Rechte und besondere Pflichten bei dem kleineren Kreis, der in dieses Gewaltverhältnis einbezogen ist, vorhanden sind — die in dem allgemeinen Rechtsverhältnis zwischen Staat und dem Staatsbürger nicht bestehen —, das ist eigentlich der wesentliche Unterschied.

Ferner vermag ich auch nicht zu sehen, was zum Schluß angedeutet wurde, daß nämlich die Verrechtlichung gewisse Gefahren für die Effizienz bedeuten würde, daß also die Wirksamkeit des Staates dadurch irgendwie eingeschränkt werden könnte. Wenn ich davon ausgehe, wie es unsere österreichische Verfassung in Artikel 18 sagt, daß die gesamte staatliche Verwaltung nur auf Grund der Gesetze ausgeübt werden darf — wobei ich es allerdings als Mangel ansehe, daß es hier „die gesamte s t a a t l i c h e Verwaltung" heißt und nicht „die gesamte Verwaltung" —, so ist hier doch etwas ausgesprochen, was ich für richtig halte, daß nämlich das Recht die Grundlage und zugleich die Richtschnur für die Verwaltung bildet. Und da ist es gleichgültig, ob es sich um das allgemeine Verhältnis zwischen Staat und Staatsbürger oder um das Besondere Gewaltverhältnis handelt. In beiden Fällen bilden Gesetz und Recht die Grundlage und die Richtschnur für das Handeln derer, die zur Verwaltung berufen sind.

Ich kann daher auch keine Gefahren der Verrechtlichung sehen; denn das Recht kann immer noch so gestaltet sein, sei es die staatliche Verwaltung im allgemeinen, sei es das Besondere Gewaltverhältnis, daß es den zum Handeln Befugten genügend freien Spielraum oder Ermessensraum läßt; was freilich nicht bedeutet, daß in diesem Spielraum nun frei von Recht gehandelt werden könnte. Ich habe doch als Grundlinie aus dem Referat von Herrn Krüger herauszuhören vermeint, als wenn das Recht irgendwie als Schranke der Verwaltung in Erscheinung treten würde. Das aber kann und soll es nicht sein, sondern das Recht soll die Grundlage sein. Das Recht kann niemals eine Einengung der Handlung oder der Handlungsmöglichkeit der Verwaltung sein, sondern höchstens eine zu sehr ins Detail gehende Gesetzgebung, die wir dann freilich ablehnen müßten.

N a w i a s k y -München:

Es ist hier außerordentlich viel von Differenzierung verschiedenster Art gesprochen worden. Offenbar lag das an der Auffassung des Auftrages, der den Berichterstattern gegeben und auch von den Diskussionsrednern eingehalten worden ist. Gegenüber den amüsanten vorwiegend staatsphilosophischen Äußerungen von Herrn Krüger möchte ich aber darauf aufmerksam machen, daß es sich um ganz allgemein-rechtliche Begriffe handelt. Herr Ule hatte in seinen erfreulich soliden Ausführungen die Liebenswürdigkeit, auf eine von mir vor 43 Jahren erschienene Darlegung in der Festschrift für Zitelmann hinzuweisen, wo ich den Begriff des Gewaltverhältnisses allgemein untersucht habe (vgl. auch die Ausführungen von Thieme in der Öffentlichen Verwaltung vom 17. Sept. 1956). Es handelt sich um rechtliche Grundbegriffe wie Forderungsverhältnis und Gewaltverhältnis, bei denen sich eine fortlaufende Reihe aufweisen läßt, die auf dem Grundsatz des konträren Gegensatzes beruht. Sie geht aus von den einfachen Forderungsverhältnissen und setzt sich dann sukzessive fort bis zu den potenziertesten Gewaltverhältnissen, die eine außerordentliche Steigerung der Berechtigungen des Gewaltherrn zum Gegenstand haben.

Diese Reihe läßt sich für das Privatrecht wie für das öffentliche Recht durchführen. Infolgedessen finden sich die gleichen Probleme im Privatrecht wie im öffentlichen Recht, worauf in der Diskussion ja gelegentlich schon verwiesen worden ist. Es ist daher auch nicht eine spezielle Erscheinung des öffentlichen Rechts, wenn man von besonderen Gewaltverhältnissen spricht. Wenn wir aber diese theoretischen Aspekte ins Auge fassen, dann gibt es eben einen allgemeineren Begriff, nämlich den des Gewaltverhältnisses an sich. Das besondere Gewaltverhältnis ist ein Unterfall des Gewaltverhältnisses. Man muß sich nur darüber klarwerden.

Da es sich um so allgemein grundlegende Begriffe handelt, hängen diese gar nicht von irgendwelchen zeitlichen Zusammenhängen ab, wie Herr Krüger gemeint hat. Sondern ein besonderes Gewaltverhältnis gibt es immer, ganz gleich, in welchem Staat man lebt. Man kommt ohne diesen Begriff überhaupt nicht aus. Ob Sie nun den heutigen Staat, der demokratisch legitimiert ist, durch den Grundsatz: „Alle Gewalt geht vom Volk aus", oder den monarchischen Staat nehmen, es gibt immer besondere Gewaltverhältnisse. Sie hängen also gar nicht von Erwägungen, wie sie Herr Krüger angestellt hat, ab. Denn ein Beamtenverhältnis, ein Soldatenverhältnis, das Verhältnis von Eltern und Kindern, die Anstaltsbenutzungsverhältnisse bei offenen oder geschlossenen Anstalten gibt es in jeder Rechtsordnung.

Bettermann-Berlin:

Herr Ipsen hat mich als Prozessualisten apostrophiert. Als solcher möchte ich mich stellen und deswegen nur zum Referat von Herrn Ule Stellung nehmen, nicht kritisch, sondern nur ergänzend. Ich meine, daß jeder Versuch, aus dem Wesen des Besonderen Gewaltverhältnisses heraus eine grundsätzliche Beschränkung des Rechtsschutzes zu rechtfertigen, fehlschlagen muß. Das zeigt sich schon, wenn man an die älteste Form des Verwaltungs-Rechtsschutzes, die Amtshaftungsklage, denkt. Mir ist nicht erinnerlich, daß die Judikatur der Zivilgerichte, insbesondere des Reichsgerichts, jemals den Versuch unternommen hätte, die Schadenersatzpflicht im Besonderen Gewaltverhältnis irgendwie zu verkleinern gegenüber den Amtshaftungstatbeständen im Allgemeinen Gewaltverhältnis.

Auf der anderen Seite hat jeder das Gefühl — ein Gefühl, das auch Herr Krüger als legitim anerkannt hat —, Schranken gegen ein Hineinregieren der Gerichte in die Verwaltung im Besonderen Gewaltverhältnis aufzurichten. Es fragt sich nur, wo denn hier die „Bremsen" sind. Die richtigen Bremsen hier zu finden, das scheint mir wesentlich zu sein, vor allen Dingen unter dem Gesichtspunkt der Praktikabilität; denn nur die mit den richtigen Etiketten versehenen Bremsen sind für den Richter brauchbar.

Ich bin der Meinung, daß jeder Versuch, bei dem Begriff des Verwaltungsaktes anzusetzen und ihn zu spalten, fruchtlos ist, insbesondere die Gegenüberstellung von Verwaltungsakt und innerdienstlicher Weisung. Sie mag möglich sein, das will ich offen lassen; aber für den Rechtsschutz ist damit gar nichts gewonnen. Denn — das wird oft übersehen — wir haben zwei Generalklauseln in unserem geltenden Verwaltungsprozeßrecht; außer der bekannten Generalklausel, daß jeder Verwaltungsakt anfechtbar ist, gibt es noch die andere, daß jede Streitigkeit des öffentlichen Rechts — mit Ausnahme der Verfassungsstreitigkeiten — der Jurisdiktion der (allgemeinen oder besonderen) Verwaltungsgerichten unterliegt. Wenn man den Verwaltungsakt-Begriff eliminiert, dann kommt jedenfalls die dienstliche Weisung — oder was es auch sei — über die Hintertür der „sonstigen Streitigkeiten des öffentlichen Rechts" wieder hinein, jedenfalls im Bereich aller derjenigen Prozeßordnungen, bei denen die „sonstigen Streitigkeiten des öffentlichen Rechts" sich nicht auf den engen Bereich der sogenannten Parteistreitigkeiten beschränken.

Auf der anderen Seite gibt der Begriff der Streitigkeit des öffentlichen Rechts eine erste Bremse hier, indem es sich nämlich um Rechtsstreitigkeiten handeln muß, um justititable Streitigkeiten, die mit rechtlichen Maßstäben gemessen werden können. Gerade in einigen Besonderen Gewaltverhältnissen werden häufig Fragen und Streitigkeiten auftauchen, die nicht rechtlicher, sondern fachlicher Natur sind. Ich denke vor allen Dingen an die Prüfungsentscheidungen. Die können nur in dem Maß der Jurisdiktion unterstellt werden, als es sich um Rechtsfragen handelt und nicht um Fachfragen. Aber die eigentliche Beurteilung des Prüflings ist eine Fachfrage und keine Rechtsfrage.

Die zweite Bremse sehe ich bei der Rechtsbeeinträchtigung — das hat auch Herr Ipsen angedeutet —, die wir in Gestalt der Rechtsverletzung nach Artikel 19 Abs. 4 des Grundgesetzes verlangen. In sehr vielen Fällen fehlt es den dem Besonderen Gewaltverhältnis Unterworfenen an hinreichend festen Rechtspositionen. Infolgedessen ist ihnen nicht die Möglichkeit eröffnet, hier um Positionen gerichtlich zu kämpfen, die keine Rechtspositionen sind. Ob sie es sind, ist natürlich eine Frage des materiellen Rechts.

Die dritte damit zusammenhängende Bremse ist die des Rechtsschutzbedürfnisses. Der Fall, den Herr Ule brachte und den er nicht mit diesem Etikett versehen hat, gehört aber hierhin. Es ist ein sehr charakteristischer Fall. Er verwies auf das bekannte Beispiel des Regierungsrates, der das Auto putzen oder reparieren soll — oder was es sonst für ein Befehl sei, der ihm nicht paßt oder den er für rechtswidrig hält. Dann steht ihm ja das Remonstrationsrecht zu. Das ist sicher kein Ersatz für den Rechtsschutz. Aber er kann es durch Nichtausführung des Befehls auf eine disziplinare Maßnahme des Dienstherrn ankommen lassen. Damit ist ihm dann der Disziplinar-Rechtsweg geöffnet. Jedenfalls genießt er dort allen Schutz, den er billigerweise verlangen kann. Für eine vorgängige verwalttungsgerichtliche Klärung dieser Frage sehe ich kein Rechtsschutzbedürfnis. Mit Hilfe dieses Rechtsschutzbedürfnisses läßt sich sehr häufig helfen. Herr Ule erzählte heute morgen ein Beispiel: der nichtversetzte Untertertianer kann mit einer Klage vor dem Verwaltungsgericht, die vielleicht erst nach einem Jahr oder zwei Jahren entschieden wird, nicht seine Versetzung in die Obertertia erreichen, sondern nur die Aufhebung der Nichtversetzung. Inzwischen ist aber die Sache durch den Zeitablauf längst erledigt. Worum es hier geht, ist doch nur der Zeitverlust, der sich nachher in einem Schadenersatz ausdrückt. Das mag im Amtshaftungsprozeß geklärt werden. Ich darf darauf hinweisen, daß das Bundesverwaltungsgericht auf dem Standpunkt steht, daß eine Anfechtungs- oder sonstige Verwaltungsrechtsklage, insbesondere Feststellungsklage, unzulässig ist, wenn sie nur oder überwiegend der Vorbereitung des Schadenersatzprozesses dient.

Die vierte Bremse liegt beim Ermessen, wobei ich annehmen möchte, daß gerade im Bereich der Besonderen Gewaltverhältnisse auch Raum für Beurteilungsermessen (im Gegensatz zum Handlungsermessen) gegeben ist. Im Bundesbeamtengesetz heißt es, daß der Beamte auf Probe entlassen werden kann, wenn er sich als ungeeignet erweist. Ich möchte diese Vorschrift dahin verstehen: wenn er sich nach dem Urteil seiner Vorgesetzten als ungeeignet erweist. Es ist nicht denkbar, daß das Gericht das Eignungsurteil fällt. Vielleicht liegt aber auch der Grund darin, daß es sich nicht um eine Rechtsfrage handelt.

Schließlich die letzte hier in Betracht kommende Bremse! Bei der Beurteilung dienstlicher Äußerungen und Rügen greift § 193 Strafgesetzbuch ein, der unter dem viel zu engen Rubrum „Wahrnehmung berechtigter Interessen“ rangiert, der aber gerade auch Bedeutung für die öffentliche Hand hat, weil er ausdrücklich die Rügen der Vorgesetzten, dienstliche Äußerungen usw. erwähnt und erklärt, daß dieserhalb eine Beleidigung nicht in Frage komme. § 193 normiert anerkanntermaßen einen Rechtfertigungsgrund; steht aber dieser Rechtfertigungsgrund der Behörde, dem Vorgesetzen, zur Seite, dann wird die Klage des Untergebenen, der sich zu Unrecht gerügt oder falsch beurteilt fühlt, abgewiesen.

Ich glaube, daß wir mit diesen herkömmlichen, teils prozessualen, teils materiell-rechtlichen Bremsen hier die nötigen Schranken einbauen können, ohne zu einer uferlosen Ausweitung des Rechtsschutzes im Besonderen Gewaltverhältnis zu kommen.

E r m a c o r a -Wien:

Als Rechtsbeflissener der österreichischen Rechtsordnung erlaube ich mir, Ihnen zur Information und mir zur Beruhigung folgendes darzulegen: In Österreich gibt es besondere Gewaltverhältnisse, obgleich die Rechtslehre in Österreich solche nicht kennt. Praktisch werden diese Besonderen Gewaltverhältnisse einerseits auf der Ebene der staatlichen Organisation, andererseits auf der Ebene des Verhältnisses des Staates zum Einzelnen. In dieser praktischen Sphäre hat die österreichische Verfassung gewisse Vorsorgen getroffen, und zwar zwei Generalklauseln; einmal den berühmten Artikel 18 des BVG, wonach die gesamte staatliche Verwaltung nur auf Grund der Gesetze vor sich gehen darf, zum anderen die berühmte Generalklausel über die Verwaltungsgerichtsbarkeit, wonach jeder rechtswidrige Bescheid einer Verwaltungsbehörde angefochten werden kann. Es ficht sich dann die Diskussion dort aus, wo der Begriff des Bescheides ausgelegt werden soll, oder dort, wo von dem Begriff der Verwaltungsbehörde die Rede ist.

Erlauben Sie mir, daß ich aus dem Referat des Herrn Krüger noch eine mir als grundlegend erscheinende Frage herausgreife, und zwar die Frage der Legitimation des Staates, sogenannte Besondere Gewaltverhältnisse zu schaffen. Herr Krüger hat darauf verwiesen, daß der Staat „verfaßt" sei und die Verfassung selbst ihm als juristische Person diese Legitimation gebe. Ich meine nun, daß gerade dort, wo man den Staat als juristische Person auffaßt, von seiten des Rechts und von seiten der Politiker der Hauptangriffspunkt liegen müßte, die Besonderen Gewaltverhältnisse zu klären; denn man umgibt den Begriff „juristische Person" heute mit einer Aura der Omnipotenz. Wenn man erklärt, der Staat ist eine juristische Person, dann glaubt man, er könne deshalb, weil er eine juristische Person sei, alles machen. Nicht die V e r f a s s u n g allein schränkt die Stellung des Staates als juristische Person ein, sondern Beginn und Ende der juristischen Person müßten durch die einzelnen Gesetze bemessen werden, welche die Aktionen dieser juristischen Person von vornherein abstecken. Jedes Besondere Gewaltverhältnis darf nicht deshalb, weil der Staat juristische Person ist, gestaltet werden, sondern nur deshalb, weil der Staat durch das Gesetz ermächtigt wird, diese Besonderen Gewaltverhältnisse in irgendeiner Weise zu gestalten.

Was die Verbundenheit der juristischen Person mit den Gesetzen betrifft, wird im Bundesstaat deutlich. In einem Einheitsstaat betrachtet man den Staat von vornherein als juristische Person, die berechtigt ist, legitimiert zu handeln, wie sie wolle; in einem Bundesstaat dagegen nicht. In einem Bundesstaat besteht die Kompetenzverteilung, und es achten Bund und Länder jeweils korrespondierend darauf, daß diese Kompetenzverteilung eingehalten wird. Es kann also der Bund, und es können die Länder nicht beliebig ihre Gesetze erlassen, sondern nur in den jeweils festgelegten Kompetenzen. Wenn nun Herr Krüger darauf hinweist, daß er die staatlichen Gesetze eher als einen Motor ansieht, der diese Besonderen Gewaltverhältnisse in Ordnung halten soll, so meine ich nicht, daß man diese Gesetze als Motorisierung des Staates betrachten kann, sondern man müßte meines Erachtens die Gesetze als Hemmschuh für die Besonderen Gewaltverhältnisse ansehen. In unserem modernen Staat, der so vielschichtig ist, wo Unrecht neben Recht, Diktatur neben Freiheit, Demokratie neben Autokatie stehen, wo die Besonderen Gewaltverhältnisse getragen werden von Satelliten des Staates, d. h. von Körperschaften des öffentlichen Rechts und anderen Interessenvertretungen, muß um der Idee des Staates willen das Gesetz dazu beitragen, diese Besonderen Gewaltverhältnisse zu hemmen und nicht, sie zu motorisieren.

Ule-Speyer (Schlußwort):

Meine sehr verehrten Herren! Ich möchte zunächst allen Herren, die in der Diskussion gesprochen haben, herzlich für die Anregungen danken, die sie mir dadurch gegeben haben, auch soweit sie sich nicht besonders mit meinem Referat beschäftigt haben. Herr Krüger und ich hatten uns über die Abgrenzung des Stoffes dahin verständigt, daß er allgemeine Probleme behandeln wollte, während ich mich auf die Rechtsschutzfragen beschränkt habe. Herr Bachof hat mit Recht hervorgehoben, daß damit weite Teile des Jagdreviers nicht bejagt worden sind; er hat besonders betont, daß das wichtige Problem der Geltung der Grundrechte im Besonderen Gewaltverhältnis hier nicht näher angesprochen worden ist. Aber Sie werden wohl mit mir der Meinung sein, daß es dazu eines dritten Referates bedurft hätte.

Ich möchte meinen Dank bei dieser Gelegenheit auch an Herrn Krüger richten, dessen Referat ich erst heute kennengelernt habe; auch seine Thesen sind mir erst in den letzten Tagen zugegangen, so daß wir uns also in keiner Weise vorher haben abstimmen können. Ich nehme an, daß eine Gegensätzlichkeit der Grundpositionen aus meinem Referat gegenüber den Ausführungen von Herrn Krüger hervorgegangen ist; denn bei mir war ja vorausgesetzt, daß das Gewaltverhältnis als Rechtsverhältnis anerkannt werden muß, weil sonst jeder Rechtsschutz in einem solchen Verhältnis von vornherein der Grundlage entbehrt.

Deswegen möchte ich weitgehend dem zustimmen, was Herr Weber hier gegen den Gedanken des „rechtlichen Urwaldes" geäußert hat. Ich finde, daß Herr Krüger durch ein „naturalistisch-verräumlichendes" Bild hier zu einer unzutreffenden Darstellung verleitet worden ist.

Der zweite Punkt, auf den ich in meinem Schlußwort hinweisen möchte, ist die Bedeutung der privatrechtlichen Gewaltverhältnisse. Auch Herr Nawiasky hat in seinem Diskussionsbeitrag betont, daß hier gewisse Beziehungen bestehen, die man nicht, wie Herr Ipsen meint, ganz außer Betracht lassen kann. Ob man allerdings die Ehe heute im Zeichen der Gleichberechtigung noch als ein Gewaltverhältnis ansehen kann, das überlasse ich Ihrer Entscheidung.

Die Vaterschaft ist es ganz gewiß. Ich möchte meinen, daß auch das privatrechtliche Arbeitsverhältnis solche personenrechtlichen Elemente und damit Elemente eines Gewaltverhältnisses in sich enthält. Es gibt hier ein Problem, das auf dem Gebiet des Rechtsschutzes eine vollkommene Parallele darstellt, nämlich das Direktionsrecht des Arbeitgebers. Das Direktionsrecht des Arbeitgebers ist nichts anderes als die Weisungsgewalt des Gewalthabers in einem öffentlich-rechtlichen Gewaltverhältnis. Es taucht hier die gleiche Rechtsschutzfrage auf, ob nämlich der einzelne Arbeitnehmer gegen solche Weisungen im Arbeitsverhältnis etwa das Arbeitsgericht anrufen kann. Das kann er nach der Rechtsprechung der Arbeitsgerichte nicht; nur wenn es zu einer Kündigung kommt, kann man im Zusammenhang mit der Kündigung vor Gericht darüber streiten, ob die Weisung berechtigt war oder nicht.

Ich darf Herrn Ipsen noch einmal an das Eltern- und Kindschaftsverhältnis erinnern. Diese Dinge waren nicht unwesentlich für die Thesen, die ich hier entwickelt habe. Auch dort gibt es keinen unmittelbaren Rechtsschutz. Das Kind kann nicht gegen den Vater klagen, etwa durch einen Pfleger oder durch sonstwen, wenn der Vater der Ansicht ist, mit 14 Jahren kommt das Kind von der Schule und in die Lehre, es soll nicht bis zum Abitur die Schule besuchen, es soll nicht studieren. Allenfalls mittelbar auf dem Umweg über den § 1666 BGB „Mißbrauch des Sorgerechts" kann das Vormundschaftsgericht eingreifen. Das sind also gewisse Parallelen, die man nicht ganz außer Betracht lassen sollte.

Nun zum dritten Punkt, und damit komme ich auf den Kern meines Referates. Mein Hauptanliegen war ja, daß man Artikel 19 Abs. 4 des Grundgesetzes im Hinblick auf die Rechtsschutzfragen in den Besonderen Gewaltverhältnissen differenzierend interpretieren muß. Es scheint so, als ob diese meine These nicht allgemeine Ablehnung, sondern vielleicht eher allgemeine Zustimmung gefunden hat, von gewissen Korrekturen, die vielleicht angebracht werden können, abgesehen. Herr Weber hat sie angedeutet, aber nicht näher behandelt. Daß man über manche Einzelheiten streiten kann, gebe ich zu, aber mir scheint — was auch dem Gedanken von Herrn Weber entgegenkommt —, daß man nicht mehr von d e m Besonderen Gewaltverhältnis sprechen sollte, sondern daß man hier differenzieren muß zwischen den einzelnen Gewaltverhältnissen. Auch mein Vorschlag, den Rechtsschutz für die einzelnen Gewaltverhältnisse zu differenzieren, ging von der Erkenntnis aus, daß die einzelnen Gewaltverhältnisse durchaus verschieden sind, daß also das Beamtenverhältnis etwas anderes ist als das Soldatenverhältnis und das geschlossene Anstaltsverhältnis etwas anderes als ein gewöhnliches, schlichtes Anstaltsbenutzungsverhältnis, wie Herr Weber gesagt hat.

Herr Merk hat diesen Gedanken nicht für tragfähig gehalten und gemeint, er verstehe nicht, weshalb man gerade bei den geschlossenen Anstaltsverhältnissen den Rechtsschutz besonders intensiv gestalten solle. Hier muß man sich von gewissen überlieferten Vorstellungen lösen. Bisher sind wir wohl alle der Meinung gewesen, je intensiver das Gewaltverhältnis ist, desto weniger Rechtsschutz; denn um so stärker greift ja der Staat in die Freiheit des Einzelnen ein, also auch in den Rechtsschutz. Ich habe bewußt die Gegenthese entwickelt: Je intensiver das Gewaltverhältnis ist, je stärker es in die Freiheit des Einzelnen eingreift, um so mehr Rechtsschutz, um eben dadurch den Ausgleich herbeizuführen, den der Rechtsstaatsgedanke meines Erachtens verlangt.

Über die Auswirkungen des Art. 19 Abs. 4 GG in Hamburg habe ich schon vor einigen Wochen von einem höheren Verwaltungsbeamten ein Klagelied gehört — ich freue mich, daß Herr Ipsen sich das Argument dieses Herrn nicht zu eigen gemacht hat, daß die Gerichte in Hamburg unter der Last dieser Prozesse demnächst zusammenbrechen würden. Das scheint mir kein legitimes Argument zu sein. Im übrigen möchte ich meinen, daß es sich hier weitgehend um Kinderkrankheiten handelt, daß also auch die Insassen der Hamburger Strafanstalten nach einer gewissen Zeit gemerkt haben werden, daß mit irgendwelchen Lappalien bei den Gerichten nichts zu machen sein wird.

Aber es gibt hier auch Dinge, die Gewicht haben. Gestatten Sie mir daher, nachdem uns nun schon das Beispiel des Kanarienvogels heute beschäftigt hat, zwei dieser gewichtigeren Fälle anzuführen: einen Fall, über den das Oberlandesgericht in Schleswig entschieden hat, wo ein magenkranker Strafgefangener Weißbrot haben wollte und es nicht bekam. Er war nun der Meinung, dagegen müsse er Schutz bei den Gerichten suchen. Aber das Oberlandesgericht hat gesagt: Nein, hier gibt es keinen Rechtsweg. Die Frage blieb also zu seinen Ungunsten unentschieden. Dann erwähne ich einen zweiten Fall, der sich in Hamburg zugetragen hat, wo ein Strafgefangener nicht den Anstaltsarzt für die weitere Behandlung seiner Krankheit in Anspruch nehmen wollte, sondern einen anstaltsfremden Arzt, weil er nach seinen Erfahrungen kein Vertrauen mehr zu dem Anstaltsarzt hatte*). Das sind also immerhin Fälle, die der Beachtung wert sind und die man nicht so einfach als Bagatellen („Kanarienvogel") aus der Diskussion ausschalten sollte. Bei den Insassen von Strafanstalten können also durchaus Fälle vorkommen, für die ein echtes Rechtsschutzbedürfnis besteht. Deshalb meine ich, daß es richtig wäre, bei diesen besonders intensiven Abhängigkeitsverhältnissen den Rechtsschutz möglichst stark durchzusetzen.

Herr Bettermann hat meines Erachtens völlig mit Recht hervorgehoben, daß eine theoretische Unterscheidung zwischen Verwaltungsakt und innerdienstlicher Weisung unmöglich ist. Das ist auch die These des Buches von Klaus Obermayer. Ich meine, mit rechtslogischen Mitteln kann man hier in der Tat zu keinem Ergebnis kommen. Das ist der Grund dafür gewesen, daß ich versucht habe, die ganze Frage an Art. 19 Abs. 4 des Grundgesetzes aufzuhängen und sie durch eine teleologische Auslegung dieser Bestimmung zu lösen.

K r ü g e r -Hamburg (Schlußwort):

Die Diskussion hat mich darüber belehrt, daß ich mich dreier methodischer Fehler schuldig gemacht habe. Zum ersten soll man sich nicht in Bildern ausdrücken, wenn man in der Materie — hier im Forstwesen — nicht zu Hause ist. Das hat Herr Merk mit Recht gerügt. Zweitens hat eine allzustarke Kontrastierung auch ihre Gefahren, besonders die der Überzeichnung. Trotzdem halte ich daran fest, daß sich allgemeines und besonderes Gewaltverhältnis als verfaßtes und als unverfaßtes Verhältnis gegenüberstehen. Daß der Gegensatz kein historischer ist, daß insbesondere das besondere Gewaltverhältnis nicht ein Residuum aus dem Mittelalter ist, als welches es Herr Herrfahrdt so liebevoll beschrieben hat, hätte deutlicher gesagt werden müssen. Wenn daher systematische Größen konfrontiert werden, so doch nicht als allgemeine Kategorien wie Herr Nawiasky gefordert hat: Eine Hereinziehung Chinas oder des Alten Testa-

*) Vgl. über beide Fälle meinen Mitbericht Anm. 102.

ments hätte nicht nur den Referenten überfordert, sondern wahrscheinlich nicht mehr als Schablonen ergeben.

Ich darf dann zu der Frage übergehen, die ich unter Punkt I behandelt habe. Hier hat Herr Partsch bemängelt, daß ich Gewaltverhältnisse einander gegenübergestellt hätte und nicht soziale Tatbestände; die sozialen Tatbestände seien verschieden und nicht ihre Regulierung, also Verfaßt-Sein dort, Ent-Verfaßt-Sein oder Nicht-Verfaßt-Sein hier. Ich bin dankbar, daß auf diesen soziologischen und psychologischen Hintergrund hingewiesen worden ist, und zwar um so mehr, als ich ja zu der These gekommen bin, daß das besondere Gewaltverhältnis durch die Personalität des Verhältnisses und seiner Gewalt gekennzeichnet ist. Das wird also damit noch einmal beleuchtet und unterstrichen. Ich darf im übrigen sagen, daß ich durchaus der Kritik von Herrn Weber zustimme, daß es vielleicht besser gewesen wäre, die besonderen Gewaltverhältnisse zu differenzieren. Dann wären natürlich auch die von Herrn Partsch ins Licht gerückten sozialen Tatbestände mehr in den Vordergrund getreten. Ich habe aus der Kritik von Herrn Weber die Erkenntnis gewonnen, daß vielleicht das besondere Gewaltverhältnis auch noch etwas leistet, was das allgemeine Gewaltverhältnis nicht leistet, nämlich eine Möglichkeit der Differenzierung des Rechts. Ob man das mit den sehr abstrakten Verfahrensweisen des allgemeinen Gewaltverhältnisses richtig in den Griff bekäme, wenn man nicht das Differenzierungsmittel des besonderen Gewaltverhältnisses zur Hand hätte, das scheint mir doch sehr zweifelhaft zu sein. Ich bin daher für diesen Hinweis sehr dankbar.

Erfreut bin ich darüber, daß die von mir etwas zaghaft vorgetragene These von der Personalität als der materiellen Besonderheit dieses besonderen Gewaltverhältnisses nicht auf Widerspruch gestoßen ist; denn ich bin dadurch in der angenehmen Lage, ein Versäumnis nachzuholen. Ich hatte es mir in einer Fußnote meines Manuskriptes notiert. Ich möchte nämlich auf den Aufsatz von Herrn Ermacora in der „Öffentlichen Verwaltung" hinweisen, in dem er ganz in meinem Sinne gesagt hat, es wohne diesen alten besonderen Gewaltverhältnissen etwas Patrimoniales und Patriarchalisches inne. Das ist ganz das, was ich in anderer Weise versucht habe, zum Ausdruck zu bringen.

Ich kann nun übergehen zum Kapitel II des Referats. Dazu ist mehrfach von den Herren Ipsen und Wacke bemängelt worden, daß ich einige kritische Bemerkungen zur Ersetzung der verfassungsmäßigen und gesetzmäßigen Konstituierung des besonderen Gewaltverhältnisses durch die Einwilligung gemacht habe.

Das habe ich nicht zuletzt getan, um einige allgemeine verfassungsrechtliche Dinge in den Blick zu rücken, so z. B., daß nicht nur der Beamte als Repräsentant auftritt, sondern auch der Staatsbürger, wenn er sich mit staatlichen Dingen beschäftigt. Dazu muß er gewissermaßen ein anderer werden. Es wird vom Bürger ein Umdenken verlangt. Der Bürger aber, der sich in ein besonderes Gewaltverhältnis begibt, der bleibt die „natürliche" Person, die er ist: Ich kann nicht verlangen, daß er in dem Augenblick, in dem er einen Park betritt, sich aus einem naturhaften Lebewesen in ein Organ der Verfassungsordnung verwandelt und eine konstituierende Erklärung abgibt. Ich habe ausdrücklich gesagt, es handelt sich nicht darum, eine bestehende Gewalt zu legimitieren, sondern eine nichtbestehende Gewalt demokratisch zu konstituieren. Es findet also hier ein demokratischer Kreationsakt statt. Das habe ich natürlich nicht der Groteske wegen gesagt, sondern deshalb, um überhaupt einmal auf diese allgemeinen Dinge hinzuweisen.

Nun darf ich zur Frage des Rechts im Besonderen Gewaltverhältnis kommen. Merkwürdigerweise kommen wir immer zurück auf dieses Thema. Es war gestern so, und es ist auch heute so, und jedesmal, wenn wir darauf zurückkommen, stellen wir fest, daß wir keinen Schritt in dieser Kreisbewegung weitergekommen sind. Wir wissen zwar genau, daß wir an sich nichtrechtliche Akte abscheiden müssen, aber wir wissen nicht, wie wir das machen sollen. Es gelingt dies zwar praktisch irgendwie, aber irgendeine theoretische Erklärung dafür haben wir ebenso wenig, wie die Physiker einstweilen für die Natur der Elektrizität eine Erklärung haben, mit der sie aber ganz wacker arbeiten. Herr Bachof hat den Vorwurf des „Naturalismus" getadelt, den ich gegen die Unterscheidung der beiden in Frage stehenden Arten von Normen und Akten mit Hilfe des Kriteriums von innen und außen erhoben habe. Ich habe mit Interesse aus dem Mund von Herrn Bachof vernommen, daß er seinerseits einen derartigen Naturalismus ablehnt und mit Hilfe von Wert-Kriterien zu einer Unterscheidung zu gelangen sucht. Es ist erfreulich, daß wir jedenfalls darin einig sind, daß wir werten und nicht nur wertfrei subsumieren oder die Sache einfach „durchhauen" wollen. Ein Urteil des Bundesverwaltungsgerichts — das mir ein sehr verheißungsvoller Anfang in dieser Hinsicht zu sein scheint —, sagt: Verwaltungsakt ist derjenige Akt, gegen den Rechtsschutz gewährt werden muß. In der Methode kommt man da also schon weiter. Ich habe dann lediglich festgestellt — was mir aber zum Vorwurf gemacht worden ist —, der Gesetzgeber habe dem Richter die Entscheidung überlassen, ob ein spezifischer Rechts-Akt vorliege oder nicht. Er hat dies getan, weil er offenbar Kriterien nicht gefunden hat, nach denen er Rechts- und andersartige Fragen hätte tatbestandsmäßig umschreiben können. Der Gesetzgeber hat sich hier also ebenso geholfen wie man sich im Völkerrecht verhalten hat, als man den Angriffskrieg nicht zu definieren vermochte und daher lediglich ein Verfahren instituierte, das einzelne Fälle von Gewaltanwendung als Angriffskrieg nach Kriterien zu qualifizieren hat, die erst in dem Verfahren ad hoc gefunden werden. Ein solches Vorgehen des Gesetzgebers halte ich nicht für ideal. In einem derartigen Fall kann sich die Wissenschaft aber erst recht nicht ihrer Verpflichtung entschlagen, materielle Kriterien für die Unterscheidung aufzudecken, die der Gesetzgeber dem Richter überlassen hat.

Ich bin aber der Meinung, daß es hier noch etwas anderes gibt. Gestatten Sie mir daher, noch zwei Fälle anzuführen, die das vielleicht veranschaulichen. Wenn man einmal die Frage ins Auge faßt, wie der Gesetzgeber das Problem der Polizeipflichtigkeit gelöst hat, so scheint mir das ein Beispiel dafür zu sein, wie Zweckmäßigkeit und Rechtmäßigkeit vom Gesetzgeber zu einem Kompromiß gebracht werden können. Nach reiner Rechtmäßigkeit hätte man sagen müssen, polizeipflichtig ist nur derjenige, der schuld hat; nach reiner Zweckmäßigkeit hätte man sagen können, wenn es sich um einen polizeiwidrigen Zustand handelt, ziehe ich den heran, der ihn am besten beseitigen kann. Ist z. B. ein Haus baufällig, dann nehme ich den ersten besten Bauunternehmer und lasse ihn das Haus abreißen, ich nehme aber nicht den armen Ruineneigentümer, der schon so schwer getroffen ist und wirklich nichts dafür kann, daß aus diesem Haus eine Ruine geworden ist. Der Gesetzgeber ist meines Erachtens den Weg der Mitte gegangen und hat gesagt: reine Brauchbarkeit, das läßt sich mit dem Recht nicht vereinbaren, reine Schuld, das läßt sich mit der Zweckmäßigkeit nicht vereinbaren; also nehmen wir die Kausalität. Das trifft sich auf der mittleren Linie. Es ist zwar nicht eine ideale, aber eine sehr praktikable Lösung.

Zu dem Fall, wo der Gesetzgeber diesen Kompromiß nicht gefunden hat, sondern der Richter oder der Verwaltungsbeamte eine Lösung finden muß, will ich auf das Beispiel von Herrn Ipsen zurückgreifen: auf den Strafgefangenen, der den Wunsch hat, Kommentare zu studieren. In dem vom Bundesverfassungsgericht entschiedenen Fall hatte der Mann Kommentare studiert — und die Verfassungsbeschwerde ist durchgegangen! Er hatte sie also mit Erfolg studiert.

(Heiterkeit! Prof. Dr. Ipsen: Das lag am Kommentar!)

Ich würde von meinem Standpunkt aus sagen, wenn der Mann lediglich in seinem Schriftsatz schreibt: mir ist der Kommentar verweigert worden, — dann würde ich die Sache abweisen. Wenn er aber schriebe, er ist mir verweigert worden, weil der Strafvollzugsbeamte von dem Kommentator nichts hält oder weil er mich überhaupt nicht mag, dann ist das ein Gesichtspunkt, der offenbar nichts mit Zweckmäßigkeit zu tun hat, sondern irgendwie nach Schikane aussieht, und dann nimmt die Sache eine rechtliche Wendung. Das reicht dann, um sie vor Gericht zu ziehen, damit sie dort untersucht werden kann. Ich bin also der Meinung, daß man irgendwie an der Suche nach einem materiellen Kriterium festhalten sollte und daß das Kriterium auf die Dauer auch rational darzustellen ist. Es bleibt nur die Frage, ob hier die Theorie nicht etwas zerstören würde, was praktisch eigentlich ganz gut läuft.

Ich habe den Ausdruck von der Einebnung des Unterschiedes zwischen allgemeinen Gewaltverhältnissen und besonderen Gewaltverhältnissen nicht gern gehört; er ist hier mehrfach gebraucht worden. Ich meine hier nicht einen willensmäßigen Vorgang, sondern ich habe nur geglaubt, hier eine Entwicklung zu beobachten, die ich sogar bedauern würde. Ich würde sie also nicht fördern. Und doch halte ich sie in gewissem Sinne für unausweichlich. Ich darf aber sagen, meine ganzen Schlußfolgerungen sind doch nur hypothetischer Natur. Für den Fall, daß das besondere Gewaltverhältnis sich nicht behaupten läßt, dürfen wir nicht die Funktionen vergessen, die das besondere Gewaltverhältnis in einer gewissen Vermehrung der Handlungsfähigkeit, in einer gewissen personalistischen Färbung der Regelung der Rechtsverhältnisse im allgemeinen und im besonderen in sich trägt, vielleicht auch hinsichtlich einer gewissen Möglichkeit der Differenzierung differenzierungsbedürftiger Bereiche. Die Entwicklung vollzieht sich hier ganz unmerklich, und auf einmal — in fünf oder zehn Jahren — müssen wir dann feststellen, daß von dem halben Urwald innerhalb des Hochwaldes nichts mehr übriggeblieben ist, sondern nur noch rechtsstaatlicher Hochwald, und wir haben versäumt, das, was der Urwald geboten hat — entschuldigen Sie, jetzt bin ich wahrscheinlich wieder aus dem Bild gefallen und vollkommen verirrt —, in den Hochwald einzubauen,

(Heiterkeit.)

oder aber in irgendeiner anderen Form zu erhalten.

Ich möchte schließen mit einem Dank an die Herren, die durch ihre Diskussionsbemerkungen meine eigenen Gedanken gefördert haben. Auch die Herren, auf deren Ausführungen ich

Diskussionsbeiträge nicht vergessen sind, sondern daß sie weiter wirken. Vor allen Dingen gilt mein Dank Herrn Ule. Ich bin glücklich und froh darüber, daß wir uns hier gemeinsam bemüht haben, ohne uns irgendwie zu schneiden, und daß er meine etwas gewagten Ausführungen durch die Solidität desjenigen kompensiert hat, der weiß, daß man Richter und Praktiker nicht einfach ins Gelände schicken kann mit einer so vorläufigen Orientierung, wie ich sie Ihnen zu geben versucht habe, sondern daß man ganz feste, markante Punkte im Gelände haben muß, wenn man das Ziel erreichen will.

Ich möchte allerdings Herrn Ermacora noch etwas widersprechen. Ich bin nicht der Meinung, daß das Recht nur die Funktion einer Hemmung ausübt. Schranke und Hemmung höre ich nicht gern, besonders dann nicht, wenn diese Worte im Sinne einer vergangenen Denkweise gebraucht werden, die die Dinge immer nur aneinanderstoßen läßt, um dann das berühmte kompossible Maximum an Interessenbefriedigung irgendwie herauszukalkulieren. Wir können die Dinge auch dadurch nicht negativ definieren, daß wir sie feindlich gegeneinandersetzen — und Verwaltung als ein umfassender Restbegriff ist für mich das Schreckgespenst dieser Art von Methode —, sondern wir müssen sie zu einer positiven Funktion bringen. Vorhin hat mir jemand ganz richtig gesagt, Sie hätten nicht sagen sollen: das Recht ist der Motor, — sondern es hätte besser geheißen: das Recht ist die Lenkung des Motors, der die staatliche Existenz vorantreibt. — Damit möchte ich endgültig schließen, indem ich Ihnen allen, besonders aber Herrn Ule, noch einmal herzlich danke.

Verzeichnis der Redner

Verzeichnis der Mitglieder der Vereinigung der Deutschen Staatsrechtslehrer

Stand vom 1. 6. 1957

Lebenslänglicher Ehrenpräsident

Thoma, Dr. Richard, Professor, Geh. Hofrat, Bonn, Zitelmannstraße 24

Vorstand

1. Schüle, Dr. Adolf, Professor, Tübingen, Bei der Ochsenweide 17.
2. Hettlage, Dr. Karl Maria, Professor, Bad Godesberg, Ludwigstraße 83.
3. Spanner, Dr. Hans, Professor, Erlangen, Am Röthelheim 58.

Mitglieder

1. Abendroth, Dr. Wolfgang, Professor, Marburg a. d. Lahn, Georg-Voigt-Straße 7a.
2. Antoniolli, Dr. Walter, Professor, Wien VII, Mariahilferstraße 22—24/III/II/6.
3. Apelt, Dr. Willibalt, Professor, Geh. Regierungsrat, Gräfelfing bei München, Freihamerstraße 32.
4. Armbruster, Dr. Hubert, Professor, Mainz, An der Allee 69.
5. Bachof, Dr. Otto, Professor, Tübingen, Gartenstraße 73.
6. Becker, Dr. jur., Dr. phil. Erich, Professor, Speyer, Schwerdstraße 59.
7. Bettermann, Dr. Karl August, Professor, Berlin-Lichterfelde-West, Baseler Straße 114.
8. Bilfinger, Dr. Karl, Professor, Heidelberg, Philosophenweg 13.
9. Böhmert, Dr. Viktor, Professor, Kiel, Feldstraße 91.
10. Brill, Dr. Hermann Louis, Honorarprofessor, Staatssekretär a. D., MdB., Wiesbaden, Weinbergstr. 14.

11. Bühler, Dr. Ottmar, Professor, München 27, Kufsteiner Platz 2/III.

12. Bülck, Dr. Hartwig, Professor, Heidelberg, Werrgasse 9.

13. Carstens, Dr. Karl, Privatdozent, Bad Godesberg, Im Meisengarten 25.

14. Draht, Dr. Martin, Professor, Karlsruhe, Beethovenstraße 9.

15. Dürig, Dr. Günter, Professor, Tübingen, Ulrichstr. 11.

16. Ebers, Dr. jur., Dr. rer. pol. h.c. Godehard Jos., Professor, Innsbruck-Igls 47.

17. Erler, Dr. Georg, Professor, Göttingen, Schlegelweg 11.

18. Ermacora, Dr. Felix, Professor, Innsbruck, Universität.

19. Forsthoff, Dr. Ernst, Professor, Heidelberg-Schlierbach, Wolfsbrunnenweg 13.

20. Friesenhahn, Dr. Ernst, Professor, Karlsruhe, Haydnplatz 4.

21. Gerber, Dr. Hans, Professor, Freiburg-Zähringen, In der Röte 5.

22. Giese, Dr. jur., Dr. rer. pol. h. c., Friedrich, Professor, Falkenstein über Königstein i. T., Haus am Bornacker.

23. Glum, Dr. Friedrich, Professor, München, Südliche Auffahrtsallee 24.

24. Gönnenwein, Dr. jur., Dr. phil. Otto, Professor, Heidelberg, Werderplatz 1.

25. Görg, Dr. H., Professor, Marburg-L., Universität.

26. Grewe, Dr. Wilhelm, Professor, Freiburg i. Br., Beethovenstraße 9.

27. Hamel, Dr. Walter, Professor, Marburg a. d. Lahn, Rotenberg 1a.

28. Heckel, D. Dr. Johannes, Professor, München, St. Paulusplatz 9.

29. Held, Dr. Hermann, Professor, Malente, Lindenallee 35.

30. Helfritz, Dr. jur., Dr. phil. Hans, Professor, Geh. Regierungsrat, Erlangen, Hofmannstraße 62.

31. Herrfahrdt, Dr. Heinrich, Professor, Marburg a. d. Lahn, Am Weinberg 8.

32. Hesse, Dr. Konrad, Professor, Freiburg i. Br., Hauptstraße 40.

33. Hettlage, Dr. Karl Maria, Professor, Bad Godesberg, Friedrich-Ebert-Straße 83.

34. Frh. v. d. Heydte, Dr. August, Professor, Zellingen a. M., Thomas-Glock-Straße 26.

35. Heyer, Dr. Friedrich, Professor, Bonn, Humboldtstr. 35.

36. v. Hippel, Dr. Ernst, Professor, Godesberg-Mehlem, Mainzer Straße 119.

37. Hoegner, Dr. Wilhelm, Staatsrat, Ministerpräsident, Honorarprofessor, München, Miesbacher Platz 15.

38. Huber, Dr. E. R., Professor, Freiburg i. Br., In der Röte 2.

39. Hugelmann, Dr. Karl, Professor, Göttingen, Herzberger Landstraße 52.

40. Ipsen, Dr. Hans Peter, Professor, Hamburg 13, Hallerstraße 79.

41. Jacobi, Dr. Erwin, Professor, Leipzig S. 3, Meusdorfer Straße 5.

42. Jahrreiss, Dr. Hermann, Köln (Klettenberg), Nassestraße 30.

43. Jerusalem, Dr. Franz, Professor, München 27, Flemingstraße 58.

44. Kafka, Dr. Gustav E., Universitäts-Dozent, Graz, z. Z. Bad Godesberg, Hochkreuzallee 246.

45. Kaiser, Joseph, Professor, Freiburg i. Br., Belfortstraße 11.

46. Kaufmann, Dr. jur., Dr. phil. h. c. Erich, Professor, Bonn, Auswärtiges Amt, Koblenzer Straße 101.

47. Kipp, Dr. Heinrich, Privatdozent, Bonn-Dottendorf, Schüllerweg 2.

48. Klein, Dr. Friedrich, Professor, Münster i. W., Prozessionsweg 409.

49. Köttgen, Dr. Arnold, Professor, Göttingen, Merkelstraße 43.

50. Kordt, Dr. Erich, Privatdozent, Düsseldorf, Haus der Landesregierung.

51. Kraus, Dr. Herbert, Professor, Göttingen, Calsowstraße 18.

52. Krüger, Dr. Herbert, Professor, Hamburg-Gr. Flottbek, Elbchaussee 184.

53. Küchenhoff, Dr. Günther, Professor, Würzburg.

54. Laforet, Dr. Wilhelm, Professor, Geh. Justizrat, Würzburg, Frauenlandstraße 12.

55. L a u n, Dr. jur., Dr. rer. pol. h. c. Rudolf, Professor, Ahrensburg bei Hamburg, Voßberg 10.

56. L e i b h o l z, Dr. Gerhard, Professor, Göttingen, Dahlmannstraße 6.

57. L i e r m a n n, D. Dr. Hans, Professor, Erlangen, Am Meilwald 18.

58. M a u n z, Dr. Theodor, Professor, München-Gräfelfing, Hartnagelstraße 3.

59. M e d e r, Dr. Walter, Professor, Berlin-Dahlem, Ehrenbergstraße 35.

60. M e i n z o l t, Dr. Hans, Honorarprofessor, Staatssekretär, München, Karl-Freytag-Straße 29.

61. M e n g e r, Dr. Christian-Friedrich, Professor, Speyer a. Rh., Schwerdstraße 59.

62. M e n z e l, Dr. Eberhard, Professor, Kiel, Bülowstraße 16.

63. M e r k, Dr. Wilhelm, Professor, Tübingen, Wildermuthstraße 6.

64. M e r k l, Dr. Adolf Julius, Professor, Wien XIX, Pfarrplatz 1.

65. M e y e r, Dr. Ernst Wilhelm, Professor, New Delhi/Indien, Sundar Nagar Mathura Road 86.

66. M i r b t, Dr. Hermann, Professor, Berlin-Schlachtensee, Spanische Allee 51.

67. M o s l e r, Dr. Hermann, Professor, Heidelberg, Mühltalstraße 117.

68. M ü n c h, Dr. Fritz, Professor, Berlin-Dahlem, Boltzmannstraße 1.

69. N a u m a n n, Dr. Richard, Honorarprofessor, Präsident des Oberverwaltungsgerichts Lüneburg, Hamburg 39, Leinpfad 29.

70. N a w i a s k y, Dr. Hans, Professor, St. Gallen/Schweiz, Georgshof 14.

71. P a r t s c h, Dr. Karl Josef, Privatdozent, Neapel, via Tasso 628.

72. P e t e r s, Dr. Hans, Professor, Köln-Sülz, Zülpicher Straße 83.

73. P f e i f e r, Dr. Helfried, Professor, Wien XIII, Lainzer Straße 57.

74. R i d d e r, Dr. Helmut, Professor, Kelkheim (Taunus), Gundelhardtstr. 58 b.

75. Rühland, Dr. Curt, Professor, Braunschweig, Walter-Flex-Straße 16.

76. Rumpf, Dr. Helmut, Privatdozent, Bonn, Peter-Rusler-Straße 2.

77. Schack, Dr. Friedrich, Professor, Hamburg 13, Nonnenstieg 9/II.

78. Schätzel, Dr. Walter, Professor, Bonn, Fürstenstraße 1.

79. Scheuner, Dr. Ulrich, Prof., Bad Godesberg, Beethovenstraße 77.

80. Schlochauer, Dr. Hans Jürgen, Professor Frankfurt a. M., Mertonstraße 17.

81. Schmid, Dr. Karl, Professor, Frankfurt a. M., Johann-Klotz-Straße 15.

82. Schneider, Dr. Hans, Professor, Heidelberg, Ludolf-Krehl-Straße 44.

83. Schneider, Dr. Peter, Professor, Mainz, Stephansplatz 2.

84 Schüle, Dr. Adolf, Professor, Tübingen, Bei der Ochsenweide 17.

85. Schwinge, Dr. Erich, Professor, Marburg a. d. L., Gutenbergstraße 18.

86. Scupin, Dr. Hans Ulrich, Professor, Roxel/Westfalen.

87. Smend, D. Dr. Rudolf, Professor, Göttingen, Am Goldgraben 13.

88. Spanner, Dr. Hans, Professor, Erlangen, Am Röthelheim 58.

89. Stödter, Dr. Rudolf, Professor, Hamburg 21, Adolphstraße 29.

90. Thieme, Dr. Werner, Professor, Saarbrücken, Auf der Schlecht 2.

91. Thoma, Dr. Richard, Professor, Geh. Hofrat, Bonn, Zitelmannstraße 24.

92. Ule, Dr. Carl Hermann, Professor, Heidelberg, Oberer Gaisbergweg 9.

93. Voigt, Dr. Alfred, Professor, Erlangen, Burgbergstraße 53.

94. Wacke, Dr. Gerhard, Professor, Hamburg-Klein Flottbek, Ordinger Weg 14.

95. Warncke, Dr. Friedrich, Privatdozent, Köln-Nippes, Mauenheimer Straße 45.

96. Weber, Dr. Werner, Professor, Göttingen, Wackenroder Weg 1.

97. Wehrhahn, Dr. Herbert, Dozent, Tübingen, Neckarhalde 30, z. Z. Berlin-Schmargendorf, Krampasplatz 5/II.

98. Wengler, Dr. jur., Dr. rer. pol. Wilhelm, Professor, Berlin-Zehlendorf, Werder Straße 15.

99. Wenzel, Dr. Max, Professor, Erlangen, Löhestraße 21.

100. Wolff, Dr. Hans Julius, Professor, Münster i. W. Görresstraße 28.

101. Wolgast, Dr. Ernst, Professor, Utting am Ammersee.

Satzung

(Nach den Beschlüssen vom 21. Oktober 1949, 19. Oktober 1951, 14. Oktober 1954 und 10. Oktober 1956)

§ 1

Die Vereinigung der Deutschen Staatsrechtslehrer stellt sich die Aufgabe:

1. wissenschaftliche und Gesetzgebungsfragen aus dem Gebiete des öffentlichen Rechts durch Aussprache in Versammlungen der Mitglieder zu klären;
2. auf die ausreichende Berücksichtigung des öffentlichen Rechts im Hochschulunterricht und bei staatlichen und akademischen Prüfungen hinzuwirken;
3. in wichtigen Fällen zu Fragen des öffentlichen Rechts durch Eingaben an Regierungen oder Volksvertretungen oder durch öffentliche Kundgebungen Stellung zu nehmen.

§ 2

(1) Mitglied der Vereinigung kann werden, wer an der rechtswissenschaftlichen Fakultät einer deutschen oder deutschsprachigen ausländischen Universität für das Fach des Staatsrechts und ein weiteres öffentlich-rechtliches Fach als habilitierter Privatdozent oder als planmäßiger Professor tätig ist oder gewesen ist und sich der wissenschaftlichen Forschung auf dem Gesamtgebiete des Staats- und Verwaltungsrechts gewidmet hat.

(2) Das Aufnahmeverfahren wird durch schriftlichen Vorschlag von drei Mitgliedern der Vereinigung eingeleitet. Ist der Vorstand einstimmig der Auffassung, daß die Voraussetzungen für den Erwerb der Mitgliedschaft erfüllt sind, so verständigt er in einem Rundschreiben die Mitglieder von seiner Absicht, dem Vorgeschlagenen die Mitgliedschaft anzutragen. Erheben mindestens fünf Mitglieder binnen Monatsfrist gegen die Absicht des Vorstandes Einspruch oder beantragen sie mündliche Erörterung, so beschließt die Mitgliederversammlung über die Aufnahme. Die Mitgliederversammlung beschließt ferner, wenn sich im Vorstand Zweifel erheben, ob die Voraussetzungen der Mitgliedschaft erfüllt sind. Von jeder Neuaufnahme außerhalb

einer Mitgliederversammlung sind die Mitglieder zu unterrichten.

§ 3

Eine Mitgliederversammlung soll regelmäßig einmal in jedem Jahre an einem vom Vorstand zu bestimmenden Orte stattfinden. In dringenden Fällen können außerordentliche Versammlungen einberufen werden. Die Tagesordnung wird durch den Vorstand bestimmt.

Auf jeder ordentlichen Mitgliederversammlung muß mindestens ein wissenschaftlicher Vortrag mit anschließender Aussprache gehalten werden.

§ 4

Der Vorstand der Vereinigung besteht aus einem Vorsitzenden, seinem Stellvertreter und einem Schriftführer, der auch die Kasse führt. Der Vorstand wird am Schluß jeder ordentlichen Mitgliederversammlung neu gewählt.

Zur Vorbereitung der Mitgliederversammlung kann sich der Vorstand durch Zuwahl anderer Mitglieder verstärken. Auch ist Selbstergänzung zulässig, wenn ein Mitglied des Vorstandes in der Zeit zwischen zwei Mitgliederversammlungen ausscheidet.

§ 5

Zur Vorbereitung ihrer Beratungen kann die Mitgliederversammlung, in eiligen Fällen auch der Vorstand, besondere Ausschüsse bestellen.

§ 6

Über Eingaben in den Fällen des § 1 Ziffer 2 und 3 und über öffentliche Kundgebungen kann nach Vorbereitung durch den Vorstand oder einen Ausschuß im Wege schriftlicher Abstimmung der Mitglieder beschlossen werden. Ein solcher Beschluß bedarf der Zustimmung von zwei Dritteln der Mitgliederzahl; die Namen der Zustimmenden müssen unter das Schriftstück gesetzt werden.

§ 7

Der Mitgliedsbeitrag wird von der Mitgliederversammlung festgesetzt. Der Vorstand kann den Betrag aus Billigkeitsgründen erlassen.

Bei Fragen zur Produktsicherheit wenden Sie sich bitte an:
If you have any questions regarding product safety,
please contact:

Walter de Gruyter GmbH
Genthiner Straße 13
10785 Berlin
productsafety@degruyterbrill.com